《红楼梦》整本书阅读

邓彤 编著

上海教育出版社
SHANGHAI EDUCATIONAL PUBLISHING HOUSE

图书在版编目(CIP)数据

《红楼梦》整本书阅读 / 邓彤编著. — 上海:上海教育出版社,
2020.2(2022.3重印)
ISBN 978-7-5444-9744-2

Ⅰ.①红… Ⅱ.①邓… Ⅲ.①阅读课–高中–教学参考资料
Ⅳ.①G634.333

中国版本图书馆CIP数据核字(2020)第025443号

策　　划　李光卫
责任编辑　顾　翊
装帧设计　陆　弦

《红楼梦》整本书阅读
邓　彤　编著

出版发行　上海教育出版社有限公司
官　　网　www.seph.com.cn
地　　址　上海市闵行区号景路159弄C座
邮　　编　201101
印　　刷　上海商务联西印刷有限公司
开　　本　787×1092　1/16　印张 15.75
字　　数　278 千字
版　　次　2020年2月第1版
印　　次　2022年3月第5次印刷
书　　号　ISBN 978-7-5444-9744-2/G·8043
定　　价　49.80 元

如发现质量问题,读者可向本社调换　电话:021-64373213

序

顾之川

教育部颁布的《普通高中语文课程标准(2017年版)》有两大亮点,一是提出语文核心素养概念,把"语言建构与运用""思维发展与提升""审美鉴赏与创造""文化传承与理解"作为语文学科核心素养;二是提出18个"学习任务群"作为教学内容,其中第一个任务群就是"整本书阅读与研讨"。

新课标对"整本书阅读与研讨"提出了具体要求:一是拓展阅读视野,积累阅读经验;二是掌握读书方法,提升阅读能力,养成阅读习惯;三是深化对中华优秀传统文化、革命文化和社会主义先进文化的认识和理解,完善人格培养。新课标把整本书阅读作为教学内容,有利于引导学生阅读高品位著作,养成良好阅读习惯,扩大阅读视野,丰富精神世界,提高语文素养,提升文化品位,体现了对我国语文教学优良传统的继承和发展。新课标的这一变化,符合语文学科特点和学生学习语文的规律,突出语文学科核心素养,注重语文实践,有利于学生以任务为导向,以学习项目为载体,整合学习情境、学习内容、学习方法和学习资源,在运用语言的过程中提升语文素养。

为贯彻落实新课标精神,新的高中语文统编教材已将《红楼梦》作为"整本书阅读"单元编入必修下册。整本书阅读成为语文教学的重要内容,对于一线教师来说,既是挑战,又是机遇。教师要学习领会新课标对整本书阅读与研讨的精神,把握理念,明确要求;要了解教材对"整本书阅读与研讨""名著导读"的编写意图;要立足本校教学实际与学生实际,确定适合自己的教学策略。

整本书阅读不同于精读或略读,也不同于篇章阅读,是一种深度阅读,要求以创新方式向学生传递丰富的核心学习内容,引导他们有效学习并能将其所学付诸应用,帮助学生养成良好的读书习惯。

阅读名著是一个有教养者的必修课,但读懂名著不容易。一本名著就是一座

宝库，包罗万象，丰富复杂。初学者进入名著，最好能有"过来人"加以指导，告诉他们在这本书中哪些部分是最主要的，是非读不可的；哪些部分是供深层次读者阅读的，一般读者可以忽略不读的。《红楼梦》是我国古代小说艺术的一座高峰，也是一部中国古代社会文化的文学性百科全书，内容深广，折射历史，反映社会，书写人生，具有极大的审美价值和认识意义。"红学"在我国号称显学，研究论著浩如烟海，但对中学生来说，怎么阅读这部名著，尚缺乏切实有效的指导。

邓彤老师早在20多年前，就曾多次为学生开设"《红楼梦》导读"选修课，尝试在阅读方法、人物欣赏、情节结构把握等方面为中学生做具体指导，使学生深入了解、体味书中重要内容，受到学生普遍欢迎。2004年，邓老师在他讲稿的基础上出版了《〈红楼梦〉导读》一书，曾邀我作序；如今上海教育出版社审时度势，邀邓彤老师对此书加以修订，充实内容，修改完善，最终端出这本《〈红楼梦〉整本书阅读》。我相信，这对整本书阅读教学是大有益处的。

序于京东大运河畔之两不厌居

2019年6月25日

（顾之川，时任中国教育学会中学语文教学专业委员会理事长，人民教育出版社编审）

前言

新颁《普通高中语文课程标准（2017年版）》将18个"学习任务群"作为课程内容，其中一个就是"整本书阅读与研讨"。新版高中语文统编教材业已将《乡土中国》《红楼梦》作为"整本书阅读"单元编入教材，这必将对中学语文教学产生深远影响。

在此背景下，无论教师还是学生，都必须直面这一问题：如何开展整本书阅读教学？本书作者认为：有效实施整本书阅读教学，必须认真思考如下几方面的问题。

一、教学形态

整本书阅读教学形态，应当从散点式走向分布式。

以往阅读教学多数是学生个体阅读，是散点式的，至多是教师与学生之间的线性关系，学生个体的阅读成果与经验难以和其他同学共享。这一教学形态对于单篇文章阅读而言是基本适应的；但对于时间长、容量大、有深度的整本书阅读来说，就需要采取新的教学形态。

整本书阅读是集体项目工程，必须确保学生全员参与，"一个都不能少"，这就要求建立一个关于整本书阅读的学习共同体。与这一共同体匹配的教学形态就是分布式形态。

如何开展整本书分布式阅读？

其一，贯穿式阅读。全体学生硬着头皮通读全书。此举旨在让学生获得一次硬啃全书的阅读经验，这同时也是毅力与耐心的磨炼。这是整本书阅读教学的前提，必须不折不扣地完成，否则无法形成对全书的整体感知，随后的教学指导便无从落实。

其二，网络式阅读。学生在阅读过程中，认真做好读书笔记，记录阅读中的疑点与收获，随后互相交流读书笔记，互相解答疑惑、分享收获。在此基础上，教师根据学生实际适时点拨。如此，最初个人化、孤立式的整本书阅读，就转化为全体学生互动式的网络状交流。学生彼此之间互相启发、互相激励，所形成的读书氛围将极大促进整本书阅读的深入开展。

其三，分工式研读。依据读物特点，学生分工合作承担不同的阅读任务。例如，在指导学生开展《红楼梦》整本书阅读时，可以按"红楼结构""红楼人物""红楼情节""红楼诗词"等内容由学生个人或组团申报，开展专题深度研究，随后在全班汇报展示。也可由教师聘请对《红楼梦》有研究的学生为助教，组成"《红楼梦》导读小组"，为其他同学阅读提供帮助。事实证明，这种分布式的"同伴学习"之效果远胜于教师独角戏式的教学。在当前以班集体教学为基本教学模式的背景下，"同伴学习"是整本书阅读重要的资源：有专长的学生可以成为整本书阅读的指导者，学生之间的研讨交流既可以成为知识资源，也可以形成浓厚的读书氛围。

分布式整本书阅读教学，意味着学习资源的分布化，意味着指导者的泛中心化。其实质就是构建一个阅读共同体。正如郑桂华教授所言[①]：构建阅读共同体应该居于整本书阅读教学工作的核心地位，如引导学生成立读书小组、组织作品朗诵会、分享阅读心得、展示阅读笔记、举办读书报告等系列活动，这些活动都会有助于阅读共同体的形成。值得指出的是，从对阅读共同体的影响效果来说，无形的读书氛围营造比有形的读书样式设计显得更有意义。

二、教学内容

整本书阅读教学内容，应当从浅碟式走向深度型。

如果说，在"面"上，分布式教学旨在让学生从总体上把握整本书内容；那么，在"点"上，还需要教师开展深度阅读指导。整本书阅读，存在着内容非常丰富与时间相对有限的矛盾，如果按传统方式面面俱到加以讲授，这几乎是不可承受之任务，勉强为之，也将使教学内容流于浅碟化。

如何解决这一矛盾？深度型导读是一种有效的策略。教学中，教师应当遴选书中具有枢纽作用、能够充分体现作品特征的若干片段，加以深度研读。这一策略能够以点带面，提纲挈领，前后勾连，窥斑见豹。一旦学生充分把握这些片段，就能够有效达成对全书的理解，获得相应的阅读方法，形成基本的阅读能力。

---

① 郑桂华.整本书阅读：应为和可为[J].语文学习.2016.7.

前言

本书中卷，便在《红楼梦》人物与情节两方面进行深度型导读。例如，本书对《红楼梦》中一个片段所做的深度导读，就取得了较好的效果。

雨村一面打恭，谢不释口，一面又问："不知令亲大人现居何职？只怕晚生草率，不敢骤然入都干渎。"如海笑道："若论舍亲，与尊兄犹系同谱，乃荣公之孙：大内兄现袭一等将军，名赦，字恩侯；二内兄名政，字存周，现任工部员外郎，其为人谦恭厚道，大有祖父遗风，非膏粱轻薄仕宦之流，故弟方致书烦托。否则不但有污尊兄之清操，即弟亦不屑为矣。"雨村听了，心下方信了昨日子兴之言，于是又谢了林如海。

这段文字乍看十分普通，细品味却韵味无穷。这时，既需要细读文段中关键词语，又需要联系全书内容，才能达成对作品的深度解读。

1. 研读贾雨村的行为——"雨村一面打恭，谢不释口"。

面对林如海的帮助，贾雨村的反应不同于当年。想当初，甄士隐见雨村贫寒无力进京应考，赠送了"五十两白银，并两套冬衣"，雨村则"收了银衣，不过略谢一语，并不介意，仍是吃酒谈笑"，那时的贾雨村是何等清高！如今的贾雨村为何如此感激涕零？是雨村原本就是势利眼——对甄士隐馈赠不以为意，却对林如海的荐举感激不已呢？还是经过宦海波折之后，雨村此时已经十分看重功名富贵了呢？这是需要品味处。

2. 研读贾雨村的语言——（雨村）一面又问："不知令亲大人现居何职？"

前一回冷子兴已经向贾雨村介绍了贾政其人，此时雨村为何再次询问？这不是雨村的糊涂，恰是其精明过人之处。试想，冷子兴不过是贾府管家之女婿，他对贾府的介绍雨村未必全信，而举荐复职兹事体大，雨村自然须彻底打听清楚方才放心。果然，当林如海介绍完毕，文末写道："雨村听了，心下方信了昨日子兴之言。"一句问话泄露内心，由此可知其人心思缜密如此！如此前后照应之处，读者岂能置之不顾？

3. 研读林如海的对话。

对于贾雨村的询问，林如海所做的一段回答堪称神来之笔：对于贾赦，他只简单介绍官职，不做任何评价；对于贾政，如海则是称赞有加。这一差别说明了什么？其实，就人之常情来看，不评价其实也是一种评价。贾赦是贾府中的老流氓，作为妹婿，林如海自然不便议论，于是只有避而不谈，但是不说其实就是一种态度；这种态度从他对贾政的由衷称道来看，显露无余。这一番话虽然是对贾赦、贾政的介绍，其实未尝不是林如海的自我

介绍。

4. 思考此段在全书的地位。

这一段文字的作用非同小可，它画出了贾雨村、林如海的性格特征，埋下了故事发展的伏笔——为后来贾雨村的飞黄腾达奠定了基础，也为情节的推进做好了铺垫。

三、教学方式

整本书阅读教学方式，应当从讲授静听式走向活动体验式。

整本书阅读的主体是学生，教师的讲授永远无法代替学生的自主阅读。教师滔滔不绝讲授，学生静坐聆听的教学方式必须变革。设计学习任务，能够促进整本书阅读，引导学生深度学习。

设计学习任务的方式很多。国外阅读教学研究者向来重视设计有创意且富有挑战性、富有趣味的阅读任务，这些活动能够有效激发学生阅读兴趣、引导他们深度阅读。如下方式对于我们设计整本书阅读学习任务就颇具启示作用[②]。

1. 想象你就是书中的某个人物，根据"你"的经历和感受写一本日记。
2. 创作一首诗歌、歌曲或一个故事来表现书中的人物、冲突或主题等。
3. 根据书中的某一人物或情节画一张画或图表，并做出相应的详细解释。
4. 想象对书中某一人物进行采访，你可以问他书中有关的内容，也可以问他其他问题。用你自己的语气提问，然后用该人物的语气进行回答。

本书作者在指导学生阅读《红楼梦》时设计若干学习活动，并取得了良好的效果。

例如，教师在讲台上摆放一束花，要求学生以此花为道具，设计一个动作作为谜面，谜底则是《红楼梦》某一人物名。在此基础上，设计了一系列活动。

【活动一】学生上台做出如下动作：拿起花束投向别人。这一动作暗含的谜底是"花袭人"。

---

② 李茂. 彼岸的教育[M]. 上海：华东师范大学出版社 2006.

【活动二】解释宝玉为何以陆游"花气袭人知昼暖"之诗句将丫鬟"珍珠"改名为"袭人"。

【活动三】解释贾政为何不喜欢"袭人"这类丫鬟名。

【活动四】"袭人"有本名吗?她的本名和"袭人"这一名字,哪个与她的性格更吻合?

再如,《红楼梦》对人物心理的刻画堪称经典。为促进深度阅读,也可以设计系列活动引导学生体会人物内心活动。兹以《红楼梦》第三回"林黛玉进贾府"一段"喝茶"文字为例说明。

寂然饭毕,各有丫鬟用小茶盘捧上茶来。当日林如海教女以惜福养身,云饭后务待饭粒咽尽,过一时再吃茶,方不伤脾胃。今黛玉见了这里许多事情不合家中之式,不得不随的,少不得一一改过来,因而接了茶。早见人又捧过漱盂来,黛玉也照样漱了口。盥手毕,又捧上茶来,这方是吃的茶。

上述文字,在心理描写方面非常细致,主要通过林黛玉的视角展开,非常细腻地再现了林黛玉身处陌生环境时的细心、敏感、谨慎等特点。教师为此设计如下活动引导学生体会人物心理。

【活动一】"寂然饭毕,各有丫鬟用小茶盘捧上茶来。"——"寂然饭毕",黛玉对此有何体会?"各有丫鬟",一个"各"字,黛玉感受如何?"用小茶盘捧上茶来",黛玉何以在意捧茶的"茶盘"?你将采用何种方式表现黛玉此刻的心理活动?

【活动二】"今黛玉见了这里许多事情不合家中之式,不得不随的,少不得一一改过来,因而接了茶。"——"因而接了茶"一句,短短5字,却包含了林黛玉多层次的内心活动,请用思维导图的方式将这一句话蕴含的多重意涵表现出来。

【活动三】"早见人又捧过漱盂来,黛玉也照样漱了口。盥手毕,又捧上茶来,这方是吃的茶。"——如果拍摄电视片,你如何运用镜头画面将"照样漱了口""这方是吃的茶"两句话所包含的人物心理表现出来?

此外,一些传统活动方式如评点批注、读书笔记、随笔写作等,都有助于整本书阅读

学习。

学习科学研究表明，具有实践性的学习一般都以活动为基本的学习方式，其典型特征在于使学习者通过"应用知识"来"学习知识"③。知识应用的最好途径，就是设计学生喜闻乐见的活动促使学生开展学习。整本书阅读学习亦当如是。本书下卷，就设计了多种形式的整本书阅读学习活动，希望能借此促进学生整本书阅读学习过程中的自主学习与深度学习。

四、关于本书

本书作者自 1993 年开始，一直在中学开展《红楼梦》整本书阅读教学，历时十年，获益良多，并于 2004 年出版《〈红楼梦〉导读》一书。

如今，《红楼梦》作为文学类整本书阅读书目被编入统编教材之中。上海教育出版社资深编辑李光卫认为笔者 15 年前所出版的《〈红楼梦〉导读》至今仍有其价值，提议对此书加以修订重新出版，并建议增补阅读任务设计及阅读练习等章节内容。此外，还就书名、版式等多方面问题提出了极好的建议。可以说，没有李光卫的鼎力支持，便没有此书的出版面世。尊敬的顾之川先生，早在 2004 年便为拙著《〈红楼梦〉导读》赐序，并屡次向语文界同行介绍笔者所开展的《红楼梦》整本书教学经验。此番又热情为本书作序，令人感动，特此致谢。

此书修订期间，我所主持的上海市第四期"双名工程"攻关计划基地及黄浦区语文名师工作室部分学员参与其中，承担了本书六、七两章的撰写任务，历时半年，几番讨论，最终完成书稿修订任务。

本书共分三卷。

上卷：对《红楼梦》全书做整体勾勒，简要介绍《红楼梦》结构、内容及相关红学知识，以期使读者在总体上了解《红楼梦》这部中国古典文学的巅峰之作，为后续学习打下基础。

中卷：着眼于研读示范，分别从人物与情节两个维度引导学生研读文本，窥见阅读路径。其中，有宏观层面上的概述，也有微观层面上的片段细读；此外，还采用索引链接方

---

③ R.Keith Sawyer. 剑桥学习科学手册 [C]. 徐晓东，等 . 译 . 北京：教育科学出版社 2010：377-378.

式,对书中关键人物与事件做了一番爬梳整理工作。

下卷:着眼于引导学生自主阅读全书。第五章,对《红楼梦》全书各章回做简要点评。这些点评文字,旨在引导学生据此自主阅读全书。第六章,设计了六大学习任务群,希望通过任务驱动引导学生全方位深度阅读《红楼梦》全书。第七章,遴选并编写了多种类型的思考练习题,以便学生自我检测、评价阅读成效。

我们希望本书能为整本书阅读教学贡献一点力量。

2019 年 12 月 21 日

上卷　阅读指导

第一章　阅读战略 … 2

一、为何读文学名著 … 2
二、为何读《红楼梦》 … 3
三、如何阅读《红楼梦》 … 6
四、《红楼梦》阅读教学策略 … 8

第二章　阅读导航 … 13

一、如何理解《红楼梦》众多别名 … 13
二、如何理解《红楼梦》的开头 … 15
三、如何把握《红楼梦》的结构 … 17
四、如何欣赏《红楼梦》中的人物 … 21
五、如何梳理《红楼梦》的情节 … 29
六、如何了解《红楼梦》的环境 … 34
七、如何赏析《红楼梦》的语言 … 35
八、如何品读《红楼梦》中的诗词曲赋 … 41
九、红学知识概述 … 46

中卷　文本研读

第三章　人物研读　　54

一、贾宝玉：爱博而心劳情不情　　54

二、林黛玉：莫怨东风当自嗟　　59

三、薛宝钗：任是无情也动人　　66

四、史湘云：是真名士自风流　　73

五、王熙凤：机关算尽太聪明　　78

六、贾探春：生于末世运偏消　　82

七、两位祖母：穷达殊途大气象　　85

八、贾府丫鬟：底层芳草实堪伤　　89

九、贾雨村：宦海沉浮巧钻营　　97

第四章　情节研读　　101

一、元妃省亲：有凤来仪，亦喜亦悲　　101

二、宝玉挨打：《红楼梦》全息缩影　　104

三、红楼意境：诗一般美妙故事　　110

四、红楼宴会：最后的晚餐　　115

五、高鹗续书：续貂未必皆狗尾　　119

下卷　任务驱动

第五章　章回点评　　124

一、第1—5回：全书总纲　　124

二、第6—34回：春之序曲　　127
三、第35—56回：夏之欢歌　　140
四、第57—104回：秋之肃杀　　148
五、第105—120回：冬之严酷　　168

第六章　任务学习　　178

一、探究：《红楼梦》多重主题　　178
二、体验：青春年华的悲与欣　　184
三、创意：体会《红楼梦》叙事之妙　　192
四、破译：草蛇灰线之谜　　196
五、妙喻：群芳绮丽"十二钗"　　203
六、穿越：绘红楼丫鬟众生相　　209

第七章　思考练习　　216

一、高考真题集锦　　216
二、积累与梳理　　218
三、探究与赏析　　223
参考答案　　227

上卷 阅读指导

第一章 阅读战略

为什么读文学名著？为什么读《红楼梦》？希望读者翻看这本书之前，都能够对这类问题有一个合理的回答。这是一个战略问题。对这些问题的深入思考，能够决定整本书阅读教学的基本走向。

一、为何读文学名著

作为教师，我经常与学生做如下问答。

生：我为什么要阅读几百年前、几千年前的书籍？

师：我先问你，一个人能活多久？往多处算，能活100年吧。你想不想让自己这100年的生命变得充实而有意义？

生：当然想！怎样才能做到这点呢？

师：我再问你，即使你活到100岁，你以为自己会有多少种生活？

生：……

师：其实，你只能有一种生活！因为你选择了一种生活，就注定要放弃无数种生活。与你同时代的那么多人所经历的五彩缤纷的生活你注定无法涉足，他们的酸甜苦辣你注定无法体验，就更不必说你之前的无数人的生命体验了。你100年的生命其实非常简单、非常单调，也非常可怜——你的生命只是一个纤细而又瘦弱的线型人生。

阅读经典恰足以弥补这一缺憾！认真阅读一部名著，你就是以另外一种方式活了一次。不读书，你只能活一辈子；书读得越多，你的生命就越丰盈。因为，每一部经典都是一种人生。

生命如同农业，是有阶段性的，春种夏耘秋收冬藏，人生每一个阶段都有其特定的使命。青少年时期阅读经典，就是在为生命"播种"！

这种体验很多人都有。美国作家克利夫顿·法迪曼在回忆自己早年读书经历时曾这

样感叹过:"十岁到十七岁之间,是我读书最多的时候,那些日子真是令人神往。我相信对于大多数热爱书籍的人,那个年纪也正是阅读的最美好的年华。从那时以后,我再也不曾在一年里读完那么多的书。十七岁以后,人们一般就不能恣情阅读了,而必须受到某种约束和限制。"

无独有偶。德国思想家海涅,少年时期曾经因为一个偶然的机会在皇家花园的叹息小径上,如痴如醉地读着一本《堂吉诃德》。这次阅读的经验如此深刻地烙印在他的心灵上,从此成为他精神世界的底色,以致他成年后多次重读这部巨著,虽然对这部书的理解多次发生转变,但每一次变化与深化的观点,如果不以第一印象为出发点和参照系,就简直难以完成。那次阅读,种下了他精神的胚芽。

少年时代的经验难以替代。处于人生最美妙的青少年时期是最适宜读书的时期。这一时期必须阅读最有价值的书籍。错过这一阶段,有时就是永远的错过。所以,青少年朋友理应在最佳发展期让自己得到最佳的发展。

面对浩如烟海的典籍,青少年如何能够在十年内读到最好的著作?如何保证青少年在最好的年华里,体验到最有价值的人生?

此时,三个关键词可为路标:古典、小说、导读。

"古典"的意义在于:它经历了时间之筛的过滤,其价值得到历史的验证,青少年完全不必用宝贵的黄金十年去搜寻。

"小说"的价值在于:它集文学艺术之大成,涵盖诗歌、戏剧、散文诸多文学样式,包含最丰富的文学体验。涉猎文学,建议首先涉猎小说。

"导读"的意义在于:由于历史原因,古代经典所具有的坚硬外壳阻碍了青少年的阅读;名著导读则为我们打开了坚硬的果壳,使我们品尝到鲜美的果汁。

二、为何读《红楼梦》

中学生在自己精神发育、成长的过程中,必须得到文学名著的滋养。但是,面对文学名著宝库浩如烟海的著作,为什么我们首选《红楼梦》?理由如次。

首先,《红楼梦》是中华文化的集大成者。

中国数千年的辉煌文明孕育出《红楼梦》这部辉煌的巨著。无论你的学问有多深,无论你的层次有多高,你都能在《红楼梦》中获得启迪,得到共鸣。《红楼梦》如同一轮辉煌

的红日，辐射着后世每一个层面的读者和作家！

清朝道光年间，酷好《红楼梦》因而自号"护花主人"的王雪香说："一部《红楼梦》，包罗万象，囊括无遗。诗词歌赋，制艺尺牍；对联匾额，酒令灯谜；琴棋书画，医卜星象；匠作构造，栽花种果；蓄养禽鱼，针黹烹调，乃至繁华筵宴，贸易钻营，无所不包，无所不有。"

王蒙这样评价这部巨著："《红楼梦》是经验的结晶，是一部令人解脱的书，是一部执着的书，是一部文化的书，是一部百科全书。它似乎已经把汉语汉字汉文学的可能性用尽了，把我们的文化写完了……读《红楼梦》，令你叹息，令你惆怅，令你聪明，令你迷惑，令你心碎。"

红楼一书，包容文学、历史、哲学、宗教、医学、绘画、音乐、文物、考古、园林建筑、工艺美术等等。这样一部皇皇巨著，你怎么可以不去读它呢？

其次，无数读者受益于《红楼梦》。

《红楼梦》以它的博大精深滋润着每一个走进它的读者。如何阅读《红楼梦》呢？我们先看一些阅读《红楼梦》的名人轶事。

自《红楼梦》诞生之日起，就有无数读者与它结下了不解之缘。我们只在 20 世纪做一下扫描吧：蔡元培、胡适、鲁迅、毛泽东、俞平伯、张恨水、茅盾、张爱玲、王蒙、三毛……无不深受《红楼梦》的影响。蔡元培是旧红学与新红学的桥梁，胡适、鲁迅、毛泽东、俞平伯属新红学。

现代言情小说大师张恨水便深受《红楼梦》的影响，他的代表作《金粉世家》多处有着《红楼梦》浸润的痕迹。张爱玲曾以十年工夫精研《红楼梦》，以至"不同的本子不用留神看，稍微眼生点的字自会蹦出来"。她曾写诗自嘲（也许还有一些自诩）："十年一觉迷考据，赢得红楼梦魇名。"

茅盾熟读《红楼梦》，能够完全成诵——无论你从《红楼梦》中挑出任何一句话，他都能够接着滔滔不绝地背诵下去。王蒙自 20 世纪 80 年代以来便以其丰富的创作经验和人生体验推出了《红楼梦启示录》《双飞集》《红楼梦评点》等著作。

《红楼梦》不仅在文学上辐射着无数作家，还在各个方面给所有走进它的人以丰富的启示。例如，中国彩电大王、长虹集团老总倪润峰也加入到"红学"行列中。他悉心研读《红楼梦》，还要求长虹集团中层以上干部必须把《红楼梦》作为必读书。倪润峰对《红楼梦》做了如下解读："贾府注定要垮台的。在贾府放高利贷无人管，偷的偷，拿的拿，家大

业大,没有一个管理机制能控制庞大的贾府,管理总体上是失控的。许多大型国有企业也面临着与贾府同样的问题,刚开始发展不错,再往下发展就容易走向失败。企业大了,失去控制,最容易垮下来。"这就是《红楼梦》对经济学的启示。

最富有传奇色彩的是作家刘醒龙一家酷爱《红楼梦》的故事。刘醒龙曾写有《奶奶的故事》一文:

奶奶毕其一生,只爱读一本《红楼梦》。连她自己也说不清读了几十几百遍。她对林黛玉特别钟爱。奶奶称赞女孩子时,从来只用一句话,说你长得真像林黛玉。

奶奶读《红楼梦》时,每逢到了黛玉葬花那一章,奶奶总是哭成个泪人儿;而一旦到了黛玉魂断潇湘馆时,奶奶便哭得死去活来,常常几天不思茶饭,只知道长吁短叹。所以一家人谁都怕那个98回。一旦奶奶拿起《红楼梦》以后,不管是谁外出,一到家总要先打听还差几回到98回。

父亲长到20岁时,便开始领女孩子上门来请奶奶认定。奶奶看过之后,总是说,这个是王熙凤,那个是薛宝钗。父亲知道奶奶要的是林黛玉。他又找了一个女孩领回来。这之前,他请别人评价过,大家都说这是一个活生生的林黛玉。谁知奶奶见了,却说她不是林黛玉,而是秦可卿。

直到有一天父亲将母亲领进家门,那时母亲刚从大病中恢复过来,脸上的嫩红还可以看出那痛苦的痕迹。母亲穿着一身素色衣裤,纤纤弱弱的一副样子出现在屋里,奶奶的眼睛便忽地一亮,禁不住走上前拉住母亲的手,也不知是悲是喜,眼窝竟然潮湿起来。她只说了一句:这一生只要我在,就绝不会再让你吃苦了。

天下的真女孩只有黛玉一人——这是奶奶毕其一生而得出的结论。

《红楼梦》真是一轮辉煌的红日,放射出多少动人的光芒!无论你从哪个角度,无论你在什么时候,也无论你在什么心态下去读它,它都能在你的心灵上点染出或浓或淡、或喜或悲的迷离色彩……

再次,《红楼梦》是极好的语文学习范本。

我们列举几个事例来说明《红楼梦》对语文学习的价值。

20世纪80年代前后,上海著名的校长段力佩在育才中学进行了极为大胆的教学改革。他把《西游记》《红楼梦》等经典名著作为语文教材,至于统编教材,学生只用一学

期的三分之一略多些时间完成,其余时间全部用来阅读整本《西游记》《红楼梦》。其中,初三年级上学期的语文教材就是一部《红楼梦》。事实证明,这些学生的语文水平因此得到相当大的提升。

作家毕飞宇这样评价《红楼梦》:《红楼梦》是这样的一本书,无论你有多大的智慧,这本书都罩得住你,反过来,无论你多么浅薄,哪怕只是识字,《红楼梦》你也能读,一样有滋有味。《红楼梦》是上天入地的,这是一部顶级的小说。《红楼梦》的语言无出其右,这才是中国小说,这才是汉语小说。《聊斋志异》是文言,它是我们雅小说的最高代表;《红楼梦》是白话,它是我们俗小说的最高代表。无论是《聊斋志异》还是《红楼梦》,都可以让我们敬仰一辈子。

王蒙这样评价《红楼梦》:《红楼梦》令你觉得汉语汉字真是无与伦比……它似乎已经把汉语汉字汉文学的可能性用尽了,把我们的文化写完了。

现在,我们所能够做的只有一件事:摊开《红楼梦》,潜心读起来。

三、如何阅读《红楼梦》

面对中国文学的顶峰之作《红楼梦》,许多读者朋友往往会望而却步,以为《红楼梦》涉及中国传统文化的方方面面:散文、辞赋、绘画、音乐、歌舞、医药、园林、建筑……包含了中华民族多方面的文化精粹,是一部封建时代的百科全书,因而自思:我乃一凡夫俗子,怎敢涉足如此宏大的世界呢?

我要说:朋友,你低估了自己;你不知道许多伟大的经典其实非常平易近人。也许,你把阅读看得太神秘——你是不是一直以为一个人如果不了解一部作品的时代背景,一个时代的政治、哲学,不了解一个作家的生平经历,就不能够进行阅读呢?

其实,大多数经典都淳朴得如同生活本身,你能感受生活,就能欣赏名著——只要你具备最基本的阅读能力。你近十年的阅读经验,早已养成了你阅读的基本能力。细细地读《红楼梦》,其实就是细细地品味生活,或者说,是在体验一种你从未经历过的生活,这又有什么可畏惧的呢?

再者,一般人阅读名著其实也不需要像专家那样深入深出,引经据典,条分缕析,探幽发微。作家张承志在他的《心灵史》中说过一段极富启发性的话:"最好的研究方法其实只存在于研究对象自身的规定中。"我们是不是可以这样说,"最好的阅读方法就在于对作品本身的解读"呢?完全可以。让我们打个比方。英文中有一个专有名词:text,汉语把它

翻译为"文本",但它的基本意思却是"编织物"。"编织物"和"文本"有什么相似之处吗?有的。你看,一幅美丽的挂毯,或者是马王堆出土的西汉织锦,或者是敦煌莫高窟所藏的唐代蜀锦,你首先欣赏什么呢?当然是它上面精美的图案和绚丽的色彩:或龙凤飘逸,或花鸟婀娜。你只要感受到这些"编织物"之美不就是在欣赏吗?当然,如果你想进一步欣赏,你还可以分析这些图案的布局构思、纵横丝线的编织程序,这就是到了另一个层次了;再进一步,你还可以深入了解这件织锦的作者是谁,他的风格和别人的是如何不同……但不管怎样,最重要的还是要弄清"图案"本身,欣赏"图案"本身。

所以,当我们面对《红楼梦》时,我们只需从最基础的地方入手,从作品本身去欣赏它吧。摆脱所有的教条,不去计较太多作品以外的因素,全身心地投入到《红楼梦》所描绘的生活场景中去,去呼吸、去感受其中人物的喜怒哀乐。你且把"红楼"当作一个家族中人与人之间的交往故事来读,读懂多少是多少!在这基础上,你再尝试着去分析作品布局的安排、语言的锤炼、蕴含的哲理以及作者的身世、版本的演变……这样的阅读,你还害怕吗?倘能如此,你就已经在欣赏《红楼梦》了。

如果想进一步阅读《红楼梦》,你还应该选择一种较好的版本,还应该借助一些参考书。《红楼梦》一书,各种版本难以计数,现选择点校比较精良、搜寻较为容易的几种版本以及有关工具书加以介绍,以期有助于读者的阅读。

1. 《红楼梦》,中国艺术研究院红楼梦研究所校注本,人民文学出版社1982年第1版。此书是我国众多红学家共同协作的结晶,是新时期以来最早的精注精校本,具有很高的水准,是广大读者的首选版本。

2. 《红楼梦》,王蒙评点本,漓江出版社1994年第1版。其最大的特点是王蒙先生的精彩评点,能使读者受到极大的启发。但为避免先入为主,建议在对《红楼梦》有了一定的了解之后再阅读此书。

3. 《红楼梦》,岳麓书社1987年第1版。此书为普及版本,价格低廉,销量极大。由于没有注解,初读《红楼梦》者会稍感困难。但如果作为复读之书,没有注解又格外能读出新的意味。

4. 《红楼梦鉴赏辞典》,上海市红楼梦学会、上海师范大学文学研究所编,上海古籍出版社1988年第1版。这是红学爱好者必备的案头工具书。该辞典分"人物、情节、诗词曲赋、文物"等各方面内容,介绍全面,编排合理,使用相当方便。

四、《红楼梦》阅读教学策略

提高《红楼梦》整本书阅读教学的实效性,通常需要做好以下几项工作:热身激趣、自读奠基、共读提升、评价反馈。

1. 热身激趣策略

《红楼梦》整本书阅读是一项大工程,必须精心准备、未雨绸缪。热身激趣策略基本内容如下。

(1)问卷调查

开展此类活动旨在酿造读书气氛,了解学生现状。问卷调查侧重了解以下几个方面的问题:高中生阅读《红楼梦》的动机状况;高中生实际具备的阅读水平及其所面临的主要困难。

例如,通过调查,我们了解到:绝大多数高中生对阅读《红楼梦》有强烈的兴趣和愿望。例如,有82.7%的高中生曾经尝试过阅读《红楼梦》;有63.78%的学生明确表示如果学校开设《红楼梦》导读课,他们愿意选修;有的学生甚至还在"愿意"前面还加上"非常""百分之百"等字眼加以强调。但是,尽管绝大多数高中生表示愿意阅读《红楼梦》,但有37.9%的学生属于"愿意读"但"读了几章却读不下去"之列。这说明,相当数量的高中生虽有阅读名著的强烈愿望却不具备相应的能力水平。

再如,高中生在阅读《红楼梦》时所面临的主要障碍是什么呢?通过调查,我们了解到学生的主要学习困难有:

- 记不住贾府、大观园中复杂的地理方位。

- 记不住书中复杂的人物关系。

- 对书中的文言文感到阅读困难。

- 对书中大量的诗词感到厌烦。

- 不了解《红楼梦》的社会文化背景。

这类调查是《红楼梦》整本书阅读教学不可缺少的一环。经过调查,学生开始反思自己的阅读行为,开始关注《红楼梦》;教师对学生的阅读状况心中有数,之后在教学内容与教学方法上将更有针对性。

(2)激趣活动

这类活动旨在激发学生阅读《红楼梦》的强烈兴趣。没有足够的兴趣,是无法有效走

进这部巨著的。激趣的方式很多,例如,专题讲座、影视引导、趣味活动等等,教师可依据实际情况创造性地开发运用。

例如,可以在开展《红楼梦》整本书教学之前,精心为学生准备一次"红学"讲座,简要勾勒《红楼梦》全书框架,为学生自读、为以后的教学打下基础;或引导学生策划一次以《红楼梦》为基本内容的游戏活动,以期激发学生阅读《红楼梦》的愿望。

2. 自读奠基策略

当学生兴趣被激发之后,自主通读《红楼梦》全书就成为教学关键。教师需要引导学生认真阅读《红楼梦》并做好读书笔记,主要记录阅读中的疑惑之处并尝试对自己喜爱之处加以点评,开学后作为寒假作业上交教师。事实证明,没有这种硬着头皮通读全书的经历,学生很难形成阅读整部书的能力,以后的整本书阅读教学也难以深入开展下去。如能有效引导学生通读与重读《红楼梦》,就可以为整本书阅读教学奠定坚实的基础。

(1)通读

通读是整本书阅读最基本的方式,就是从头到尾、一页页硬读下去。没有这种硬啃的功夫,就无法获得整本书阅读的巨大红利。

《红楼梦》整本书阅读,并没有什么玄妙之处,不过就是将阅读行为转化为日常生活状态。通读全书需要化整为零,日积月累,最终可以积小胜为大胜。每天读几页书,持之以恒,一直读完全书。这就像我们平时完成一项任务、经历某种生活一样。一旦将阅读作为日常生活之必需,每天坚持读一点(例如15分钟),那么,我们的整本书阅读就可能出现奇迹般的成绩。如果每天阅读15分钟会出现什么奇迹呢?假设一个中等程度的读者,每分钟阅读300字,一天15分钟就能够阅读4500字,一周就能够阅读31500字,一个月就是126000字,一年阅读量就达到150万字以上。《红楼梦》全书总字数不到100万字,如确保每天半小时的阅读时间,一学期即可有效通读全书。整本书阅读必须养成这样的习惯,这一习惯一旦养成,将使学生终身受益。养成每天阅读的良好习惯,是整本书阅读的前提,也是整本书阅读所结成的果实。

(2)重读

整本书阅读需要重读,也就是反复读,在一遍遍阅读过程中,读者可以得到不同的收获,可以使自己的感受更精微、认识更深入。

以当代著名作家毕飞宇为例。毕飞宇不但通读《红楼梦》全书,而且反复读《红楼梦》。正是在这样的通读、反复读整本书的过程中,他获益良多。

我唯一可以介绍的经验是重复阅读，你不要牛，无论你重复多少次经典都对得起你。我建议每个人都能寻找一两部经典，它会陪你一生，最后给你送终……读小说不要求快，你果真喜欢这位作家的这个作品，那就别要求自己很快读完它。快不是好的读书方式。阅读是为了自己，为了让自己更幸福，着什么急？慌什么慌？……不如花两三年时间去读一个作家的作品，比如花几年读鲁迅作品，花几年读《红楼梦》。这样读，可能比一年读100本书更有价值……好的作家和作品，你得反复把玩。阅读一旦进入了把玩的阶段，就很有意思了。和田玉摸在手里很润，如果你和文字建立起良好的关系，你的手是可以摸到文字的质感的。无论你多聪明，多牛，《红楼梦》罩得住你，但是，只要你识字，《红楼梦》你也能读，津津有味的。经典就是这样，它上天入地。读经典不需要我们去努力，20岁你不喜欢，没关系，放下来，40岁再读一点也不晚。但功利一点说，经典就是优质股，建仓越早，获利越多，建仓越晚，获利越少。

3. 共读提升策略

在《红楼梦》整本书阅读教学过程中，总体上可按如下流程进行教学。

（1）课时安排

依据教材编排，《红楼梦》整本书阅读单元在学期课时安排中约占八分之一比重，课堂教学时间为两周（10课时左右）。教师需统筹安排课堂教学时间与课外学习时间，以获得最大的教学效益。依据《红楼梦》全书学习内容划分，可对课时做如下安排：前5回，2课时；第6回至第80回，6课时；后40回，2课时。

全书疏通约需课外学习时间25课时，其余时间用于论文写作、研讨辩论、影视文本对比鉴赏。

（2）教学方式

① 学生通读

学生自读规定章节，撰写读书笔记。读书笔记内容有二：主要疑惑；心得体会——要求学生至少选取一处感触最深的内容加以赏析评说。

例如，阅读前5回，学生普遍对以下问题感到困惑：《红楼梦》一书为什么有那么多的异名？甄士隐与贾雨村在书中究竟有什么作用？顽石、通灵玉、神瑛侍者、贾宝玉之间有什么联系？作者写甄宝玉用意何在？秦可卿在书中有什么作用？《好了歌》、太虚幻境"判词"以及《红楼梦十二支曲》如何理解？

② 教师批阅

教师在课前浏览批阅学生的读书笔记。对于个别性的问题，直接在笔记中与学生笔谈或当面解说；对于关键问题，专门在选修课上重点释疑；对于学生的精彩点评，或印发给学生，或由作者在课上发言阐释。

教师还应该做详细的批阅后记，整理学生的问题及心得，为选修课做好准备。

③ 课堂教学

课堂教学主要任务如下：

- 教师简要解说本章要点（亦可由学生概括）
- 选择最精粹处引导学生做细致品评
- 学生质疑研讨
- 主要活动（影视欣赏、排演节目、论文写作与答辩）
- 成果评价与展示（主要成果：论文、改编剧本、表演、多媒体课件制作……）

《红楼梦》整本书教学内容可利用本书相关章节引导学生品析、评价。例如，在指导学生阅读《红楼梦》第17回时，教师可借助本书"章回点评"相关内容做如下指点，这对学生解读原著当有大益：

大观园终于建成。这是全书重要的一回，是小说人物活动的主要环境，必须切实了解。主要建筑如下：正门—门内翠障—曲径通幽—沁芳厅—有凤来仪（潇湘馆）—稻香村—荼蘼架—木香棚—牡丹亭—芍药圃—蔷薇院—芭蕉坞—蓼汀花溆—蘅芜院—大观楼—沁芳闸—红香绿玉（怡红院）。这是描写古典园林的经典之作。

宝玉题联题对，才华横溢。

本回书要注意三点：记下各处景点名称与特征；记下众人对各景点的评价；记下宝玉所题的对联和诗句。

（3）设计阅读活动

为提高《红楼梦》整本书阅读教学效率，还需开展大量阅读活动。主要活动大致有如下几类：从读者交流互动角度，设计互助式活动；从解读作品角度，创设各种活动激发学生的创意式活动；从学习方式融合角度，开展读写结合式活动。

例如，教师可以设计学生之间的"互助式导读"以便充分发挥学生的主体性，让班级教学背景下的学生相互激发、互助互动成为重要的教学资源。学生之间的"同伴学习"是整本书阅读重要的资源：有专长的学生可以成为整本书阅读的指导者，学生之间的研讨交流既可以成为知识资源，也可以形成浓厚的读书氛围。此外，鉴于有学生在阅读《红楼梦》时往往浅尝辄止，对此，教师可采取另外一种形式的"导读"制度——作业式导读，来推动学生的阅读。教师可以专门指定某一学生承担《红楼梦》某一章节或某一话题的"导读"任务，作为一项硬性规定的学习任务"摊派"下去，这是一项学生无法推辞、无法回避的语文作业。采取这一方式需要注意如下几点：一是所选定的章节相对浅易；二是所选话题必须处于学生的兴趣范围之中；三是教师必须为学生提供必要的支架（例如，教师提供"导读要点提示"等）；四是必须允许学生寻求外援，可以请教家长或其他同学。例如，教师曾经给一位学生布置这样一项《红楼梦》导读学习任务：《红楼梦》中王熙凤是荣国府的当家媳妇，作者多次写王熙凤算账，请问：在书中王熙凤究竟算了几次账？作者如此详细地写王熙凤算账究竟有何目的？这样的学习任务目标明确，学生在问题引导下通过阅读原著即可得到答案。同时，又与"整本书阅读"抓关键、抓全局的特征相契合。

本书下卷第六章所设计的六个学习任务群，可为师生开展《红楼梦》整本书阅读提供众多学习活动任务。此外，还可以开展创意阅读活动、读写结合活动（评点批注、读书笔记、随笔写作）以及深度比较导读活动。具体策略介绍参见拙著《整本书阅读的六项核心技术》（华东师范大学出版社2019年版）。

4. 评价反馈策略

《红楼梦》整本书阅读的成效，必须得到必要的评价与反馈。从评价技术层面看，本书主张尽量采用表现性评价对《红楼梦》整本书阅读学习成效加以评价。

目前对于"表现性评价"学界的基本共识是：通过完成一些真实的任务，诱导出学生的真实表现，以此评价学生掌握和运用知识的能力的评价方法。在教学中，可结合本书下卷第五章"章回点评"、第六章"任务学习"、第七章"思考练习"等内容开展阅读学习与阅读评价活动。这一方面可以促进学生深入《红楼梦》全书，不断提升素养；另一方面，这些活动本身又是有效的检测评价手段，学生完成上述任务的质量，就是《红楼梦》整本书阅读学习成效的体现。

此外，《红楼梦》整本书阅读成效的评价还应当是多元的，需要兼顾教师评价、学生同伴互评、学生自我评价等不同的评价方式。

第二章　阅读导航

《红楼梦》是一座恢宏的文学宫殿，走进它需要必要的引导。本章我们将从书名、开头、结构、人物、情节等多个方面对之做一番概览式介绍，便于读者从整体上把握《红楼梦》这部巨著。

一、如何理解《红楼梦》众多别名

《红楼梦》一书深刻而丰富。《红楼梦》众多的书名就在不同维度暗示了全书的寓意。

少时读《红楼梦》，常被众多的书名弄得摸不着头脑：一会儿叫"石头记"，一会儿叫"情僧录"，曹雪芹自己管它叫"金陵十二钗"，贾瑞充其量是个跑龙套的，但和他相关的"风月宝鉴"居然成了全书的书名。更让人奇怪的是，曹雪芹似乎从来没有用过"红楼梦"作为书名，为什么这众多的书名最后一一让位于"红楼梦"了呢？后来，才渐渐发现这些异名大致蕴含着至少四个层次的意思，从中隐约可以见出曹雪芹创作的心路历程。

1."石头记"

"石头记"源于小说开篇一则美丽奇妙的神话。一块富有灵性的石头幻化为一枚玲珑玉石转入人世，投胎为一位贵公子，在人间历尽悲欢后返回渺渺神界追述往事，遂作此书。所以，"石头记"便是石头所记之书，交代了小说的来历出处，显得古朴自然，有古传奇之风。

2."情僧录"和"风月宝鉴"

这两个异名，表明《红楼梦》的早期书稿有可能属于"批判警世"一类的"暴露文学"。"戒妄动风月之情"可能一度是《红楼梦》的主旋律。作者初撰此书也许设想着走《醒世恒言》一类小说的路子，所以书中大量涉及风月淫乱之事。在第五回中，警幻仙子将宝玉引入太虚幻境时就明确交代了意图："欲以情欲声色警其痴顽，使之跳出迷人圈子，然后入于正道。"而书中"情僧"正是"因空见色，因色生情"，最后又因见了"情"的飘忽短暂而大彻大悟的典型。"情僧""录"下了这"石头记",目的便在于昭示情色之属均为水月镜花,一切成空的道理。

"风月宝鉴"更是以劝人戒绝情欲声色为目的。贾瑞对王熙凤产生了单相思,落花有意流水无情,屡受捉弄,终不死心,以至病入膏肓。一位道士送来"风月宝鉴"救他性命,并告诫他只能照背面,万不可照正面,如此方能治其"邪思妄动之症"。镜子背面是一具骷髅,而正面则是笑吟吟、光彩照人的王熙凤。倘若贾瑞能由此悟出美人不过是"带血骷髅",一切美艳终难持久,必定也会"由色生空"从而跳出情天孽海,超脱厄运。不料贾瑞愚顽难开,最后一命呜呼。贪恋女色,祸由自取,这正是典型的传统观念。书中大有以贾瑞为镜,以"风月"为戒的用意。

有红学家推测,曹雪芹创作早期可能写了众多类似的风流韵事,深深厌恶自己所处的大家庭中的荒淫无耻,并将家族的崩溃归咎于此,所以着力写贾府"只有门前两个石狮子干净"的丑恶面。随着作者思想的不断成熟,在反复修改中逐渐删去了不少这类文字,于是"戒风月"的主题便渐渐退隐到次要的位置上。所以,我们如今读"红楼"便觉得"风月宝鉴"一名难副其实了。

3. "金陵十二钗"

这大概是作者最喜爱的书名。这一名称将此书的主题集中到十二个美丽的女子身上,为她们唱出了一曲真切缠绵的赞歌与挽歌。此书对女性的尊敬实属前所未有,比之于"三言二拍"中被欺骗、被愚弄的女性,比之于《金瓶梅》中以受蹂躏为荣的不争气女性,以及《水浒传》中毫无女性特点的"母大虫"或者被剖腹开膛的潘金莲之类,作者笔下的这十二位女性或楚楚动人、柔情似水,或知书达理、多才多艺,令人喜爱。

4. "红楼梦"

曹雪芹从未用"红楼梦"来命名他的不朽之作,但这一书名或许在作者生前就已经流传开来。第48回评香菱梦中说梦话有批云:"一部大书起是梦,宝玉情是梦,贾瑞淫又是梦,秦之家计长策又是梦,今作诗也是梦,一并风月鉴亦从梦中所有,故曰《红楼梦》也。余今批评亦在梦中,特为梦中之人特作此一大梦也。"(脂砚斋)早在乾隆时代,时人便多以"红楼梦"称呼"石头记",如今更成了该书唯一的书名。该书名的最终定格,可大致归结于以下四个方面的原因:

其一,"红楼梦"在结构上具有总纲性质。第5回中"红楼梦十二支曲"总括了全书主要人物的基本命运。以此为名,确是抓住了全书大关键。

其二，以"红楼梦"为名也可以理解为是在为一群美丽的女儿吟唱挽歌，恰同于"金陵十二钗"的主题。在中国文化中，"红楼"可指少女的闺房，同于"绣楼""绣房"。古诗中有"红楼富家女，金缕绣罗襦；见人不敛手，娇痴二八初"即是明证。用"红楼"点明自己是在写"女儿"，再冠以"梦"字，昭示着由女儿们所维系的唯一净土也不能为现实世界所容，最后只能在梦一般的追忆中怀想美丽的女儿世界的清纯。

其三，"红楼梦"还可以指达官贵人之家的兴衰史。于是，"红楼"便等于"朱门"。所以，小说便具有另一层含义，涉及一个大家族由盛入衰，最后"忽喇喇似大厦倾"的悲剧故事。再以"梦"字贯穿，越发使小说上升到对人生进行哲学思考的高度。

其四，单看"红楼梦"三字字面，就显得更凝练、更美丽、更空灵，从而更能引发读者的想象。

因此，作者虽不然，读者未必不然。也许可以这样说，是无数读者的慧眼相中了"红楼梦"这一书名，它以极大的"空筐效应"深深植根于广大读者的心中！

二、如何理解《红楼梦》的开头

文学名著大都有着脍炙人口的开头。任何一个文学爱好者，随手一写，就可以开列一个长长的清单。

罗贯中《三国演义》：话说天下大势，分久必合，合久必分。

查尔斯·狄更斯《双城记》：那是最美好的时代，那是最糟糕的时代；那是智慧的年头，那是愚昧的年头；那是信仰的时期，那是怀疑的时期；那是光明的季节，那是黑暗的季节；那是希望的春天，那是失望的冬天。

列夫·托尔斯泰《安娜·卡列尼娜》：幸福的家庭都是相似的，不幸的家庭各有各的不幸。

加西亚·马尔克斯《百年孤独》：多年之后，面对行刑队，奥利雷亚诺·布恩迪亚上校将会想起父亲带他去见识冰块的那个遥远的下午。

考琳·麦卡洛《荆棘鸟》：传说中有一种荆棘鸟，一生只唱一次，那歌声比世界上所有一切生灵的歌声都更加优美动听。从离开巢窝的那一刻起，她就在寻找荆棘树，直到如愿以偿。然后，她把自己的身体扎进最长、最尖的刺上，在那荒蛮的枝条之间放开歌喉。这是一曲无比美好的歌，曲终而命竭，然而，整个世界都在静静地谛听，上帝也在苍穹中

微笑。因为,最美好的东西只能用深痛巨创来换取。

《红楼梦》则不然。这真是一部奇书,从哪里开头居然也成了一大疑团。中学生朋友阅读《红楼梦》开篇一段话,往往会感到异常困惑——你会看到一段十分奇怪的文字:

此开卷第一回也。作者自云:因曾历过一番梦幻之后,故将真事隐去,而借"通灵"之说,撰此《石头记》一书也,故曰"甄士隐"云云。但书中所记何事何人?自又云:"今风尘碌碌,一事无成,忽念及当日所有之女子,一一细考较去,觉其行止见识,皆出于我之上。何我堂堂须眉,诚不若彼裙钗哉?实愧则有余,悔又无益之大无可如何之日也!当此,则自欲将已往所赖天恩祖德,锦衣纨袴之时,饫甘餍肥之日,背父兄教育之恩,负师友规谈之德,以至今日一技无成,半生潦倒之罪,编述一集,以告天下人:我之罪固不免,然闺阁中本自历历有人,万不可因我之不肖,自护己短,一并使其泯灭也。虽今日之茅椽蓬牖,瓦灶绳床,其晨夕风露,阶柳庭花,亦未有妨我之襟怀笔墨者。虽我未学,下笔无文,又何妨用假语村言,敷演出一段故事来,亦可使闺阁昭传,复可悦世之目,破人愁闷,不亦宜乎?"故曰"贾雨村"云云。
此回中凡用"梦"用"幻"等字,是提醒阅者眼目,亦是此书立意本旨。

"此开卷第一回也。"这岂不是废话?有哪一部文学作品是如此开头的?那么,正文应该从哪里开始呢?我们不妨试着从第二段"列位看官,你道此书从何而来?说来根由虽近乎荒唐,细按则深有趣味"一句读起,看看是不是有点小说开头的味道?这样的开头,单刀直入,不枝不蔓,很自然就引出了一个美妙动人的神话故事——

一块顽石经过天神女娲的锻炼,灵性已通。后来,被一僧一道携往人间,经历了种种悲欢离合,最后大彻大悟,重新回归大荒山无稽崖青埂峰,并将自己在红尘中的经历一一记叙下来。这番记录被一个空空道人抄了回来,遂传播于世。于是就有了今天的《红楼梦》。

看来,行文至此还是没有涉及正文。只能算得引子,或者算是序言。毕竟,这一段文字还只是在交代作品的来历。所以,作者就明明白白地交代了——"《石头记》缘起即明,且看石上是何故事。按那石上书云:当日地陷东南。这东南一隅有处曰姑苏……"这真是"千呼万唤始出来"。故事终于开始了。

据专家考证,"此开卷第一回也"这段文字当是古人读书时所做的"批注",是对书中

内容的概括提要。这本是古人的读书习惯。由于当时《红楼梦》大多都是手抄本,所以正文中的文字很容易和读者批注评点的文字混在一起。对此,研究者曾有如下考证:

> 我们从甲戌本《脂砚斋重评石头记》上面可以找到有利的物证。在脂本的系统中,甲戌本由于它的正文所根据的底本是较早的,因此它比其他各本更接近于曹雪芹的原稿。这个本子的第一回是以"列位看官,你道此书从何而来?说来根由虽近乎荒唐,细按则深有趣味"这几句话开始的。(《脂砚斋重评石头记》十六回本,中华书局1962年6月影印本,第4页。)书前有一篇《凡例》,又名《红楼梦旨义》,包括五条。我们通常当作《红楼梦》开头的那一大段文字,基本上属于《凡例》第五条之中。……曹雪芹原来所设计的开头是相当精彩的。读者拿到了这部洋洋四十万言的长篇小说,未看正文之前,很自然地会产生"此书从何而来的"的想法。作者正是抓住了读者这种心理状态,巧妙地虚构了一个优美的神话故事,以此交代《石头记》一书的来历。(引自陈毓罴:《红楼梦是怎样开头的》,参见《红楼梦论丛》,上海古籍出版社1979年第1版。)

所以,以往人们把脂砚斋写的第一回"总评"当作了《红楼梦》的开头,一直以讹传讹至今。当然对于这一段总评,我们也必须重视。它很有参考价值,是我们了解《红楼梦》的一把钥匙。这段文字介绍全书的"旨意",强调了《红楼梦》的主旨是为了"使闺阁昭传",指出了《红楼梦》叙述手法是"隐去真事""真话假说"等等。

三、如何把握《红楼梦》的结构

伟大的作品必然有杰出的结构。《红楼梦》是一部具有宏伟结构的天才巨作,把握它的结构对于我们正确解读作品大有裨益。

全书脉络分明,以贾府的兴衰际遇和宝黛钗三人的爱情悲剧贯穿全书,以"大观园"作为人物活动的主要舞台。我们可以从"结构内容"与"结构特征"两个方面把握全书的结构。

1. 结构内容

从小说内容维度看,《红楼梦》在结构上可以大致分为"总纲、繁盛、衰败"三大单元。
(1)第一单元(第1—5回):总纲
这是全书的总纲,起着揭示主题、勾勒轮廓、交代人物、点染背景、暗示结局的重要

作用。中学生朋友在阅读时，最感困难和乏味的也是这五回。但是，一旦把握这五回就等于掌握了解读全书的一把总钥匙，因此有必要静下心来细细研读。

第1回，贯穿两个美丽的故事（石头幻形入世、绛珠仙草还泪——前者表明小说的由来，后者构成小说的主体）和一个小乡绅（甄士隐）的兴衰，隐含了此书家族人生悲剧的大主题。第2回，以"冷子兴演说荣国府"介绍全书主要人物。这种在情节当中介绍人物的手法似乎比西方小说在扉页列出人物表的做法更加高明巧妙。第3回，"林黛玉进贾府"，借林黛玉之眼介绍贾府环境。没有这一回的事先介绍，往后的阅读就会令人如走迷宫，使读者迷失在复杂的贾府大院里。第4回，"葫芦僧断葫芦案"，写贾府的社会关系，同时交代宝钗进贾府——书中三个主角一一出场。第5回，"宝玉梦游太虚幻境"则是全书主要人物的命运总纲。

（2）第二单元（第6—64回）：繁盛

这一单元主要写贾府之繁盛，"大观园"中众女儿之欢乐。虽说此时贾府已是"百足之虫，死而不僵"，但仍然如同鲜花着锦、烈火烹油一般，到处是莺声燕语、姹紫嫣红。

其中第6—18回，极写贾府两大盛事——可卿之死、元妃省亲，以此显示贾府显赫的地位。由于元妃省亲，才有可能为宝玉及众女儿营造出"大观园"这一方世外桃源。第17回对"大观园"布局结构的介绍也就必须细细研读。第19—64回，曹雪芹仿佛在追忆往日似锦年华一般，逞其生花之妙笔极写大观园中之乐事：宝黛沁芳溪畔共读"西厢"，探春发书结诗社，刘姥姥游览大观园……一直到第63回"怡红夜宴"（为宝玉生日而设，被称为"最后的晚餐"），均让人流连忘返、痴迷不已。此时的大观园，到处欢声笑语，柳绿花红，春光明媚一片，活力生机无限！

（3）第三单元（第65—120回）：衰败

到这一单元，小说开始哀音渐起。时令由春夏转至秋冬，贾府由鼎盛转入衰败，群芳凋零，众女儿风流云散。

第67—69回，尤二姐惨死；第74回，抄检大观园，快乐的女儿国里一片愁云惨淡；第77回，晴雯屈死；第79回，迎春误嫁；第82—98回，黛玉在疑惧与悲愤中挣扎直至"魂归离恨天"；第105回，贾府被抄……

悲凉之雾，日渐浓厚。人生种种大变故、大不幸在奢华欢娱之后接踵而至，令人悲从中来，感喟不已。

2. 结构特征

从全书结构组织特点看，《红楼梦》具有如下两大结构特征：镶嵌式结构、立体化的情节结构。

（1）特征一：镶嵌式结构

中国话本小说中有一种常见的"镶嵌式结构"，即每一篇小说实际上由两个故事构成。第一个故事比较短小，相当于"引子"，当时人们称之为"入话"；第二个故事才是小说正文。一般而言，第一个故事基本情节与主旨通常和第二个故事完全一致。其实，"入话"的价值就是用一个简洁明了的超浓缩故事，以提纲挈领的方式点明交代小说正文的主题意旨，使读者在阅读正文时，在面对复杂丰富的情节时，能够有一张缩微的故事梗概地图引导自己的阅读，以便把握小说的真义。

第一单元中的甄士隐故事就起到这样一个"入话"的作用。

甄士隐一家的遭遇实际上就是贾府命运的象征、缩写。甄士隐是当地大户人家，因为意外变故而家破人亡；甄士隐又有极高的悟性，在遭受诸多不幸之后大彻大悟、遁入空门——他的归宿也就是后文中贾宝玉的结局。

脂砚斋曾有如下批语："不出荣国大族，先写乡宦小家，从小至大，是此书章法。"在第二回贾雨村偶至"智通寺"，脂砚斋又有一条眉批："未出宁荣繁华盛处，却先写出一荒凉小境；未写出通部入世迷人，却先写一出世警人；回风舞雪，倒峡逆波，别小说中所无之法。"确是如此。

因此，我们知道了《红楼梦》一书在结构上就有如下特点：未写出贾府全部故事，却先写出一个朦胧缩影；未写出全体人物遭遇，却先预示人物整体命运。前面的故事常常是后面故事的影子、先兆或伏笔——太虚幻境是大观园的影子，甄府是贾府的影子，甄士隐的命运是贾宝玉命运的先兆。

（2）特征二：立体化的情节结构

在情节的结构安排上，《红楼梦》采取纵横交织、多线穿插的立体化情节编织方法，使小说具有原生态生活所具有的那种丰富、复杂、多层面、多角度的全方位特征。

① 纵向蔓延

"伏脉千里"是《红楼梦》一书的重要手法，前文中的一件极细小的事都可能关联到几十回后的故事，阅读时必须把握这一重要特点。

例如，贾雨村作为书中一个重要人物，从第一回一直贯穿到最后一回。从一个穷书生到中进士为官，被贬官，到林宅任西席，通过贾府获起用，后任知府、御史、京兆尹，贾家被抄时落井下石，最后又被黜为民，在书末归结"红楼梦"。这样一个人物如此复杂的

经历,在《红楼梦》中虽然有时只有寥寥数语,却断断续续出现在书中,成为隐约贯穿全书的一条线索,如果阅读时不够细心,就很难把握它。

《红楼梦》塑造人物基本上都使用了这类前后勾连、似断实连的手法。唯其如此,才有可能在写完一个人物的片段故事之后腾出笔墨来写另一个人物,才有可能较为丰富地表现各类人物。

② 横向交织

在每一个章节中,每一个人物的活动都不是孤立的、单一的;每一个事件也都不是单一的、直线式的。所有的人物、事件都在空间上与别的人物、事件发生着这样那样的种种关联。

例如,第30回,金钏儿与宝玉调笑,被王夫人发觉后一顿责打,宝玉一溜烟跑出王夫人的房间来到蔷薇架下,于是看见痴情的龄官正在蔷薇架下痴痴地画着无数个"蔷"字,这时的情境不是宝玉促成的,而是在宝玉与金钏儿调笑时就已经发生了,宝玉恰巧融入了这一事件中。这实际上就是几件事情的横向并列(而且,由于宝玉此时的躲雨奔跑,又弄丢了在第29回中得来的准备送给湘云的"金麒麟",于是又为后文第31回湘云的丫鬟翠缕拾到这一"信物"埋下了伏笔),而当宝玉因为大雨跑回怡红院中时,怡红院中也同时发生了另一件事情——大小丫鬟们在大雨中堵住了水沟,让院子里积满了水,在那里追逐野鸭、鸳鸯等水鸟;而在王夫人房中,王夫人正在叫人喊来了金钏儿的父母要他们领回自己的女儿。原本是时间艺术的小说,在曹雪芹的笔下,居然有了空间艺术的特点。时空交织的结果自然使作品更具生活的真实。

在写人方面,曹雪芹也十分注重横向的拓展。例如,第8回中,宝玉前往梨香院探望宝钗,路遇清客单聘仁、詹光(善骗人、沾光)时的一段小插曲:

> 偏顶头遇见了门下清客相公詹光、单聘仁二人走来,一见了宝玉,便都笑着赶上来,一个抱住腰,一个携着手,都道:"我的菩萨哥儿,我说做了好梦呢,好容易得遇见了你。"说着,请了安,又问好,唠叨半日,方才走开。老嬷嬷叫住,因问:"二位爷是从老爷跟前来的不是?"二人点头道:"老爷在梦坡斋小书房里歇中觉呢,不妨事的。"一面说,一面走了。说的宝玉也笑了。

这节文字仅仅100多个字,内容也十分平淡,与前后情节也没有什么关联,似乎完全

游离于情节（探望宝钗）之外，是地地道道的闲笔，但并不能看成是作者不善剪裁导致的臃肿芜杂的冗文。这一段小插曲把宝玉不愿应酬清客相公却并不端公子哥儿架子，同时害怕父亲的孩子心理活灵活现地刻画出来了。另外，这些清客之流谄媚讨好的媚态也刻画得十分生动。

这类写法把人物性格的次要方面描写出来了，使人物形象丰满生动、真实自然。所以，脂砚斋评道："一路用淡三色烘染，行云流水之法，写出贵公子家常气质。经历过者则喜其写真，未经历者恐不免嫌繁。"

长篇小说中人物、情节的丰富性、立体性，生活的真实性、复杂性，就在这样的结构安排中得到了充分的体现。

南方的榕树，不是孤零零的一根主干，而是在树干上、树枝上生长着许许多多的气根，这些气根伸展蔓延，丰富了榕树，扩展了榕树，使得一株榕树有时就像一片茂密的森林，增添了许多的内涵和风韵。

《红楼梦》一书的结构就具有这样的特征。

四、如何欣赏《红楼梦》中的人物

《红楼梦》一书大大小小的人物共有400多人，其中性格鲜明的就有四五十人。这在世界文学史上也是罕有其匹的。曹雪芹人物塑造的才华远远超出《三国演义》《水浒传》等名著的作者。这在文学史上已有定论。

鲁迅先生对《红楼梦》杰出的人物塑造成就曾做了高度评价："《红楼梦》的价值，在中国的小说中实在是不可多得的。其要点在敢于如实描写并无讳饰，和以前的小说叙好人完全是好、坏人完全是坏的大不相同。所以其中所叙的人物都是真的人物。总之，自有《红楼梦》出来以后，传统的思想与写法都打破了。"

确实，一部《红楼梦》，写了400多个人物。主要人物个个形象鲜明，即使偶尔出现的人物，哪怕只是一笔两笔，也都是有声有色、有情有味（如乳母李嬷嬷、贾璜姑母、贾芸舅母、晴雯嫂子、鸳鸯嫂子……）。其中，美丽而邪恶却又极具才干的王熙凤，藏愚守拙雍容大度不乏心机的薛宝钗，清高自许充满纯洁诗意的林黛玉，"才自精明志自高"的贾探春，"竹篱茅舍自甘心"的青年寡妇李纨，无一不形神毕肖，跃然纸上。此外，像刚烈的晴雯，柔顺的袭人，倔强的鸳鸯，善良的平儿，深谙世故、知恩必报的刘姥姥……构成

了琳琅满目的人物画廊。甚至如薛蟠之流，曹雪芹也写出了他有情有义的一面，并不是一味的邪恶。

善于以极富意境的诗意情境烘托人物性格，是曹雪芹塑造人物的常用手法。书中如"共读西厢、隔墙听曲、黛玉葬花、龄官画蔷、传简邀社、观菊吃蟹……"均是极富诗情画意的场景。红学家周汝昌先生说："曹雪芹将诗的素质、手法、境界运用于小说中，充分发挥了诗的作用。如'秋窗风雨夕'中竹梢滴雨、碧伞红灯等，情境诗味十足。"的确，《红楼梦》中的故事，情节淡化虚化，未必贯穿全文，许多地方却带有浓烈的抒情意味，完全可以作为诗歌来读，更不必说书中那些动人的诗赋了。

《红楼梦》中的心理描写也有很高的造诣。在中国古典小说中，像这样运用大量心理描写来刻画人物的委实不多。但曹雪芹却运用得得心应手。例如，第32回中，当黛玉听到宝玉说"林妹妹不说这样混帐话，若说这话，我也和他生分了"时，作者有这样一段心理描写：

> 林黛玉听了这话，不觉又喜又惊，又悲又叹。所喜者，果然自己眼力不错，素日认他是个知己，果然是个知己。所惊者，他在人前一片私心称扬于我，其亲热厚密，竟不避嫌疑。所叹者，你既为我之知己，自然我亦可为你之知己矣；既你我为知己，则又何必有金玉之论哉；既有金玉之论，亦该你我有之，则又何必来一宝钗哉！所悲者，父母早逝，虽有铭心刻骨之言，无人为我主张。况近日每觉神思恍惚，病已渐成，医者更云气弱血亏，恐致劳怯之症。你我虽为知己，但恐自不能久待；你纵为我知己，奈我薄命何！

这段文字写出了黛玉复杂、曲折、细腻的心理活动，感情之深，思忖之深，深深打动了每一位读者。中国传统小说很少写心理活动，但是《红楼梦》中对宝玉黛玉心事的描写却十分详尽细致。正是书中大量杰出的心理描写，使得作品有了罕见的深度，奠定了《红楼梦》作为世界名著的坚实基础。

那么，面对如此丰富的人物形象，我们在阅读时该注意些什么呢？大致应注意以下几个特点。

1. 草蛇灰线，似断实连

草中之蛇，游走灵动。你不可能看到蛇的全体，只能偶尔见到一鳞半爪、一段躯干，其余的你只能根据草动的迹象去揣摩想象。绳索燃烧后留下的灰迹同样是隐隐约约，似有似无。

这是多么符合生活逻辑的一种写法啊！在生活中，你能够知道一个人的一切活动吗？事实上，你只能根据这个人的若干言行片段，然后根据种种迹象推测出一个人的全貌来。那种企图写尽人物一切活动的努力，其实都是"可怜无补费精神"的。

在《红楼梦》中，你看不到一个故事贯穿到底的人物，往往一个人物上场表演了一两个动人的故事后就告一段落；然后又在另一场合上演另外一批人物的种种故事。有时一个人物只不过是片言只语，甚至只是间接地被涉及。这种写法使小说的涉及面更广、写的人物更多，但同时也带来了不利的一面——情节被中断了，故事性不强了。不是大手笔，轻易不敢使用这种笔法。

所以，读《红楼梦》，欣赏书中的人物，必须学会前后勾连，必须善于从蛛丝马迹中了解整体，必须从形迹上把握人物的本真。

其实，在阅读中认识《红楼梦》中的人物与在生活中了解他人的方法完全相同，靠的是用心体会，靠的是人生阅历。

例如，贾雨村这一人物形象，从第1回一直贯穿到第120回，但专门写他的只有两三回，其间不过是三言两语，甚至是间接被提及，但如果将这些细微之处综合起来，那么整个贾雨村的形象立刻就活灵活现地出现在读者的眼前。（参阅本书第三章"贾雨村：宦海沉浮巧钻营"一节文字。）

2. 立体化的人物形象

曹雪芹写人的最大长处就是能够从多个方面、多个角度展开全方位的描写。这实际上创造出的就是文学理论上的"圆型人物"。

文学作品中的人物形态多种多样。英国小说家福斯特用他的"两分法"使众多的人物形态立刻有了科学完美的归属，创造了小说理论的一个经典概念。他在《小说面面观》中提出：我们可以将人物分为扁平人物和圆型人物两种……扁平人物是一种类型人物，基本上用一个句子甚至一个词就可以描述概括出人物的整个性格，是一种性格单一的人物。例如"奸诈"的曹操、"智慧"的诸葛亮、"勇猛"的张飞、吝啬的阿巴贡、虚伪的答尔丢夫……就是典型的扁平人物。当然，扁平人物自有其独到的优势：简洁明了、性格单纯，容易被读者迅速了解把握。他们的性格是固定的，不会发展变化，在任何场景中、时间中都一成不变。因此，在篇幅短小无法充分展开的作品中，在通俗文学中、喜剧作品中，扁平人物就有其不可替代的作用。但是扁平人物性格单一，明显与现实人物不相符合，容易导致人物形象的虚假（或使人物过于完美，或使人物过于漫画化）。

因此，另外一种"圆型人物"（即无法用一句简单的话语加以描绘，有着丰富多彩的性格、有着变化发展的性格的这类人物）就显得十分可贵了。

圆型人物有着"像月亮那样盈亏互易、宛如真人那样复杂多变"的特点。圆型人物主要有两大特征：性格内容多层次，性格具有发展性。随着情节的展开，人物性格的各个侧面、各个层次都逐渐显现出无限丰富性，而且人物性格也不断处于变化发展之中，常常是到故事结束时人物性格才得到最后的展示。

《红楼梦》中的主要人物大多数都是圆型人物。欣赏圆型人物与认识生活中的人物非常相似：需要我们在阅读中不断地思考、再创造、反复玩味，用自己的人生体验去完善、丰富这些形象，从而再造一个艺术化的真实人物。

例如林黛玉，这是一个既自尊又自卑，既自傲也随和的人物形象。她待人常以真心，但有时不免尖刻；通常举止高雅，偶尔也有造作之嫌……这种多层性格特征使她成为一个真实、丰富、感人的艺术形象。

为了使人物性格更加立体化、多样化，曹雪芹还反复运用改变视角的方法来描写人物。通过同一人物在不同人眼中的形象，从多角度、多侧面辉映出人物形象。正如一枚璀璨的钻石，因为有着众多的棱面，可以从多个侧面折射光线，从而焕发出令人叹为观止的美丽光泽。

例如，对于王熙凤，作者除了对她进行直接描写外，还通过书中不同人物的视点从不同角度加以观察。这么多身份、地位、修养、性别不同的人关注着凤姐，人物自然就具有极其丰富的内涵和魅力了。

第2回中，冷子兴演说宁国府时如此介绍凤姐：

谁知（贾琏）自娶了他令夫人之后，倒上下无一人不称颂他夫人的，琏爷倒退了一射之地：说模样又极标致，言谈又爽利，心机又极深细，竟是个男人万不及一的。

周瑞家的（冷子兴岳母）则这样看待王熙凤：

这位凤姑娘年纪虽小，行事却比世人都大呢。如今出挑的美人一样的模样儿，少说些有一万个心眼子。再要赌口齿，十个会说话的男人也说他不过……就只一件，待下人未免太严些个。

第 3 回中黛玉眼中的王熙凤则是这样的：

这个人打扮与众姑娘不同，彩绣辉煌，恍若神妃仙子：头上戴着金丝八宝攒珠髻，绾着朝阳五凤挂珠钗；项上戴着赤金盘螭璎珞圈；裙边系着豆绿宫绦，双衡比目玫瑰佩；身上穿着缕金百蝶穿花大红洋缎窄褃袄，外罩五彩刻丝石青银鼠褂；下着翡翠撒花洋绉裙。一双丹凤三角眼，两弯柳叶吊梢眉，身量苗条，体格风骚，粉面含春威不露，丹唇未起笑先闻。

第 55 回凤姐心腹平儿这样说凤姐：

二奶奶（凤姐）若是略差一点儿的，早被你们这些奶奶治倒了。饶这么着，得一点空儿，还要难他一难，好几次没落了你们的口声。众人都道他利害，你们都怕他，惟我知道他心里也就不算不怕你们呢。

第 65 回兴儿眼中的王熙凤更是了不得：

提起我们奶奶（凤姐）来，心里歹毒，口里尖快。我们二爷也算是个好的，那里见得他……如今合家大小除了老太太、太太两个人，没有不恨他的，只不过面子情儿怕他。皆因他一时看的人都不及他，只一味哄着老太太、太太两个人喜欢。他说一是一，说二是二，没人敢拦他。又恨不得把银子钱省下来堆成山，好叫老太太、太太说他会过日子，殊不知苦了下人，他讨好儿。估着有好事，他就不等别人去说，他先抓尖儿；或有了不好事或他自己错了，他便一缩头推到别人身上来，他还在旁边拨火儿。如今连他正经婆婆大太太都嫌了他，说他"雀儿拣着旺处飞，黑母鸡一窝儿，自家的事不管，倒替人家去瞎张罗"。若不是老太太在头里，早叫过他去了……嘴甜心苦，两面三刀，上头一脸笑，脚下使绊子；明是一盆火，暗是一把刀：都占全了……人家是醋罐子，他是醋缸醋瓮。凡丫头们二爷多看一眼，他有本事当着爷打个烂羊头……

此外，鲍二家的称凤姐为"阎王"，尤三姐称凤姐为"夜叉"，宁国府主管来升说凤姐"那是个有名的烈货，脸酸心硬，一时恼了，不认人的"。

如此一番层层渲染，使凤姐这一人物给人留下了多角度、多侧面的全景式的印象。一个立体化的人物形象于是就活生生地出现在读者眼前了。

这种手法在《红楼梦》中运用得很多，读者朋友应该多加留意。

3. 两相映衬，双峰对峙

中国人在审美意识的深层始终涌动的一种"对称之美"的情结。

在数字上好偶数恶奇数，在文字上讲究对偶对仗，在生活中追求的是"成双成对"。《红楼梦》也不例外。在塑造人物形象时，曹雪芹就着力从"对称"角度塑造了一系列相反、相对、相近、相似的丰富多样的艺术形象。在众多的人物之间，有着相当数量的两两相对的人物形象：有的性格相仿而呈现出风神迥异的姿态，例如宝钗与黛玉之间的"二水分流，双峰对峙"；有的因性格相近从而相映成趣而辉映出一片旖旎的风光，例如黛玉与晴雯；有的身份相近但在品性上却有天壤之别，例如贾政与贾赦；有的是地位迥异却构成两个端点上最动人的风景，例如贾母与刘姥姥。类似的对称还有许多，例如写了"张道士"还要写一个"王道士"；写了"赵姨娘"还要陪一个"周姨娘"；写了尤二姐之柔，再写尤三姐之烈；抄检大观园时，一面写了作为小姐的迎春的怯懦，一面又写了身为丫鬟的司棋的刚烈。这种对称之美的追求甚至影响了续书的作者高鹗——曹雪芹写了个敢骂主人的"贾府中的屈原"焦大，高鹗便写了一个对主人忠心耿耿的仆人包勇。

书中很不起眼的小人物，作者也常常使用这种手法。请看《红楼梦》中有两位"嬷嬷"、两个道士具有极为突出的对称特点。

李嬷嬷是宝玉的奶妈，是一个有一定资历但缺少自知之明的老妪。特别是第19、20回，她大骂袭人，倚老卖老，唠唠叨叨，说个不停，是一个十足的"老背晦"。而赵嬷嬷则是贾琏的奶妈，第16回写赵嬷嬷到贾琏、凤姐处为儿子讨情求差使，这位老奶妈言语得体、知趣识理，与李嬷嬷形成了鲜明的对比。

脂砚斋有一段批语："前有宝玉之李嬷嬷（第8回），此处偏又写赵嬷嬷，特犯不犯。先有梨香院一回，两两遥对，却无一笔相重，一事合掌。"

我们不妨摘出几段感受一番：

一时贾琏的乳母赵嬷嬷走来，贾琏凤姐忙让吃酒，令其上炕去。赵嬷嬷执意不肯。平儿等早于炕沿下设下一机，又有一小脚踏，赵嬷嬷在脚踏上坐了。贾琏向桌上拣两盘肴馔与他放在机上自吃……赵嬷嬷道："……我这会子跑了来，倒也不为饮酒，倒有一件

正经事,奶奶好歹记在心里,疼顾我些罢。我们这爷,只是嘴里说的好,到了跟前就忘了我们。辛亏我从小儿奶了你这么大。我也老了,有的是那两个儿子,你就另眼照看他们些,别人也不敢呲牙儿的。我还再四的求了你几遍,你答应的倒好,到如今还是燥屎。这如今又从天上跑出这一件大喜事来,那里用不着人?所以倒是来和奶奶来说是正经,靠着我们爷,只怕我还饿死了呢。"(第16回)

那李嬷嬷还只管问"宝玉如今一顿吃多少饭""什么时辰睡觉"等语。丫头们总胡乱答应。有的说:"好一个讨厌的老货!"李嬷嬷又问道:"这盖碗里是酥酪,怎不送与我去?我就吃了罢。"说毕,拿匙就吃。一个丫头道:"快别动!那是说了给袭人留着的,回来又惹气了。你老人家自己承认,别带累我们受气。"李嬷嬷听了,又气又愧,便说道:"我不信他这样坏了。别说我吃了一碗牛奶,就是再比这个值钱的,也是应该的。难道待袭人比我还重?难道他不想想怎么长大了?我的血变的奶,吃的长这么大,如今我吃他一碗牛奶,他就生气了?我偏吃了,看怎么样!你们看袭人不知怎样,那是我手里调理出来的毛丫头,什么阿物儿!"一面说,一面赌气将酥酪吃尽……赌气去了。(第19回)

同样是摆奶妈的老资格,李嬷嬷是蛮不讲理,只会痛骂加哭诉;赵嬷嬷则带着十分的恭敬与亲热。李嬷嬷是不知主仆分界,赵嬷嬷则十分注重等级身份。两相对照,高下立判!

又如,王一贴和张道士,虽说都是老道士,但二人的身份地位以及言谈举止都大为不同。王一贴是走江湖的老道,言行明显带有混迹江湖的油滑之气;张道士则是"曾经先皇御口亲呼为大幻仙人","又是当今封为终了真人"的,长期与达官贵人、王公藩镇相处从而习得了满身的官宦气息。

这些两两相对的一组组人物,我们如果不加以细细品味、两相比照,也许就会失去许多美的享受。看不到这一点,就不能够体会到作者匠心所在。有比较才有鉴别,在比较中人物的细微差异便会清晰地凸现出来。

4. 人物关系

第2回中的"冷子兴演说荣国府"其实是作者对贾府中重要人物的谱系介绍,第3回中的葫芦僧演说"护官符"则是对"贾王史薛"四大家族之间关系的解说。读懂这两个章节,基本上可了解全书中的主要人物。贾府人物关系复杂,但是只要抓住古人姓名中通常有标志辈分的字眼这一特征,就可以较为简便地了解书中复杂的人物关系:贾府的第一代贾演、贾源其名字偏旁为三点水,所以可以称之为"水字辈"。同理,第二代就是"人字辈"（贾代化、贾代善，中间"代"字为"单立人"），第三代为"文字辈"（贾敬、贾赦、贾政、贾敏四人姓名中均有"反文旁"），第四代为"玉字辈"（贾珍、贾琏、贾珠、贾宝玉、贾环……诸人之名均为"斜玉旁"），第五代则为"草字辈"（贾蓉、贾蔷、贾芹等人之名均为"草字头"）。

请看下图：

《红楼梦》四大家族人物关系图示

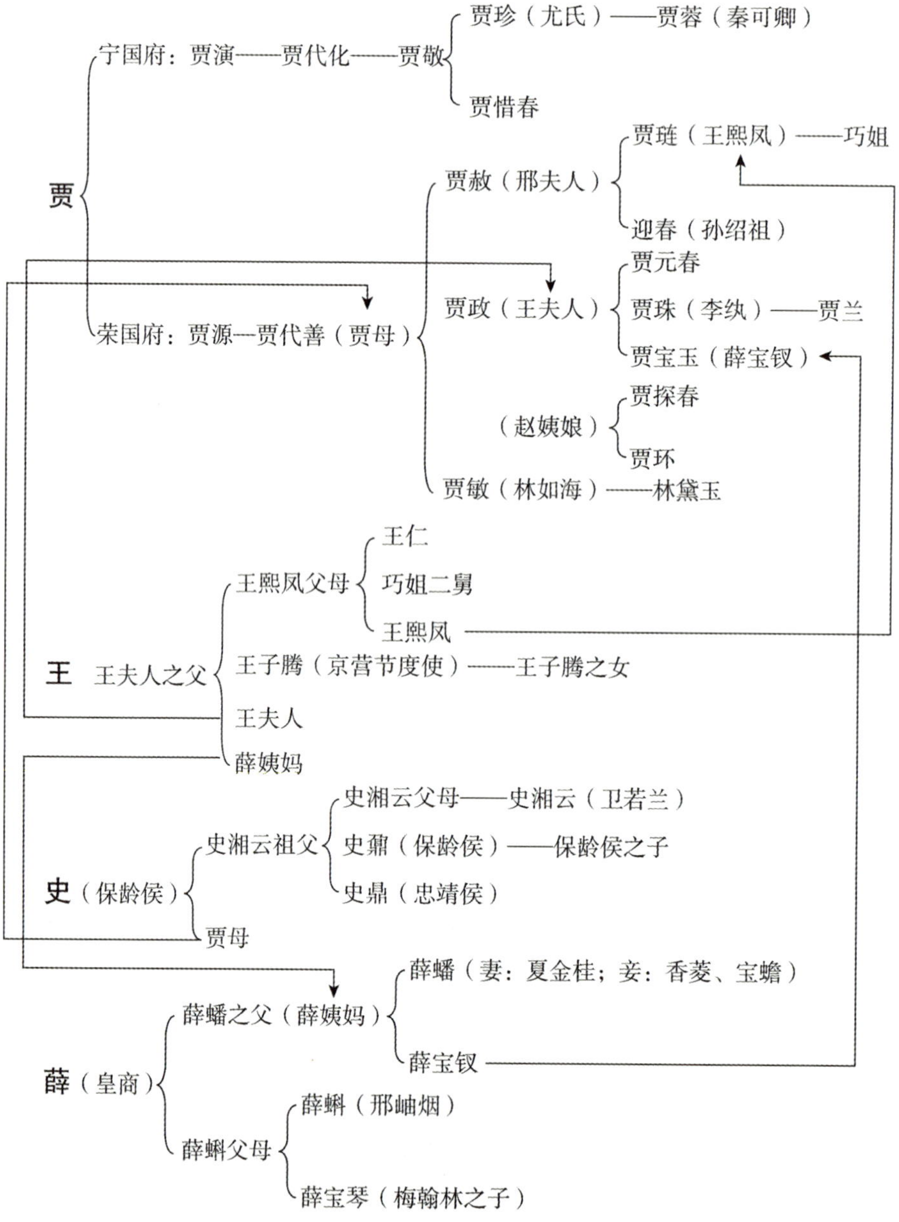

贾
- 宁国府：贾演—贾代化—贾敬
  - 贾珍（尤氏）——贾蓉（秦可卿）
  - 贾惜春
- 荣国府：贾源—贾代善（贾母）
  - 贾赦（邢夫人）
    - 贾琏（王熙凤）——巧姐
    - 迎春（孙绍祖）
  - 贾政（王夫人）
    - 贾元春
    - 贾珠（李纨）——贾兰
    - 贾宝玉（薛宝钗）
  - （赵姨娘）
    - 贾探春
    - 贾环
  - 贾敏（林如海）——林黛玉

王　王夫人之父
- 王熙凤父母
  - 王仁
  - 巧姐二舅
  - 王熙凤
- 王子腾（京营节度使）——王子腾之女
- 王夫人
- 薛姨妈

史（保龄侯）
- 史湘云祖父
  - 史湘云父母——史湘云（卫若兰）
  - 史鼐（保龄侯）——保龄侯之子
  - 史鼎（忠靖侯）
- 贾母

薛（皇商）
- 薛蟠之父（薛姨妈）
  - 薛蟠（妻：夏金桂；妾：香菱、宝蟾）
  - 薛宝钗
- 薛蝌父母
  - 薛蝌（邢岫烟）
  - 薛宝琴（梅翰林之子）

五、如何梳理《红楼梦》的情节

小说是"叙事的艺术",叙事就必须交代事件的发生、发展和终结。情节实际上就是能够展示人物性格的一系列事件的组合。凡小说必有情节,但情节如何组织安排却有高下之分。

小说的核心是人物,小说以表现人物的性格、情趣为宗旨。人物内在的个性情趣只有通过具体故事情节才可以看出。通常而言,作家要表现人物,向来非常关注情节组织。曹雪芹也不例外。

《红楼梦》一书的情节组织主要有以下三个特点。

1. "情节团"

人物的活动过程就是情节。许多作品为了写作上的便利,大多采用"一人一事"的情节结构。即便是许多长篇小说,也常常是以一个主导人物为核心,然后一以贯之完成所有情节的构建。

例如《简·爱》,全书始终是女主人公一个人的所有经历的不断展开,有一条曲折有致、绵密细腻的情节之线。中国古典小说也大多如此。《水浒传》几乎是若干人物故事情节的大拼盘。当作者集中写鲁智深时,其他的人物便一律退到极为次要的地位,以便腾出所有的空间让鲁智深表演;当写到林冲时,鲁智深就成了次要人物。所以,《水浒传》就有"鲁十回""林十回""杨十回""武十回""宋十回"等说法,这无非指的是《水浒传》中的人物情节安排特点——每个人上场表演十回,然后退到后场开始跑龙套。

如今的电视"肥皂剧"中,这种情节安排的手法更是发展到极致:所有情节全部围绕主人公展开,剧中所有人物一律将注意力集中到主人公身上,一律为主人公欢喜、悲戚、感伤、流泪,主人公似乎成了世界的中心、社会的焦点。这样的故事写起来十分容易,读起来也非常流畅,但是却有着致命的缺点——丧失了生活的丰富性、复杂性,又违背了生活的真实性。

曹雪芹对小说情节的安排完全不是这样的。

在《红楼梦》中,常常不容易说清楚某一回主要是写哪一位人物。当有主要人物时,与主要人物同时出现的人物也绝不是简单的陪衬,而是有着自己的个性、自己的情节、自己的发展历程的一个人物。在《红楼梦》中,一个人物的活动总是关涉着众多的人物,牵扯着众多的事件。在一个核心情节中,往往包含着众多的人物、众多的矛盾乃至众多的情节。这些来历不同、去向各异的情节线索，因为特定的缘由而被编织在一起，形成了一个极具丰富内涵的立体化的情节组织，我们不妨称之为"情节团"。面对这样的"情节团"，一方面读者能够从中强烈感受到生活的真实，另一方面又不能不由衷佩服作者天才的组织才能——居然能够将如此丰富复杂的事件叙述安排得这般井井有条而又引人入胜！

在《红楼梦》中，千头万绪的事件和矛盾，就好像在生活中一样，是在同一时间里互相影响着、纠葛着，齐头并进地向前发展着，好比是一条河流，只见它汇合、起伏、迂回、扩展、奔腾，却不见有任何中断、割裂、黏合之处。故事情节浑然天成，丰富多样。

我们且以第60—61回中的"厨房风波"故事来说明这一特点。

第60回前后，小说一转而为描写大观园下层人物的生活，以"柳嫂子母女"为焦点，展开了一系列故事情节。在这个"情节团"中，交织着众多的人物、矛盾、事件。

（1）柳嫂子入园来由

此事遥遥承接第51回末。往常大观园中众姑娘日常用餐，都是到荣国府上房来的。因为天冷，凤姐提议就在大观园里开起小厨房，免得众姊妹冷风朔气地来回跑。这一建议得到贾母的高度评价，认为凤姐为小叔子、小姑子想得周到。

这一情节，在当时，是凤姐性格的展示；在后来，是故事发展的本源；就篇章而言，自然也可以看作是一种重要的照应。

（2）厨房风波之缘起——"蔷薇硝案"

第59回，湘云在宝钗处就寝。早晨醒来"湘云因说两腮作痒，恐又犯了杏癣癣，因问宝钗要些蔷薇硝来。宝钗道：'前儿剩的都给了妹子。'因说：'颦儿配了许多，我正要和他要些，因今年竟没发痒，就忘了。'因命莺儿去取些来……"被分在宝钗处的蕊官也要一同去"顺便瞧瞧藕官"，于是开始了故事的源头。

按一般写法，莺儿到黛玉处取了就来，还能有多少东西可写呢？但是在曹雪芹笔下可就是一波三折扣人心弦得紧了。

（3）莺儿取蔷薇硝

一路上，莺儿随手摘下柳条鲜花编成花篮，这是莺儿"手巧"的又一次体现——第35回中，宝钗派莺儿到怡红院编络子，我们就已经了解这个巧手姑娘了。到了潇湘馆中，黛玉对薛姨妈直接以"妈"称呼，让人真切感到黛玉对亲情的渴求，以及自从宝钗对黛玉一番推心置腹的谈话后的效果。这些都是作者顺手点染之处，虽只有寥寥几笔，却也气韵生动。但是，柳叶渚边的"嗔莺叱燕"则体现了多重内容：探春在大观园中的"承包责任制"已经极大调动了园中仆妇的积极性；丫头、婆子之间也是矛盾重重；又牵涉第58回藕官烧纸之事；大观园中的严格的等级制；宝玉、袭人、平儿与众丫头、婆子的关系。

（4）蕊官赠蔷薇硝

因为春燕母亲冒犯了莺儿，宝玉令春燕母子前往道歉，并细心嘱咐："不可当着宝姑娘说，仔细反叫莺儿受教导。"于是，春燕道歉回来时，蕊官托她带一包蔷薇硝（刚从黛玉处求得）给芳官。回来后，恰好贾环等在此闲谈。于是贾环也乘机讨要，芳官却给了他"茉莉粉"。这一环节中，宝玉的体贴入微，芳官、蕊官、藕官等人的情谊，贾环与宝玉的话不投机，丫鬟对贾环的鄙夷，都写得非常传神。

（5）赵姨娘兴风作浪

赵姨娘得知宝玉房里的丫头也欺负贾环，便不顾彩云的劝阻，唆使儿子找"小粉头们"算账，贾环胆怯不去，赵姨娘便赤膊上阵，在途中又受到夏婆子的挑唆，于是在怡红院中大闹了一场。这场战斗不仅引出了芳官，而且引出了藕官、蕊官、葵官、豆官等人前来参战——怡红院中一片混乱。探春等人及时赶来，虽然暂时平息了风波，却孕育着更大的风浪。探春追查挑唆者，于是有艾官告发夏婆子挑拨生事，翠墨又将此事立即密告夏老婆子的外甥女蝉儿：大观园中的丫鬟仆妇们明显分为两大阵营。

其间，赵姨娘的唯恐天下不乱的心态，探春内心的苦楚，都表现得十分鲜明。

（6）厨房风波

芳官与蝉儿在厨房相遇，双方发生了直接冲突。后来，芳官跟宝玉要了玫瑰露，送给厨房柳家的女儿五儿，柳家的又倒了半盏子送给了正在生病的侄儿，对方以才得到的茯苓霜回赠，这就是"玫瑰露引来茯苓霜"。此时，迎春的大丫头司棋派小丫头莲花到厨房要炖鸡蛋，柳嫂子不愿意去做，于是惹恼了司棋前来抄厨房。柳家得罪了的司棋、莲花和蝉儿，就成了后来的"玫瑰露、茯苓霜"案件的导火线。

（7）"玫瑰露"案发

为了回报芳官，五儿趁着夜色偷偷溜进大观园给芳官送去才得到的茯苓霜，路上碰上林之孝家的带人四处查访，又遇上蝉儿、莲花乘机提供情报，林之孝家的便派人到厨房搜查，结果找到了所谓的"赃物"。凤姐得知后命令让柳家母女罚款，并将她们打后撵出门去。故事情节到此达到了高潮。

而之所以发案，还由于王夫人房中失了盗，作案者却是赵姨娘房中的彩霞。众人对

此心知肚明,却又碍着探春的面子不愿戳穿。最后还是宝玉出面承认,顶下了这个罪名。

案发后,秦显家的为了谋得这个厨房差事,上下打点,最后却落得竹篮打水一场空。这也是十分富有戏剧性的情节。

这样一个情节团,情节波澜起伏,前伏后应,层层推进。一共有七八条矛盾线索推波助澜,有几十个人物在中间呼风唤雨。各色人等或有意、或无意地都在这一情节中发挥了各自的作用。其间,夏婆子、秦显家的,以及后文抄检大观园的王善保家的,都是贾赦、邢夫人一党,处处与贾政这边作对;赵姨娘更是个恨极了宝玉的,无事时尚且不择手段,一旦有些许事端,立刻就兴风作浪起来。宝玉在其间也充分显露了自己的性格——对丫鬟体贴入微,对赵姨娘无可奈何。柳嫂子夹在中间,构成了矛盾的焦点。她有着自己的势力、机灵,也有着自己的无奈和不幸。

曹雪芹就是这样将日常琐事精心编织起来,构成了具有如此丰富、曲折的情节的锦绣文章。

2. 草蛇灰线,伏脉千里

《红楼梦》在写人时运用了这种手法,在组织小说情节时也对这一手法爱不释手。似断实连的叙事手法,使得故事更加扑朔迷离,更加丰富自然;同时,在结构上也构成了前后呼应之势,使得作品内容更加充实,形式更加严谨。

姑且以"平安州事"为例说明之。

贾府被抄,罪责之一便是御史参奏"平安州奉承京官、迎合上司、虐害百姓",其中"那参的京官就是赦老爷"(第105回末)。但到了第107回开头,北静王传旨却道:"主上因御史参奏贾赦交通外官,恃强凌弱。据该御史指出平安州互相往来,贾赦包揽词讼。严鞫贾赦,据供平安州原系姻亲来往,并未干涉官事。该御史亦不能指实。"

贾赦与平安州之间真的如他所说是"姻亲来往"吗?要弄清其间关系,就必须从小说的蛛丝马迹中寻找证据。

首先,应该弄清平安州和贾赦究竟有多少来往。平安州这一地名首先见于第66回中——"大家正说话,只见隆儿又来了,说:'老爷有事,是件机密大事,要遣二爷往平安州去。不过三五日就起身,来回也得半月工夫。今日不能来了。请老奶奶早和二姨定了那事,明日爷来,好作定夺。'"

同一回中又写道:"是日一早出城,就奔平安州大道,晓行夜住,渴饮饥餐……且说贾琏一日到了平安州,见了节度,完了公事,因又嘱他十月前后务要还来一次,贾琏领

命,次日连忙取路回家。"这是贾琏第一次去平安州。

第二次前往是在第68回——"话说贾琏起身去后,偏值平安节度巡边在外,约一个月方回。贾琏未得确信,只得住在下处等候。及至回来相见,将事办妥,回程已是将两个月的限了。"这说明贾琏在平安州整整等了一个月。到底是什么样的机密大事使贾琏如此郑重其事呢?

第69回又写道:"那贾琏一日事毕回来……来见贾赦与邢夫人,将所完之事回明。贾赦十分欢喜,说他中用,赏了他一百两银子,又将房中一个十七岁的丫鬟名唤秋桐者,赏他为妾。贾琏叩头领去,喜之不尽。"看来,贾琏这次平安州之行,确实事关重大,并且是贾赦、邢夫人夫妻二人共同谋划的。从书中一再言及的"机密大事"以及贾琏如此不怕辛苦、几番往返,事成之后贾赦欢喜异常,又是赏钱又是赏妾来看,可知此事确实是不同寻常——断然不会是"姻亲来往"!因为无论是谁的"姻亲来往",都不会如此神神秘秘。况且,贾赦想娶鸳鸯时闹得沸反盈天尚且毫无顾忌,与一位地方官有"姻亲来往"反而会如此小心翼翼吗?

但是,一直到小说结束,作者也没有解开谜底,没有向读者交代贾琏此去究竟是为了什么。这是一个谜。但是,在生活中,不也同样有很多事情让人费解难猜吗?人们常常只能从一些细微的迹象去猜测事实的本相,而有的事情也许永远就是无法破解的悬案!其实,一部小说如果把人物写成是全能全知的人物,那反而有违生活的真实。

留下一团迷雾,让故事扑朔迷离,这才是真实的生活。

这就是文学大师笔下真实的生活!

3. 特犯不犯

"特犯不犯"就是故意写重复文章,但在笔法境界上却不重复雷同。在写人时如此,在叙事时更是如此。"特犯不犯"这一手法,曹雪芹将之使用到了极致。《红楼梦》以侧重写日常生活琐事为内容,这本来就具有相当的难度。而一再重复地描写同类情节,就更加难乎其难了。但曹雪芹却似乎有意在高难度上显示自己的才力,在《红楼梦》中一再写"犯文"。单以主要大事来看,就有以下多处:

"两次过元宵节""两次丧事出殡"(秦可卿丧事与贾母丧事)、"两次宝玉生日""两次宝玉显诗才"(大观园试才与题林四娘)、"两次出门"(前往袭人家中与偷祭金钏)、"两次联句"(芦雪庵联句与中秋凹晶馆联句)……

这些不断重复的地方并没有使读者读来感到厌倦,甚至没有感到作者是在写相同的事。

曹雪芹把如此类似的事件描写得如此风神迥异、各具特色，真不愧是文坛巨匠，大家手笔。

六、如何了解《红楼梦》的环境

环境是人物活动的空间，任何一部小说都离不开特定人物在特定环境中的活动。黑格尔曾经把人类所赖以生存的周围世界比喻为一幅"有定性的图画"，小说中的环境作为一种独特的空间范围，是表现人物性格的重要手段。

很难想象，如果没有大观园这样一个独特的环境，《红楼梦》中那些动人的故事该如何上演。有人认为，正因为《红楼梦》有着精心构思的大观园，才使得曹雪芹塑造出许多美丽的人物、编织出动人的故事来。所以，阅读小说就不能忽略环境描写。

读《红楼梦》，首先要耐下性子认真理清其中复杂的环境结构，甚至需要画出环境示意图；其次还应该感受到书中环境的韵味和境界，例如，探春房间与宝钗房间的摆设与风味之不同，蘅芜院与潇湘馆内外环境与房屋主人性格之间都有着巨大差异。一个好的读者当然能够准确解读这些内容。

请看《红楼梦》中对宝钗住所"蘅芜苑"的环境描写：

忽迎面突出插天的大玲珑山石来，四面群绕各式石块，竟把里面所有房屋悉皆遮住，而且一株花木也无。只见许多异草：或有牵藤的，或有引蔓的，或垂山巅，或穿石隙，甚至垂檐绕柱，萦砌盘阶，或如翠带飘飘，如金绳盘屈，或实若丹砂，或花如金桂，味芬气馥，非花香之可比。（第17回）

进了蘅芜苑，只觉异香扑鼻。那些奇草仙藤愈冷逾苍翠，都结了实，似珊瑚豆子一般，累垂可爱。及进了房屋，雪洞一般，一色玩器全无，案上只有一个土定瓶中供着数枝菊花，并两部书，茶奁茶杯而已。床上只吊着青纱帐幔，衾褥也十分朴素。（第40回）

这是宝钗的华贵、冷艳，淡极始知花更艳之气质的写照！

探春素喜阔朗，这三间屋子并不曾隔断。当地放着一张花梨大理石大案，案上磊着各种名人法帖，并数十方宝砚，各色笔筒，笔海内插的笔如树林一般。那一边设着斗大的一个汝窑花囊，插着满满的一囊水晶球儿的白菊。西墙上当中挂着一大幅米襄阳《烟雨

图》,左右挂着一副对联,乃是颜鲁公墨迹,其词云:烟霞闲骨格,泉石野生涯。案上设着大鼎。左边紫檀架上放着一个大观窑的大盘,盘内盛着数十个娇黄玲珑大佛手;右边洋漆架上悬着一个白玉比目磬,旁边挂着小锤。(第40回)

这处环境描写可以见出探春的豪爽气度!一段环境描写,探春的俊秀飘逸、豪放洒脱就立刻跃然纸上。

《红楼梦》环境描写的精华还不在于此。最让人叹为观止的是对以下两大环境的描绘。《红楼梦》中有两次大型的环境描写。第一次是第3回中对荣国府的描写。通过林黛玉的视点,第一次详尽描画出了荣国府的方位、布局。理解这一回文字是顺利解读全书的前提,否则,读者就很可能在偌大的迷宫般的贾府中迷了路!第二次是第17回中"大观园试才题对额",一方面写宝玉的才华出众,另一方面更重要的是用诗歌般的语言介绍全书中一个更加重要的环境——此后,许多或美丽动人、或哀婉凄楚、或欢欣愉悦、或愁云惨淡的故事就在这大观园里一幕幕地上演了。红楼女儿搬进大观园后,"或读书,或写字,或弹琴下棋,作画吟诗,以至描鸾刺凤,斗草簪花,低吟浅唱,拆字猜谜,无所不至"。宝玉、黛玉二人之间"沁芳诵西厢""潇湘发幽情""情迷诉肺腑",这一连串动人故事都发生在美丽的大观园中。大观园是红楼女儿的乐土,是宝黛爱情的世外桃源!

为了充分描写大观园,作者写了三次大观园之游,从不同人物的不同视角,写出了一个立体的大观园。第一次是大观园刚刚竣工,贾政带领宝玉等一同验收工程,其间宝玉大逞奇才,主要从宝玉视角写出了大观园之气派。第二次是元宵之夜元妃省亲之时,由于时间是在夜晚,故写景不多,这是皇妃的视角。第三次则是贾母带领刘姥姥游大观园,通过乡村老妪的眼睛写大观园的华美气度。第一次侧重写风格布局,第二次写其奢侈无度,第三次写人们在其中的游玩娱乐。

要想走入《红楼梦》,就必须首先了解其中人物生活的环境。而最重要的环境是荣国府、大观园。如果你能够根据小说自己亲手绘制一张荣国府、大观园的示意图,那么你对书中的环境将会有更多的了解。

七、如何赏析《红楼梦》的语言

文学以语言塑造文学形象,小说自然不例外。

大多数读者对小说的关注往往集中在小说人物、情节、环境上，而对于小说的基本要素——语言，却甚为忽视。我们说，如果一个读者始终不能从语言层面上欣赏小说，那么，他就永远使自己的鉴赏能力停留在较低级的水准上。

《红楼梦》在语言上究竟有什么样的成就呢？徐迟说："在我国现代语言发展史中，《红楼梦》第一个成功记录和提炼了一直到今天我们仍然在说着写着的文字，因此《红楼梦》的出现，就是我国近代的一次语言革命。它为现代中国语言破了土，奠了基，建筑了一座精美绝伦的大观园，成为语言运用的榜样示范。"让我们一起来欣赏《红楼梦》的语言艺术。

1. 欣赏叙述语言和人物语言

小说语言分为两类：叙述语言和人物语言。在古代小说系列中，《红楼梦》人物语言的成就最高。《三国演义》是叙事多而对话少，到《金瓶梅》开始，人物对话就扩大了。到《红楼梦》又进一步，人物对话几乎占大半，有些几乎全是对话，作者只略加勾画连缀，即成一回。如第 34 回袭人对答王夫人，长篇累牍，而不觉絮聒。总的说来，《红楼梦》的文学语言是自然、洗练、生动、传神的，人物语言的性格化特点十分突出。

《红楼梦》的叙述语言比较简洁，但颇见功力，三言两语就能把人物刻画得栩栩如生，把景物描摹得传神生动，把事件叙述得清晰有致。

第 28 回，宝玉见宝钗"肌肤丰泽，比林黛玉另具一种妩媚"而发呆时，"只见林黛玉蹬着门槛子，嘴里咬着手帕子笑呢"。只是一句话，就把一个贵族少女娇羞可爱的情状刻画得淋漓尽致。而同样的动作，用在叙述王熙凤时却又有着迥乎不同的效果：第 36 回，当王夫人问起丫鬟们的月例钱时，王熙凤意识到是赵姨娘从中发难，于是"凤姐把袖子挽了几挽，跐着那角门的门槛子"开始骂起人来。两相比较，寥寥数语，两个完全不同的人物形象就跃然纸上了。

此外，如写黛玉与湘云的睡姿，写黛玉在怡红院前敲门遭到晴雯拒绝之后的神态，都是极妙的叙述语言，此处不妨摘出品味一番。

> 那林黛玉严严密密裹着一幅杏子红绫被，安稳合目而睡。那史湘云却一把青丝拖于枕畔，被只齐胸，一弯雪白的膀子撂于被外，又带着两个金镯子。（第 21 回）

> 那林黛玉倚着床栏杆，两手抱着膝，眼睛含着泪，好似木雕泥塑的一般，直坐到二更多天方才睡了。（第 27 回）

这简直就是一幅幅绝妙的白描画。曹雪芹真是一位高明的画家，他让每一根线条都会说话，都诉说着作者对人物的无限爱怜和人物自身的丰富情感。

《红楼梦》写景的叙述语言也十分高明。在此仅以对潇湘馆环境的描写为例说明之——在第17、26、35、40、45回等，都有对潇湘馆的描写，文字不多，意蕴却很不少：

忽抬头看见前面一带粉垣，里面数楹修舍，有千百竿翠竹遮映……入门便是曲折游廊，阶下石子漫成甬路。上面小小两三间房舍，一明两暗，里面都是合着地步打就的床几椅案。从里间房内又得一小门，出去则是后院，有大株梨花兼着芭蕉。又有两间小小退步。后院墙下忽开一隙，得泉一派，开沟仅尺许，灌入墙内，绕阶缘屋至前院，盘旋竹下而出。

这是第一次写潇湘馆，所以对其外在环境叙述得较为详尽。

"只见凤尾森森，龙吟细细。……宝玉信步走入，只见湘帘垂地，悄无人声。"这是写潇湘馆内幽静的氛围。

"一进院门，只见满地下竹影参差，苔痕浓淡。"从另外一个角度来写潇湘馆。

"刘姥姥因见窗下案上设着笔砚，又见书架上磊着满满的书……"这是从一个乡间老妪的眼睛来看的环境，又是另一种风味。

"不想日未落时天就变了，淅淅沥沥下起雨来。秋霖脉脉，阴晴不定，那天渐渐的黄昏，且阴的沉黑，兼着那雨滴竹梢，更觉凄凉。"这是写潇湘馆的雨景，其间况味确实大有诗意。

此外，状物能够生动鲜明如在目前。第27回中，宝玉"因低头看见落花，锦重重的落了一地"——"锦重重"三字胜过多少喋喋不休的滥调文字。

在叙述人物动作时，也有诸多可观处。第22回，宝玉害怕见父亲，把身子"扭股糖似的"，待到见过父亲，又如同"开了锁的猴子"；第61回写五儿"趁黄昏人稀之际，自己花遮柳隐的来找芳官"，"花遮柳隐"四字大有妙趣！

不妨再品味一下第42回中王太医给贾母看病时的恭敬之态："一时只见贾珍、贾琏、贾蓉三个人将王太医领来。王太医不敢走甬路，只走旁阶，跟着贾珍到了阶矶上。早有两个婆子在两边打起帘子，两个婆子在前导引进去，又见宝玉迎了出来。只见贾母穿着青绉绸一斗珠的羊皮褂子，端坐在榻上，两边四个未留头的小丫鬟都拿着蝇帚漱盂等物；

又有五六个老嬷嬷雁翅摆在两旁,碧纱橱后隐隐约约有许多穿红着绿戴宝簪珠的人。王太医便不敢抬头,忙上来请了安……王太医忙躬身低头,含笑回说:'那是晚生家叔祖。'贾母听了,笑道:'原来这样,也是世交了。'一面说,一面慢慢的伸手放在小枕上……王太医便屈一膝坐下,歪着头诊了半日,又诊了那只手,忙欠身低头退出。"

作者写王太医用了"不敢走甬路,只走旁阶""不敢抬头""躬身低头""屈一膝坐下""忙欠身低头退出"这一连串动作,不必再加多余的说明,就把这个六品御医极其恭敬的心态展示出来了。随后,王太医给王熙凤的女儿巧姐看病,神态就不再如此恭敬了。

以上说的是《红楼梦》的叙述语言。

其实,《红楼梦》的人物语言成就更高。曹雪芹在描写人物语言方面达到了登峰造极的程度,具体表现如下。

第一,人物语言极具个性化,完全符合人物的身份、性格、教养、心理以及说话时的具体情境。

第46回中,贾赦想娶鸳鸯为妾,委托鸳鸯嫂子前去劝说,鸳鸯劈头盖脸给了她趋炎附势的嫂子一顿痛骂,这顿骂,酣畅淋漓,个性十足,简直是一段极为出色的"抗婚宣言":

他嫂子笑道:"姑娘……快来,我细细的告诉你,可是天大的喜事。"鸳鸯听说,立起身来,照他嫂子脸上下死劲啐了一口,指着他骂道:"你快夹着屄嘴离了这里,好多着呢!什么'好话'!宋徽宗的鹰,赵子昂的马,都是好画儿。什么'喜事'!状元痘儿灌的浆儿又满是喜事。怪道成日家美慕人家女儿作了小老婆,一家子都仗着他横行霸道的,一家子都成了小老婆了!看的眼热了,也把我送在火坑里去。我若得脸呢,你们在外头横行霸道,自己就封自己是舅爷了。我若不得脸败了时,你们把忘八脖子一缩,生死由我。"

鸳鸯平时说话温文尔雅,此时带出的一些脏话恰恰体现了她的极度愤慨。这一番话,表现了她对奴性十足的嫂子的无限愤慨和鄙视,道出了对贾赦之流的严正声讨。这番话如排山倒海一般,气势十足;同时又充分体现了她的身份:贾母的一切,包括金银财宝、古董字画,样样都由她经手,于是鸳鸯才能这样顺理成章很自然地说出"宋徽宗的鹰,赵子昂的马"这一类字眼来,一般的丫头是说不出这样的话来的。

再看薛蟠的一番妙语:

"只因明儿五月初三日是我的生日,谁知古董行的程日兴,他不知那里寻了来的这么粗这么长粉脆的鲜藕,这么大的大西瓜,这么长一尾新鲜的鲟鱼,这么大的一个暹罗国进贡的灵柏香熏的暹猪。你说,他这四样礼可难得不难得……昨儿我看人家一张春宫,画的着实好。上面还有许多的字,也没细看,只看落的款,是'庚黄'画的。真真的好的了不得!"宝玉听说,心下猜疑道:"古今字画也都见过些,那里有个'庚黄'?"想了半天,不觉笑将起来,命人取过笔来,在手心里写了两个字,又问薛蟠道:"你看真了是'庚黄'?"薛蟠道:"怎么看不真!"宝玉将手一撒,与他看道:"别是这两字罢?其实与'庚黄'相去不远。"众人都看时,原来是"唐寅"两个字,都笑道:"想必是这两字,大爷一时眼花了也未可知。"薛蟠只觉没意思,笑道:"谁知他'糖银''果银'的。"(第26回)

这一番话,传神地写出了薛蟠胸无点墨又偏爱饶舌的粗鄙可笑。我们可以从书中想象他当时连说带比画的那种情形,也由此看出如果不用手来比画,他根本就无法表达清楚他所说的各种东西的大小长短粗细的。至于"庚黄"一说,更是可博一笑,除了薛蟠,无人能够说出这等妙语——难怪人们要称之为"薛大呆子"。

第二,有助于交代、推进情节。

用人物语言交代故事情节之处就更是举不胜举。

《红楼梦》中许多内容都是在人物语言中牵涉出来的,有时是补叙,有时是插叙,有时又起到推动故事发展之作用。

例如:第16回中,赵嬷嬷回忆贾府"只预备接驾一次"以及江南甄家四次接驾的情况;第72回中,林之孝说,"方听得雨村降了,却不知因何事"。

第73回中,贾政身边的小丫头的一句话居然掀起了摧毁大观园的连天巨浪!小鹊笑向宝玉道:"我来告诉你一个信儿。方才我们奶奶这般如此在老爷前说了。你仔细明儿老爷问你话。"于是宝玉临时抱佛脚赶紧"温书备考",晴雯为助宝玉躲过"此劫",大造声势说是园中有外人,结果导致后来的抄检大观园,使得这一"世外桃源"从此惨遭荼毒。

类似之处随处可见,不再赘述。

第三,巧妙安排结构。

第2回中"冷子兴演说荣国府"的一段语言,第5回中警幻仙子的一番话语,其实就是对全书人物的一个总体介绍,这些文字使得小说一开始就有了一个完整的框架结构,否则,读者对书中人物的了解将会大打折扣!

2. 欣赏语言的风格之美

在文言作品系列中，文学语言的代表作是《史记》，它继承发展了先秦诸子及《左传》《国语》《国策》等，为唐宋散文所模仿。而语体文文学语言则以《红楼梦》为代表，它继承并发展了平话以及《西厢记》《水浒传》《金瓶梅》等戏曲小说，而为后来的"语体文学"打下了坚实的基础。

《红楼梦》以当时的白话为主体语言，又巧妙融入了文言、俗语，使得全书摇曳多姿，丰富多彩。文言用在作者的叙述语言上时，有简洁典雅之效；用在描写环境处，易于营造庄严肃穆的氛围；用来刻画人物语言，则有突出人物个性、教养之作用。

例如，第15回中贾政与北静王的对话，就很能见出贾政的为人。这种官场应酬类语言，颇能见出贾政的性格为人。

> 水溶见他语言清楚，谈吐有致，一面又向贾政笑道："令郎真乃龙驹凤雏，非小王在世翁前唐突，将来'雏凤清于老凤声'，未可量也。"贾政忙陪笑道："犬子岂敢谬承金奖。赖蕃郡余祯，果如是言，亦荫生辈之幸矣。"

与贾元春的一番话语，又是另一种风味，读来令人心酸感叹：

> 贾政亦含泪启道："臣，草莽寒门，鸠群鸦属之中，岂意得征凤鸾之瑞。今贵人上锡天恩，下昭祖德，此皆山川日月之精奇、祖宗之远德钟于一人，幸及政夫妇。且今上启天地生物之大德，垂古今未有之旷恩，虽肝脑涂地，臣子岂能得报于万一！惟朝乾夕惕，忠于厥职外，愿我君万寿千秋，乃天下苍生之同幸也。贵妃切勿以政夫妇残年为念，懑愤金怀，更祈自加珍爱。惟业业兢兢，勤慎恭肃以侍上，庶不负上体贴眷爱如此之隆恩也。"
> （第18回）

第16回中王熙凤的一段"文言"却又别具特色。王熙凤虽然不通文墨，但她聪明过人，长期在贵族之家耳濡目染，习得一二句场面上的客套话自非难事。这一番话反而看出了凤姐与丈夫的调笑戏谑，让我们见到了王熙凤性格的一个侧面：

> （凤姐）便笑道："国舅老爷大喜！国舅老爷一路风尘辛苦。小的听见昨日的头起报

马来报,说今日大驾归府,略预备了一杯水酒掸尘,不知赐光谬领否?"贾琏笑道:"岂敢岂敢,多承多承。"

3. 欣赏语言的音韵之美

好的语言应该有如歌的韵律。《红楼梦》中许多语言流畅优美,富有音乐感。

例如,第17回"大观园试才题对额"中,宝玉就"稻香村"所发的一番议论,铿锵悦耳,入耳动听。读一读,是否有一种韵律感流淌于字里行间?

"此处置一田庄,分明见得人力穿凿扭捏而成。远无邻村,近不负郭,背山山无脉,临水水无源,高无隐寺之塔,下无通市之桥,峭然孤出,似非大观。"

描写蘅芜院的文字也是整齐匀称,音韵和谐:

只见许多异草:或有牵藤的,或有引蔓的,或垂山巅,或穿石隙,甚至垂檐绕柱,萦砌盘阶,或如翠带飘飘,如金绳盘屈,或实若丹砂,或花如金桂,味芬气馥,非花香之可比。

以上文字音韵和谐、节奏鲜明,读者只需口诵一遍就可以感受到其文字中的金石之音以及如歌的旋律。

总之,《红楼梦》的语言已达到登峰造极的地步。《红楼梦》吸取了古典文学语言的各种长处:有缠绵的言情,有辛辣的讽刺,有发笑的诙谐,有老妪的村语,有文人的雅谈,有市井的俚词,有官场的肉麻话,有学究的迂腐话,还有诗词歌赋、琴棋书画、谜语、笑话、酒令、测字……洋洋大观,无所不包,真是文学语言的大观园。

徐迟说:"它的叙事文字,既是成熟的白话,又简洁而略显文雅;它的对话部分,尤能切合人物的身份、教养、性格以及特定场合中的心情,活灵活现。"

八、如何品读《红楼梦》中的诗词曲赋

你知道世纪之交的大学生们最喜欢《红楼梦》中的什么内容吗?说来你也许不相信,他们最喜欢的居然是书中的诗词曲赋。

1999年9月,北京大学红楼梦研究会发起了一次"你对红楼知多少"的问卷调查,在被调查的1000名大学新生中,有71.7%的同学对《红楼梦》中的诗词印象最深,半数以上的同学能记得其中的名篇甚至有少数同学能逐篇背诵,三分之二的同学认为诗词是中国古典文学的最高成就。这一方面可以看出《红楼梦》中诗词魅力之大,中国古典诗词成就之高;另一方面也可以看出当代大学生对诗词修养的重视,对诗词艺术的痴迷。不难想象,这些刚刚进入大学校门的大学生,他们对《红楼梦》的了解主要是从高中阶段开始的。可见,《红楼梦》已经成为大学生知识结构中重要的一部分(参见《红楼梦学刊》2000.1"红学动态")。

诗词曲赋,是《红楼梦》一书中美丽的彩贝,星星点点散布在美丽的海滩上,在曹雪芹天才的阳光照射下,散发着迷人的绮丽光彩。

《红楼梦》中的诗词曲赋数量惊人,有人做过统计,在《红楼梦》中共有:诗歌101首(其中五绝4首,七绝49首,五律9首,七律36首,排律2首,歌行——乐府1首);词7首;曲18首;歌谣4首;偈语4首;诗谜、灯谜共计24首;酒令17首;对联24副;赋1篇;骈文1篇(参见刘耕路:《〈红楼梦〉诗词解析·周雷序》,吉林文史出版社1999年版)。

对于有些读者来说,这些诗词曲赋可能是令人心烦的。有人甚至这样排揎《红楼梦》:"吃不完的饭,睡不着的觉;做不完的诗,没个完的笑。"

但是,如果将这些内容全部删除,《红楼梦》还会是《红楼梦》吗?须知,上百首诗词镶嵌在作品中,是《红楼梦》的一大特色、一大成就,使得《红楼梦》平添一分品位、一种气度。这些诗词犹如百花园中的翩翩彩蝶,点缀得作品更加多姿多彩。

这些诗词可分为两大类:一类是以作者的身份或从第三者的角度写的,这一类数量较少,此处不拟多说;一类是作品中的人物写的,这一类数量较多。而且,其中有些诗词由于极高的艺术价值、深刻的认识价值,至今仍鲜活在人们的口头笔下。比如:"都云作者痴,谁解其中味?""忽喇喇似大厦倾,昏惨惨似灯将尽""假作真时真亦假""你方唱罢我登场……到头来都为他人做嫁衣裳""子系中山狼,得志便猖狂""机关算尽太聪明,反误了卿卿性命""一年三百六十日,风刀霜剑严相逼""好风频借力,送我上青云"……

面对如此众多的诗词,我们必定无法回避!

我们首先应该知道《红楼梦》中为什么会有如此众多的诗词韵文,我们还应该明白这些诗词到底说了些什么、说得好不好,以及它们所起到的作用。

中国古典小说有一个奇妙的现象,就是将散文、韵文相杂其中。这是因为,从一开始,诗歌就成了中国文学的正宗、主流。从《诗经》开始,诗歌就成了一切文化人必修的科目。所有的文人,或多或少都受到相当的诗的训练,说中国是一个"诗的国度"实不为过。中国古典小说中,穿插诗歌是一个老传统。但一般的小说,由于诗词的运用和人物性格、情节的发展经常发生背离,通常诗词只是作者炫耀诗才的手段,因而大多数成为作品的赘疣。而曹雪芹却使诗词曲赋成为刻画人物、推动情节、渲染气氛的手段,成为作品有机的血肉。这些诗赋,在作品中都是必然产生的:大观园内这群才华横溢、青春美丽的贵族少女,日常必然经常吟诗作赋。黛玉所作的必然是《葬花词》《秋窗风雨夕》。

首先,这是大观园众女儿生活的主旋律之一。《红楼梦》出现大量的诗词,是当时时代文化精神生活的反映。赏花吟诗,填词制谜,饮酒行令,拟对题额,都是当时文人或贵族阶层的重要生活内容。探春在给宝玉的结诗社帖中说:"因思及历来古人中处名攻利敌之场,犹置一些山滴水之区,远招近揖,投辖攀辕,务结二三同志盘桓于其中,或竖词坛,或开吟社,虽一时之偶兴,遂成千古之佳谈。"这确实是时代风气的真实写照,是当时最有品位的精神生活。

其次,这还是人物个性及内心世界自我展示的重要途径。古人说:"诗言志。"《红楼梦》中,大量的诗词总是恰如其分地烘托着人物的个性心理以及当时心境。

第28回中,宝玉、薛蟠、冯子英、蒋玉涵等人一起饮酒作"女儿"诗。宝玉席间所行的酒令写尽女儿的喜乐悲愁,颇合女儿心理。这乃是宝玉向来"喜在内帏厮混",一向以女儿喜乐悲愁为自己的最大关怀。这位"有红则喜,红减则伤,无红则悼"的"怡红公子",对待女儿是悉心关怀的。他的诗句本身——"呀!恰便是遮不尽的青山隐隐,流不断的绿水悠悠",也显出了极高的文学素养。而妓女云儿说道:"女儿悲,将来终身指靠谁?"更是活脱脱的风尘女子的口吻。四句酒令真实反映了生活在社会底层的风尘女子的喜乐悲愁。所唱小曲"豆蔻花开三月三,一个虫儿往里钻……"也是昔日青楼中男女调笑的曲词。而蒋玉菡不过是个戏子,文化程度自然不高,所以只会说"女儿愁,无钱去打桂花油"。最可笑的是薛蟠,不学无术粗鄙庸俗,所行酒令不堪入耳,唱小曲儿只会"一个蚊子哼哼哼,两个苍蝇嗡嗡嗡……"这番酒令,宝玉最为典雅,冯子英、蒋玉菡显得平庸,薛蟠只是无赖口吻。迥乎不同的人物性格,通过几个酒令便跃然纸上了。

第38回初起海棠社,宝钗做诗咏白海棠道,"珍重芳姿昼掩门",这是她端庄凝重性格的写照;"淡极始知花更艳"更是个性的自我写照——安分自守、罕言寡语、淡雅宁静而又极其自信。宝玉则写道:"出浴太真冰作影,捧心西子玉为魂。晓风不散愁千点,宿雨还添泪一痕。"他所欣赏的是白海棠的病态柔弱之美。在宝玉眼中,白海棠如同一位多愁多病的女儿,这正是对黛玉爱慕之情的真实流露。而史湘云的"也宜墙角也宜盆",侧重写海棠处处顺合环境随地而宜,恰好是史湘云"英豪阔大宽宏量"这一性格的写照。

第70回,黛玉作了一首《桃花行》,引起了众人的兴趣。这首诗与《葬花词》《秋窗风雨夕》格调基本一致,悲凉凄恻,预示着命薄如桃花的黛玉的命运。书中写道:"宝玉看了并不称赞,却滚下泪来,便知出自黛玉。"这时宝琴打趣说是自己所写,宝玉立刻回答:"我不信。这声调口气,迥乎不像……我知道,姐姐(宝钗)断不许妹妹有此伤悼语句,妹妹虽有此才,是断不肯作的。比不得林妹妹曾经离丧,作此哀音。"是的,面对着明媚春光悲叹自身的不幸,以艳丽的桃花衬托自己的孤独和哀愁,这只能是黛玉的个性特征。

这是曹雪芹借助诗词塑造人物形象、丰富人物内心世界的成功范例之一。

再次,众多诗词强烈暗示了人物的命运,推动了故事情节的发展。

《红楼梦》中第5回"贾宝玉梦游太虚幻境"是全书的总纲,书中主要人物的命运在此回中完全借助诗词予以限定。在太虚幻境,普天下的女子全都进了痴情、结怨、朝啼、夜怨、春感、秋悲等司,金陵十二钗则全都进了"薄命司"。其中的"判词"均用诗词韵文写作,从中可以看出人物命运的发展轨迹。

"又副册"专写丫鬟:"霁月难逢"暗示了晴雯的命运;"枉自温柔和顺"写的是花袭人。"副册"中写了亦主亦仆的香菱的悲剧。"正册"专记主子小姐的命运:"可叹停机德"写的是宝钗,"堪怜咏絮才"是在写黛玉,"二十年来辨是非"写的是贾元春,"才自精明志自高"写的是探春,"富贵又何为"是史湘云的写照,"欲洁何曾洁"是妙玉的判词,"子系中山狼"暗示了迎春婚姻的不幸,"堪破三春景不长"是对惜春流落为尼的结局的预示,"凡鸟偏从末世来"写的是王熙凤的身世命运。此外,还写了巧姐、李纨、秦可卿等人的将来命运。

《红楼梦曲》是由十二支曲和引子、尾声构成的一组套曲。它完全由曹雪芹自创,声调凄婉悲壮,词句灵活美丽,曲名显豁清新,自始至终都饱含着作者对金陵十二钗悲剧命运的深切同情,是一组艺术成就很高的抒情曲。它与十二钗正册判词各有侧重,相辅相成,咏唱了十二钗的性格、身世和悲剧命运,预示了贾府最终破败的悲惨场景。它所概括、预言的内容贯穿全书情节,在全书总体构思中具有十分重要的地位。例如,"终身误"

唱道,"都道是金玉良缘,俺只念木石前盟",这是写贾宝玉婚后始终不忘死去的林黛玉,写薛宝钗的终身寂寞;"枉凝眉"则集中写宝、黛爱情理想的破灭,写黛玉的泪尽而逝。十二支曲分咏金陵十二钗,较前面的"判词"更为明白详尽。

这些诗、曲为读者了解小说中人物的命运和情节的发展提供了重要的线索。而且,这些暗示在《红楼梦》中一再反复出现,给人以强烈的预感。

第22回,元妃省亲之后,贾府三代人奉命作灯谜。贾母的谜语"猴子身轻站树梢"(荔枝),暗喻了小说的一大趋势——"树倒猢狲散",为本次众人的灯谜定下了总的基调。贾政虽然一向不善此道,这次却破例做了首十分像样的灯谜诗:"身自端方,体自坚硬;虽不能言,有言必应。"这既是贾政自身的写照,又隐寓众人的谜语最终都将得到应验。这哪里是谜语,这分明是谶语!

请看:元春的谜底是爆竹——"一声震得人方恐,回首相看已成灰",暗示了元春是"一响而散之物",其威势必不长久,后来元春果然"才得宠幸,即告夭亡";迎春的谜底是算盘——"因何镇日乱纷纷,只为阴阳数不同",暗示了她后来嫁与"中山狼"孙绍祖倍受欺凌的命运;探春写了风筝,暗示了她的远嫁;惜春大谈佛前的"海灯",是因为她将来会"独卧青灯古佛旁"。难怪贾政见此深感不祥,"愈觉烦闷,十分悲戚"。

第63回,在《红楼梦》中是一个至关重要的转折点。这一天正是宝玉的生日,众女儿相聚夜宴怡红院。席间各人掣酒签,签上的一句短诗也大多暗示了人物的命运。宝钗抽到的是"牡丹——任是无情也动人",完全契合宝钗冷漠而又得人好感的性格;探春抽到的签是"杏花——日边红杏倚云栽",暗示她将来远嫁东海之外,虽贵为王妃,而心有不乐;黛玉抽到的是"芙蓉——莫怨东风当自嗟",暗示了她的悲剧命运;李纨是封建时代守节寡欲的典型,用"竹篱茅舍自甘心"一句比喻她的操守真是再恰当不过了,"竹篱茅舍"与她所居住的"稻香村"也是契合一致的。

总之,从小说的角度看,这些诗词或者用来预示人物的命运,或者用来点染刻画人物形象,或者用来组织小说的情节,它们是作品中不可分割的有机成分。从诗词本身来看,《红楼梦》中有许多诗词都有其独立的欣赏价值,它们或婉约、或清丽、或沉郁、或悲凉,给人以极高的审美享受,有许多诗词至今仍然脍炙人口。阅读《红楼梦》,千万不能忽视这些诗词曲赋。

由于古典文学的素养所限制,中学生朋友初读《红楼梦》,这些诗词很可能是巨大的障碍。因此,选择一本注释较详尽的版本就十分重要了。人民文学出版社1982年出版的

《红楼梦》校注本,该书由中国艺术研究院红楼梦研究所校注,从1975年开始,历时8年始成。校注者都是当代著名的红学专家。该书注释范围相当广泛,"凡一应典章制度、名物典故以及难解之词语,均尽可能做注释"。该书集20世纪红学研究之大成,是一个水平极高的版本。另外,上海古籍出版社出版的《红楼梦鉴赏辞典》,对书中诗词的解释也非常详尽。北京出版社1979年出版了蔡义江的《红楼梦诗词曲赋评注》,也是阅读红楼诗词的重要参考书。如能依据有关注释并参阅以上著作,那么,就一定能够基本读懂书中的众多诗词,欣赏到其中独特的韵味。

九、红学知识概述

1. "红学"的由来

"红学"现在是一门专门的学问。但是,它却起源于一句玩笑话。

在中国古代,小说是没有什么地位的,那时文学的正宗是诗歌和散文。但是,小说却以其蓬勃的生命力不断拓展着自己的空间。《红楼梦》问世后,就不胫而走、备受欢迎。当时,还没有印刷本,有不少人就亲手抄录,并以数十两银子的高价在书市上出售。等到程伟元、高鹗的排印本出现后,更是"一时风行,几乎家置一集"。但是,这时的《红楼梦》还像今天的流行歌曲一样,虽然拥有广大的爱好者,在正宗文化领域中却属于下里巴人之列。

在清朝嘉庆年间流传着这样的诗句:

做阔全凭鸦片烟,何妨做鬼且神仙。
开谈不说红楼梦,读尽诗书是枉然。

把《红楼梦》与鸦片烟相提并论,这说明《红楼梦》一书在那时只是一种消遣文学。在学者心目中,真正的学问依然是传统的"经学"。

于是在光绪初期就产生了这样一个故事。学者朱昌鼎酷爱《红楼梦》,有人问他:"先生现治何经何学?"他便戏答道:"我所治经,乃少三曲之经;吾所专攻者,乃红学也。"可不是吗,繁体的"經"少了"三曲"不就是"紅"吗?谁也没想到,这句玩笑话居然就流传开来,成为一门显学的专用名词。

到了光绪后期,《红楼梦》越来越成为知识分子的重要话题。"红学"的学术味道也越来越浓了。到后来,许多一流学者,如王国维、蔡元培、胡适、鲁迅等纷纷加入到研究《红楼梦》的行列中来,使得"红学"开始成为一门"显学"。

如今的"红学"早已成了一门专门学问。它研究《红楼梦》的思想意义、艺术价值、创作手法、作者、版本等等内容。

"红学"研究大致可以分为两个阶段:旧红学时期与新红学时期。

"旧红学"指的是1921年以前的"红学"研究,主要有两大流派:评点派和索隐派。

评点派主要运用圈点、眉批、行间批、回前回后评语等方式,对小说的作法、情节、人物进行分析评价。中国古典小说向来就有评点的传统——金圣叹评《水浒》、毛宗岗评《三国》、张竹坡评《金瓶梅》等都是评点派的杰作。而评点《红楼梦》的代表就是"脂砚斋"了。脂砚斋是谁呢?有人说是曹雪芹的叔父,有人说是曹雪芹的兄弟,有人说是曹雪芹的妻子,还有人说脂砚斋就是曹雪芹自己!现在已经难以考证了。

脂砚斋了解曹雪芹的家世生平,了解小说的创作过程,他的评语对小说的内容、情节做了许多重要的提示,并直接对作者的修改提出了不少意见。在早期的《红楼梦》抄本中,除了有署名"脂砚斋"的评语外,还有署名畸笏叟、梅溪、松斋、棠村等人的评语。这些名字到底是一个人的还是一群人的,现在也无从考证了,于是人们将这些评语统称为"脂评"。脂评是"红学"研究的重要资料。

评点派对《红楼梦》的研究是零碎的、印象式的,虽然其中有不少有价值的东西,但是还不能算是真正意义上的学术研究。

索隐派盛行于清朝末年民国初年,代表人物有蔡元培、邓狂言等人。索隐派研究者用猜谜语的方式,把一些从历史上、野史里、传闻中得来的材料与《红楼梦》中的人物、事件相互比附、印证,一心想探究出书中的何人何事隐喻着历史上的何人何事。在他们看来,小说就是对现实的影射。他们对小说的理解极为幼稚简单,甚至可笑!例如,他们认为:宝玉和黛玉的故事实际上指的是顺治皇帝和董小宛的爱情故事;贾府的衰败其实写的是明珠家族(或是和珅家族)之事……这些索隐派还运用拆字法、联想法大加揣测,生拉硬扯,得出了许多荒唐可笑的结论。例如,索隐派代表人物蔡元培就认为《红楼梦》是一部"反清复明"的小说,理由呢?"书中'红'字皆影'朱'字。'朱'者,明也,汉也。宝玉有爱红之癖,言以满人而爱汉人文化也;好吃人口上胭脂,言清人拾汉人余唾也……"你看,"红=朱","朱=明朝","明朝=汉族",经过几次换算,终于把一部作家创作出来的小说转化为具有政治意义的"宣言书"了。

索隐派由于不顾小说创作的特点和规律，在一时盛行之后，很快就式微退潮了，取而代之的是胡适发起的"新红学"。

1921年，深受西方文化影响的胡适根据新思想、新学说，同时利用有关史料经过考证，认为《红楼梦》不是一部影射之书，而是曹雪芹的"自传"。"自传"说比较符合小说创作的规律，加以胡适科学的研究态度和严谨的考证，"新红学"于是成为《红楼梦》研究的主流。

"新红学"的主要成就有：①确认了《红楼梦》的作者是曹雪芹，并考证出曹雪芹的家世、生平以及生卒年；②考证出《红楼梦》有脂本和程本两个系统，并根据脂评提出80回后迷失的有关线索；③开始把《红楼梦》作为一部文学作品对待，用文学的标准鉴赏、评价《红楼梦》。

此后，"红学"开始成为真正的文学研究。

2.《红楼梦》的版本系统

版本是同一部书在不同的传抄、印刷过程中产生的不同的本子。版本研究对于研究作者思想、艺术眼光都有重要作用。尤其是《红楼梦》，版本之多，罕有其匹。不同的版本之间文字差异往往很大。对这些版本的比较研究，有助于全面深入地了解作品的真实状况以及艺术水准。

《红楼梦》的众多版本大体上可分为两大系统。

一个是只有前80回的手抄本系统，书上保留着脂砚斋等人的评语，被称为脂本系统。

另一个是120回活字排印的版本系统，这个系统经过程伟元、高鹗整理补缀，删去所有脂砚斋评语，被称为程高本系统。

（1）脂本系统

这一系统都是手抄本。所谓脂本，是所有带脂批的《石头记》传抄本的总和。这些传抄本上都保留了大量的朱红色批语，其中有些重要版本上，还题有"脂砚斋重评石头记"的字样，人们一般称这些早期的《石头记》抄本为脂评本或脂批本。脂批涉及的范围极其广泛，从作者的创作动机到写作技巧，从著作权的归属到情节结构的构思，从书中涉及物品和文字的解释到80回之后的内容披露，应有尽有。

目前发现的脂本有12种之多。比较著名的是甲戌本（甲戌年的抄本）和庚辰本（1760年庚辰年的抄本）。这两种版本保存了原稿的真实面貌，是最早发现的版本。

甲戌本（这是目前所知最早的本子），原题为《脂砚斋甲戌抄阅 再评石头记》，仅存16回。相较其他的版本，首回前有其他各本所无的"楔子"，并且各回回前批与回后批也相对较为集中完整，对于研究《石头记》成书的过程和写作构架有很高的学术价值。

己卯本和庚辰本，这两个本子已被考证出来属于同一脂评体系，两本上的批语大体相同。庚辰本是现存保存回数最多的一个脂本，现存78回，是离曹雪芹逝世时间最近的一个本子，因此也是最符合曹雪芹最后修改创作意图的本子，在现行的脂评本体系中，一般作为原始基本参照的底本。

《红楼梦》中，脂批和小说一直是相辅相成的，从已知的最早版本甲戌本开始，到曹雪芹逝世前的最后一个版本庚辰本为止，脂批一直是作为小说的一个不可缺少的补充，起着引导启发读者思路的作用。

（2）程高本系统

程高本是指程伟元、高鹗因为《红楼梦》不完整而将80回抄本补足为120回，并印刷出版的版本。这一版本一出版，立刻风行天下，成为影响最大、传播最广的版本，目前流行的版本基本上都是以程高本为底本。

程高本主要可分为甲、乙、丙三大类：程甲本、程乙本、程丙本。

程甲本：1791年冬，程伟元、高鹗首次印刷的版本，书名为《新镌全新绣像红楼梦》。

程乙本：1792年春，仅仅两个多月后，程伟元、高鹗就加以修订再版，这一次在内容上有20000多字的修改，与程甲本有明显的区别。

程丙本：1792年夏秋，又有一次再版。这一版的正文与回目与程甲本、程乙本又有较大区别。

脂本与程高本的最大区别就是：脂本的底本早于程高本；脂本体系只有80回，即使有120回本的，也都是后人从程本中转录过来的；脂本保留了大量的脂砚斋评语，而程本则完全删去；程本对脂本的部分章节和内容做了改写。

（3）目前通行本

由于版本众多，目前出版的《红楼梦》大多以一种版本为底本，然后参照其他版本进行增补校对。通过这样综合的比照，力图使之尽可能地接近原作的本真。

例如，目前比较流行的普及版本——岳麓书社的《红楼梦》，就是以脂本系统的"列藏本"为底本，同时依照影印乾隆抄百二十回本加以订正的。而1982年，人民文学出版社出版的新校本前80回则是以庚辰本为底本，参校了除列藏本以外的各种脂本以及程甲本、程乙本加以校订的。

对于普通读者，只要了解一些版本常识即可，不必花费精力和金钱去钻研或谋求不同的版本。

3. 作者曹雪芹

曹雪芹（1715—1763），名沾，字梦阮，别号雪芹，又号芹圃、芹溪。

曹家祖上原是汉人，世居辽阳，后为满洲军队俘掠，成为奴隶，隶属正白旗。清兵入关后，曹家作为"包衣"家奴，几代人均效力于皇家，家族开始发达起来。曹雪芹的曾祖母是康熙皇帝的保姆，祖父是康熙幼时读书的伴读。

康熙即位后，曹家倍受恩宠，几代人历任江宁织造达60余年。康熙曾六次南巡，有四次将曹家作为行宫。江宁织造负责江南的丝绸业，又是皇帝派驻江南的心腹耳目，政治经济地位均非同寻常。曹雪芹就在这样的荣华富贵之家中度过了他的少年时代。富裕而高贵的家庭，加之祖父、父亲均有相当的文化素养，使曹雪芹在少年时代受到了很好的教育。

雍正即位后，开始大肆肃清政敌，大批康熙旧臣被革职、抄家。在雍正上台的五年内，曹家两度被抄。到第二次抄家时，所抄钱财只有银数两、钱数千，外有当票一百多张而已。据说，连雍正听说后，也为之恻然，下令让曹家在京"少留房屋，以资养赡"，于是曹家举家迁居北京。这时，曹雪芹大约十三四岁。

到乾隆初年，曹家又被卷入到一次政治风波中，于是彻底败落，子弟便沦落到社会底层。近百年的荣华富贵，十几年之内树倒猢狲散。这在曹雪芹敏感的心灵上刻下了深深的烙印。此后，曹雪芹只有在学堂里做些掌管文墨的杂事。他才华横溢，心高气傲，不愿结交任何权贵，最后被迫流落到北京西郊的黄叶村，在"举家食粥酒常赊"的凄苦日子里，反刍往事，以全部的心血书写自己生命中的经历、感受和领悟。他"披阅十载、增删五次"，从二十多岁开始，一直写到四十余岁去世，他的整个生命都似乎是在为写作而存在，终其一生只写了一部书，却为中国文化宝库增添了一笔极珍贵的财富！

乾隆二十七年（1762）隆冬，写下了"满纸荒唐言，一把辛酸泪；都云作者痴，谁解其中味"这一划时代巨著的贫病交加的曹雪芹，在哀伤和痛苦中凄凉地死去，只留下一部尚未完稿的《红楼梦》和孤苦伶仃的妻子，还是在朋友们的帮助下才办完了丧事。

还在曹雪芹在世时，他的《红楼梦》就已经流传开来，先是在朋友圈子中传阅，以后便渐渐传播开去。他边写边修改，至死未毕，后三四十回或许有一些残稿，或许已经完稿但散失难寻。曹雪芹死后，许多人纷纷续写《红楼梦》，其中以高鹗的续书最为高明，很

快为广大读者所接受。高鹗的续书使得这部千古奇书有了一个让人基本上能够接受的结局，并且其中也不乏精彩之笔（如第98回"林黛玉焚稿断痴情"一节文字）。因此，高鹗的续写实在功不可没！

4."红学"新思维

在信息技术时代，有许多文学研究者借助电脑来进行文学研究。例如，对于古典文学名著《红楼梦》的著作权，目前公认的说法是《红楼梦》一共120回，前80回为曹雪芹所作，后40回的作者则是高鹗，两人在思想、学术、文字技巧等等方面都有很大的区别。

美国威斯康星州的一位学者陈炳藻先生对这一公论提出了质疑，他依靠电脑，对《红楼梦》进行数理统计分析。他把《红楼梦》一分为三，以40回作为一个单元，从中抽取文字样品，又从清朝另一个著名作家文康的小说《儿女英雄传》中随机抽取样品，作为"对照组"，通过电脑进行数理统计的处理。结果，他竟得出这样的结论：前80回与后40回风格基本一致，基本上可以看作是属于同一人的作品；然而，它们与文康的作品相比，在语言风格上则存在着"显著"差别。

结论一出，闻者震惊。人们普遍认为，续作者高鹗的创作态度是非常认真的，他对原作曾经下过苦功，续作是刻意模仿的结果，几乎可以达到乱真的程度。高鹗在续写《红楼梦》时，是将"字字有依据，字字有来历"作为自己续写的原则的。甚至，连书中重要人物的性格与心理特质，他也力求保持前后一致。

这样看来，数理统计方法就不可靠、不能相信吗？绝非如此。

湖南师范大学的一位学者，从语言学的角度来研究《红楼梦》前80回与后40回的区别。他从书中选出大量的字、词、句进行数学分析后发现：在前80回中，书中丫鬟、佣人、老妈子等下人总是自称为"小的"；到了后40回，则一般都自称为"奴才"。这就露出来个大"马脚"，说明作品前、后作者不是同一个人。

还有的红学家研读《红楼梦》时发现书中一个显著特点就是"门"多，《红楼梦》中对门的描写真是俯拾即是，单是"门"的名称就有30多种。例如："大门""二门""三门""角门""旁门""腰门""后门""正门""垂花门""仪门""钻山门""院门""宫门""殿门""东门""西门""园门""篱门""月洞门""过街门""穿堂门""内宫门""外宫门"……

"门"的功用是很有讲究的，出入门分高下，体现了封建等级制度。大门用于正规的礼仪、发生重大事件之时，像贾府接圣旨、迎接元妃省亲、婚丧大礼（可卿出丧、宝钗出嫁）等都是从大门进出的。平时，大门都关着，众人日常出入都是走侧门、角门、便门、

后门和腰门。林黛玉作为晚辈，初入贾府时就是从西角门进去的。而刘姥姥是乡下人，每次进出都只好走后门。

于是，学者们对"门"产生了极大的兴趣，因此借助电脑检索了《红楼梦》全书，发现整部书共写了1400多个"门"。而且，前80回与后40回中的"门"有较大差异。前80回的"门"极多，而且写得非常细致，十分传神生动；而后40回中的"门"名称很少，写得也非常平淡。相反，前80回中几乎不用"衙门"这个词，而后40回则频频出现"衙门"这个字眼。究其原因，恐怕是由于曹雪芹出身于贵族世家，对贵族家庭的"庭院深深深几许""幕帘重重"的景象非常熟悉，所以他生活经验中多种多样的各式"门"便自然流到笔下；作为达官贵族之家，对官府向来是居高临下不屑一顾的，这种心态便很自然地流露在作品中。而高鹗出身寒微，地位不高，难以获得曹雪芹那样的生活经历，所以对"门"的种类了解有限；自然，他对官府的态度也符合社会下层人士的心态，以恭敬为主，于是才会一口一个"衙门"。

可见，正像人们做事总会留下指纹一样，作者在写作中也会在有意无意之间留下自己的文学"指纹"，而在信息社会中，人们就能够用电脑迅速有效地检测出来。

中卷 文本研读

第三章　人物研读

一、贾宝玉：爱博而心劳情不情

1. 贾宝玉述评

贾宝玉是全书的灵魂。这个出身于钟鸣鼎食之家、诗礼簪缨之族的贵家公子，才华卓异，风采夺人。尊重女性是他最突出的特点。他把全部热情和理想寄托在那些纯洁美丽的女孩儿身上。他宣称："山川日月之精秀只钟于女儿，须眉男子不过是渣滓浊沫……看见女儿就清爽，看见男人就觉浊臭逼人。"他体贴女子，尊重女子，爱护女子。他看到龄官画蔷就想到"看她那样单薄，哪里受得了这样煎熬，恨不能为她分担些"（第30回）。在第35回中，他自己烫了手却首先关心玉钏儿是否烫了，忙问玉钏儿疼不疼。在第44回中，平儿无故遭到贾琏、熙凤的责打，是宝玉为她熨衣裳、洗手绢，百般劝慰体贴她。而他情感的核心则是黛玉。宝黛爱情，生死与共，早已成为爱之典范。鲁迅评价宝玉对待女儿的态度是："昵而敬之，恐拂其意，爱博而心劳。"确实一语中的。

宝玉性格的另一侧面是对正统社会的叛逆。他厌恶仕途经济，讨厌八股科举，对于当时奉为理想的人生道路嗤之以鼻，执着追求自由真诚的生活，是一个时代新人，代表着一种时代趋势。当然，在他身上也有不少贵族公子哥儿的坏习气，但这并不是贾珍、贾琏之流的无耻荒淫。他身上的弱点永远掩盖不了他的熠熠光彩。

有人认为贾宝玉不能承担家庭的责任，认为宝玉排斥科举仕途的行为并不可取。这种将贾宝玉降格为一个世俗之人的眼光是值得商榷的。

事实上，如果贾宝玉真的成为一个顾家的好男人，从此陷于庸常俗务之中，成为《红楼梦》中那位"改邪归正"的甄宝玉那样的人，我们还会喜欢他吗？贾宝玉和甄宝玉，谁才是理想的人生范式？贾宝玉的人生，是诗与远方，是超越日常的诗意人生，是我们对理想生活的憧憬。如无贾宝玉，人生永是灰色；有了贾宝玉，生命别有意味。贾宝玉是穿越到未来的新人。

关于宝玉，可用一个字来概括——"情"。

他的一切言行发自真情,他的所作所为也出乎性情;脂砚斋曾用"情不情"(对一切无情者均付以真情)来评价宝玉。宝玉的感情是发自内心的一片纯真烂漫之情。他宛如一块未曾雕琢的璞玉,浑身散发着质朴而晶莹的神光。宝玉出身高贵,但从不以富贵骄人;身居至尊,却从不颐指气使。

一部《红楼梦》,能以真情对待他人者唯宝玉一人而已。宝钗太有心计,外热内冷;黛玉清高自许,目无下尘;湘云虽平和豪爽,但也不会对诸多人物一一动以真情。唯独宝玉,"千真万真的有些呆气。大雨淋的水鸡似的,他反告诉别人'下雨了,快避雨去罢'。你说可笑不可笑?时常没人在跟前,就自哭自笑的;看见燕子,就和燕子说话;河里看见了鱼,就和鱼说话;见了星星月亮,不是长吁短叹,就是咕咕哝哝的。且是连一点刚性也没有,连那些毛丫头的气都受的。爱惜东西,连个线头儿都是好的;糟踏起来,那怕值千值万的都不管了"。(第35回)在别人看来都是些疯疯傻傻无知小儿的举动,但实际上却是大有真诚在心中。与兄弟相处,宝玉也从不摆什么兄长尊严——"那宝玉是不要人怕他的。他想着:兄弟们一并都有父母教训,何必我多事,反生疏了;况且我是正出,他是庶出,饶这样还有人背后谈论,还禁得辖治他了。"(第20回)

可以说,贾宝玉是最富有平等意识、最具博爱精神的人。上至北静王,下至村姑老妪,他都能诚心相待;贾环一再害他,他却始终不以为意;受了丫鬟们的气,他不会摆公子哥儿的架子,有时还会暗自伤心落泪。他处处为他人着想:第32回中,自己被父亲痛打之后,袭人分析可能是薛蟠泄露风声,他便连声地否定,生怕宝钗会因此难堪,连宝钗也为此感动不已。第53回中,晴雯生病卧床,宝玉回房后的一个极小的细节就十分动人地展示了他对女孩儿无微不至的关爱:"宝玉因记挂着晴雯袭人,便先回园里来。到房中,药香满屋,一人不见,只见晴雯独卧于炕上,脸面烧的飞红,又摸了一摸,只觉烫手。忙又向炉上将手烘暖,伸进被去摸了一摸身上,也是火烧……"宝玉的真心体贴读者诸君当能从上一句中体味得出。第61回中,王夫人房里失了盗,他连忙自己应承下来,唯恐丫鬟们担了不是……"他心中时时装着别人,唯独没有他自己",这句话放在宝玉身上,真是再恰当不过。

这位多情真诚的怡红公子,忘形惬意于"女奴翠袖诗怀冷,公子金貂酒力轻""枕上轻寒窗外雨,眼前春色梦中人"的温柔乡中,陶醉在无比美好的尘世生活之中。他最大的理想是众女儿围绕着自己:"比如我此时若果有造化,该死于此时的,趁着你们在,我就死了,再能够你们哭我的眼泪流成大河,把我的尸首漂起,送到那鸦雀不到的幽僻之处,随风化了,自此再不要托生为人,就是我死的得时了。"

生为女儿生，死为女儿死。这就是宝玉最大的幸福和快乐。其中最动人的自然是宝玉与黛玉之间生死不渝的爱情。

宝玉还是个富有诗意的人。他有才华，有灵气。他对美好事物有着天然的爱慕。正如周汝昌所说："《红楼梦》又名《石头记》，我看可以叫《落红记》。它描写了大观园中一百零八个女子的命运。花是植物的精华，是植物处在最美好时期的结晶；而人则是万物之灵，诗人是人类中最爱美也是对美最敏感的人。植物的精华与人类中的精华相互交感，于是产生了动人诗章。"

宝玉在大观园中第一次主要的活动，便是在沁芳闸旁一棵桃树下坐看《西厢记》。书中"落红成阵"的名句，眼前满地的落花，令宝玉这位极富诗人气质的公子大发感慨，他将这些红花扫起，用衣襟包起，撒在弯弯的清亮亮的沁芳溪上，目送这些落花随水逝去……宝玉的惜花实际上是对生命的热爱，他对美好的事物留恋不已，希望美好的事物能够永久长存。对花如此，对人也如此。这位怡红公子，有着对生命的形而上层次的思考。这是他真性情的具体表现。他是一位具有哲学家气质的诗人。

2. 文段细读

【文段一】

宝玉一旁笑劝道："姐姐还该擦上些脂粉，不然倒像是和凤姐姐赌气了似的。况且又是他的好日子，而且老太太又打发了人来安慰你。"平儿听了有理，便去找粉，只不见粉。宝玉忙走至妆台前，将一个宣窑瓷盒揭开，里面盛着一排十根玉簪花棒，拈了一根递与平儿。又笑向他道："这不是铅粉，这是紫茉莉花种，研碎了兑上香料制的。"平儿倒在掌上看时，果见轻白红香，四样俱美，摊在面上也容易匀净，且能润泽肌肤，不似别的粉青重涩滞。然后看见胭脂也不是成张的，却是一个小小的白玉盒子，里面盛着一盒，如玫瑰膏子一样。宝玉笑道："那市卖的胭脂都不干净，颜色也薄。这是上好的胭脂拧出汁子来，淘澄净了渣滓，配了花露蒸叠成的。只用细簪子挑一点儿抹在手心里，用一点水化开抹在唇上，手心里就够打颊腮了。"平儿依言妆饰，果见鲜艳异常，且又甜香满颊。宝玉又将盆内的一枝并蒂秋蕙用竹剪刀撷了下来，与他簪在鬓上……宝玉因自来从未在平儿前尽过心……深为恨怨。……不想落后闹出这件事来，竟得在平儿前稍尽片心，亦今生意中不想之乐也。因歪在床上，心内怡然自得。忽又思及贾琏惟知以淫乐悦己，并不知作养脂粉。又思平儿并无父母兄弟姊妹，独自一人，供应贾琏夫妇二人。贾琏之俗，凤姐之威,他竟能周全妥贴,今儿还遭茶毒,想来此人薄命,比黛玉犹甚。想到此间,便又伤感起来,不觉洒然泪下。因见袭人等不在房内,尽力落了几点痛泪。复起身,又见方才的衣裳上喷的酒已半干,便拿熨斗熨了叠好;见他的手帕子忘去,上面犹有泪渍,又拿至脸盆中洗了晾上。又喜又悲,闷了一回……(第44回)

这一回中,平儿受到贾琏、王熙凤的夹缝之气,宝玉就将平儿邀到怡红院,一连声地劝慰平儿:"好姐姐,别伤心。"为平儿换衣、梳洗、擦脂粉,并且因为在平儿面前稍稍尽了心意而感到极大的满足,同时又为平儿的不幸而感伤不已——这就是宝玉对女孩儿无微不至的关爱。

你看他劝平儿化妆的几句话,是何等善解人意:第一,不能显得和凤姐怄气,凤姐是主人,平儿是丫鬟,这是身份决定的;第二,今天是凤姐的生日,更不能闹得大家不愉快,劝平儿见好就收;第三,还要看在老太太派人安慰的分上。"况且""而且"两个词,层层加码,凸显平儿此时"搽些脂粉"的必要性。读者不妨体会一下宝玉此时说话的腔调,定然是轻声细语,温言润语,入耳入心。

等到平儿同意化妆,宝玉又是何等高兴——"忙走至妆台前……拈了一根递与平儿"——你看句中的"忙""拈"二字,使得宝玉此时的兴奋、郑重之情跃然纸上。更妙的还在后面。作为女孩子,面对宝玉房间化妆盒里的脂粉,平儿居然觉得陌生,宝玉则在一旁笑着解释,介绍用量、用法。此时的宝玉,像不像平儿的好闺蜜?

更贴心的事情还多着呢。"宝玉又将盆内的一枝并蒂秋蕙用竹剪刀撷了下来,与他簪在鬓上。"为女孩子簪花,多么温馨的动作,宝玉做得何等自然、娴熟,而且还是一枝"并蒂"兰花,包含了丰富的情感在其中。最后,又为平儿熨衣服,洗手帕。这一连串行为,刻画出了一个细心、体贴的暖男形象。

文中的几句心理描写也不可忽视。宝玉为自己能够在平儿面前尽一番心意而自得,又为平儿的不幸身世而感伤。"又喜又悲"四个字,体现了宝玉的真诚。

总之,宝玉的感情都集中在女儿身上。他是有"红"则怡,"红"减则伤,无"红"则悼。他视能够为女孩服务为最大的幸福。这位怡红公子仿佛天生是为女儿而生。

【文段二】

宝玉……从沁芳桥一带堤上走来。只见柳垂金线,桃吐丹霞,山石之后,一株大杏

《红楼梦》整本书阅读

树,花已全落,叶稠阴翠,上面已结了豆子大小的许多小杏。宝玉因想道:"能病了几天,竟把杏花辜负了!不觉倒'绿叶成荫子满枝'了!"因此仰望杏子不舍。又想起邢岫烟已择了夫婿一事,虽说是男女大事,不可不行,但未免又少了一个好女儿。不过两年,便也要"绿叶成荫子满枝"了。再过几日,这杏树子落枝空;再几年,岫烟未免乌发如银,红颜似槁了。因此不免伤心,只管对杏流泪叹息。正悲叹时,忽有一个雀儿飞来,落于枝上乱啼。宝玉又发了呆性,心下想道:"这雀儿必定是杏花正开时他曾来过,今见无花空有子叶,故也乱啼。这声韵必是啼哭之声,可恨公冶长不在眼前,不能问他。但不知明年再发时,这个雀儿可还记得飞到这里来与杏花一会了?"(第58回)

宝玉在大观园中见到的一棵杏树,使他对生命有了崭新的感悟。

在春天,一棵杏树上结满了许多小杏。这原本是司空见惯之事,但是对于富有诗人与哲人气质的宝玉来说,却几乎成为一本生命教科书。宝玉面对这棵杏树,浮想联翩,思索了许多严肃的有关生命的根本问题。

这番思索,极具"意识流"特征。先由杏花谢后小杏满树的场景联想起古语所谓"绿叶成荫子满枝",然后自然联

相关链接

- 宝玉前世(第1—2回)
- 宝黛相会(第3回)
- 梦游太虚幻境(第5回)
- 大观园题对额(第17—18回)
- 共读"西厢"(第23回)
- 宝黛纠葛(第29回)
- 宝黛诉肺腑(第32回)
- 宝玉挨打(第33—34回)
- 宝玉祭金钏儿(第43回)
- 宝玉慰平儿(第44回)
- 宝玉别晴雯(第77—78回)
- 宝玉失通灵(第94—96回)
- 宝玉成婚(第97回)
- 宝玉哭祭黛玉(第98回)
- 宝玉重游幻境悟因果(第115—119回)
- 宝玉拜父出家(第120回)

想起邢岫烟谈婚论嫁之事,将来也会如眼前杏树一样生儿育女。再想到杏子很快会成熟落地,而岫烟这个美丽的女孩也将满头白发、形容枯槁,于是黯然神伤。甚至面对树上的一只小鸟,也生发出无穷的感慨。宝玉此时便这样浮想联翩,就如江河之水,绵绵不绝。

丰子恺曾分析李叔同出家为僧的缘由,说人生当有三重境界:物质境界、精神境界、灵魂境界。李叔同正是由精神境界升华到灵魂境界的。宝玉也是如此,但他是从生命的毁灭感悟到生命本质的。

试问世间人们,可曾有此真切感人的人生感悟?

有了这样的思想基础,宝玉后来的出家似乎应该是顺理成章、水到渠成的。

二、林黛玉:莫怨东风当自嗟

1. 林黛玉述评

黛玉、宝钗是《红楼梦》中难分轩轾的两个艺术形象。

长期以来,有人"崇黛抑钗",有人"抑黛崇钗",但平心而论,宝钗和黛玉实在是两种风格迥异的人物,她俩分别代表了"现实"和"诗意"的人生境界。林黛玉是一个充满诗意的女性形象,而薛宝钗则是一个"现实主义"者。

如果说《红楼梦》是一方灵秀的世界,那么,其中的黛玉、宝钗、湘云就是这个世界中最杰出的人物。她们风姿绰约、俊逸超人、各具千秋,如三座奇峰,撑起了整部《红楼梦》。

古人曾经把黛玉、宝钗比喻为"二水分流、双峰对峙",其实不如说黛玉、宝钗、湘云三足鼎立,难分轩轾!她们分别代表着三种人生境界。所以,自从《红楼梦》诞生以来,就有无数读者为三人孰优孰劣争执不休。

黛玉,这位人世间的"寂寞仙姝",一生常与泪水和痛苦相伴。她自幼父母双亡,寄人篱下,因而极度自尊敏感,时常感受到的是"一年三百六十日,风刀霜剑严相逼"。她蔑视权贵,渴望自由,心灵纯洁,真诚坦率;她对现实中的庸俗虚伪极度厌恶,因而被宝玉视为知己。她"清高自许,目无下尘",不似宝钗那样随和,但对于自己的知己却是以生命相许!但最终,充满诗意光辉的黛玉只能满怀悲愤含恨而死。

现实与诗意的两种理想在贾府中的不同命运,让人沉思良久。人生中有多少难以两全的憾事啊!林黛玉,这个敏感多情而又质朴的女子,让多少读者为之泪下。不错,她心眼小、脾气大,但她高贵的灵魂和执着的爱可以使所有的宝钗们黯然失色。黛玉可以为

爱献出自己的生命，宝钗则理智冷静得有些可怕。

对于追求心灵生活的人而言，黛玉是至美的精神奇葩，是性灵的化身。所以，在书中，黛玉的相貌始终是一种飘忽的灵性之美，绰约如仙，难以描摹。而宝钗的相貌我们可以清楚知道："脸若银盆，眼如水杏，唇不点而含丹，眉不画而横翠。"这显然只是一种世俗的美丽。

黛玉的一生是为爱而生、为爱而死的一生。她始终生活在一种精神状态中。她在春光明媚的大观园中悲吟《葬花词》，她在风雨黄昏中作《秋窗风雨夕》。她为宝玉的一言一行而气愤、而欢愉、而悲哀、而感泣，她为爱的渺茫而疑惧、而憔悴。

黛玉其实很单纯。别看她时时与宝钗为"敌"，可是宝钗送几只燕窝、说几句贴心话，就让黛玉感动不已。这个天生敏感的女孩子，从小缺少别人的关爱，始终渴望的也是他人的关爱。你只需给她一点真诚的阳光，她就能回报你一片灿烂的春天。

她又很高贵，很自尊。宝钗一有机会便会奉承贾母，但你从来不曾见过黛玉讨好奉承过任何人。黛玉也有许多小毛病。除了多疑、好哭，她还经常挖苦人，"一张嘴从不知道饶人"。她讥笑刘姥姥是"母蝗虫"也显得比较刻薄；她的一些言行有时也不免有些矫情造作：第70回起海棠诗社时，黛玉一再说"你们只管起社，可别算上我，我是不敢的"；作诗时，别人都忙着苦思，唯独黛玉，"或抚梧桐，或看秋色，或又和丫鬟们嘲笑"；作完诗后，又是"提笔一挥而就，掷与众人"……

不过，这一切一旦和黛玉对宝玉的爱情交相辉映的时候，黛玉所有的瑕疵都开始熠熠生辉起来。确实，为了爱，这一切都是美丽的。没有这些带着幼稚冲动的举止，还有小儿女动人的情态吗？

但是，出于纯粹情感的爱情在现实中是毫无力量的。在贾府上下，除了宝玉、紫鹃等少数只重感情、不讲实际的人以外，对于宝钗、黛玉的这场爱情竞争，竟没有人希望黛玉胜出。连深爱黛玉的作者也忍不住赠了黛玉一句："莫怨东风当自嗟！"是啊，黛玉有着太多的性格上的缺憾。过于关注自身情感的人注定常常对外界懵懂无知。不善于调节自身与外界的关系，就无法与外界保持和谐。而个人与环境之关系，总是要求个人适应环境，断无让环境迁就个人之理。

所以，宝钗的胜出就是必然的。但是，黛玉永远让人们感动，使读者泪下。这就是真情的魅力！

我们对于真情人生与现实人生究竟该如何选择？两种人生方式究竟孰优孰劣？谁能

够回答？谁又能够答好？这是人生的试卷。我们可以兼顾二者吗？

答曰：此事古难全。

2. 文段细读

【文段一】

参见《红楼梦》第23—27回。

葬花，是《红楼梦》中最著名的片段之一。

花是植物的精华，是植物处在最美好阶段里的最美的结晶。人是万物之灵物，而诗人则是人类中最爱美也是对美好事物最敏感的人，植物的精华与人类中的精华交相感应，于是产生了动人的诗章。

据俞平伯考证，明代唐寅就有过葬花、哭花、作落花诗之举（俞平伯：《红楼梦补》），但向来不为人所重视。曹雪芹把它移植到林黛玉身上，就创造出一种异样的光彩神韵来。黛玉有花一样的容颜，又具有纯情诗人的气质，她的不幸身世使她敏感而悲苦，她的高洁人格使她的葬花之举显得极为妥帖自然。

宝玉、黛玉就是这样一类人：看到一片落花就敏感地感受到春光的消失、美好事物的消减，从而产生万种忧愁。《葬花词》是小说中优秀的诗篇之一。诗中借花自喻，以哀婉凄恻、如泣如诉的笔触，抒发了黛玉所感受到的一腔悲愤。"质本洁来还洁去，强于污淖陷渠沟"，更体现了黛玉的高洁品格，将她悲花伤人的心境体现得淋漓尽致。且让我们一起欣赏这动人的篇章吧！

（1）葬花缘起

在《红楼梦》中，第一次写到"葬花"一事是在第23回。宝玉在大观园里沁芳闸旁一棵开满桃花的桃树下坐读《西厢记》。微微春风吹来，桃花点点飘落，落英缤纷。其时，宝玉正读到"落红成阵"的西厢名句，眼前的满地落花，令宝玉这位极富诗人气质的公子大为感慨，于是他将这些落花扫起，用衣襟包起，撒在弯弯的清亮亮的沁芳溪上，目送这些落花随水而去……

但是，黛玉对此还不满意。这位美丽的少女，"肩上担着花锄，锄上挂着花囊，手内拿着花帚"翩翩而来，也是为了葬花。你听她说："撂在水里不好。你看这里的水干净，只一流出去，有人家的地方脏的臭的混倒，仍旧把花遭塌了。那畸角上我有一个花冢，如今把他扫了，装在这绢袋里，拿土埋上，日久不过随土化了，岂不干净。"

这样的心思，也只有黛玉才会有，这样的"惜花"之举，也只有宝玉、黛玉才会做。

我以为，这样的惜花实际上是对生命的热爱和珍惜。

（2）《葬花词》缘起

第26回中，黛玉前往怡红院却被正在气头上的晴雯堵在门外，于是"越想越伤感起来，也不顾苍苔露冷，花径风寒，独立墙角边花阴之下，悲悲戚戚呜咽起来"。回到潇湘馆后，就"倚着床栏杆，两手抱着膝，眼睛含着泪，好似木雕泥塑的一般，直坐到二更多天方才睡了"。

在这样的心境之下，恰逢次日就是芒种——"尚古风俗：凡交芒种节的这日，都要设摆各色礼物，祭饯花神，言芒种一过，便是夏日了，众花皆卸，花神退位，须要饯行。然闺中更兴这件风俗，所以大观园中之人都早起来了。那些女孩子们，或用花瓣柳枝编成轿马的，或用绫锦纱罗叠成干旄旌幢的，都用彩线系了。每一棵树上，每一枝花上，都系了这些物事。满园里绣带飘飘，花枝招展，更兼这些人打扮得桃羞杏让，燕妒莺惭，一时也道不尽。"大观园里的女儿们，在这融融春光中洋溢着无限美丽与活力。而黛玉呢？由于头晚上的遭遇，此时就只有悲苦和凄凉。她独自一人来到往日葬花之处"感花伤己"，哭诉了一番。

3.《葬花词》赏析

《葬花词》全诗可分为三大段落。

前32句为第一段。自叙葬花缘由，以花自喻，自伤身世之凄凉，遭遇之辛酸。此段又可分为三层：前8句为第一层，是全诗的总起，交代了诗人因惜花而葬花的心理动因；自"柳丝榆荚自芳菲"开始12句为第二层，是大段的抒情，以落花自喻，抒发自己的身世之悲，感叹世态炎凉、人情冷暖，咏叹人生变幻、处境艰难；自"花开易见落难寻"开始12句为第三层，描绘诗人的自我形象，表现诗人为春感伤的心理。

从"昨宵"句以下12句为第二段。从抒发个人身世的哀愁，转入对理想追求的倾诉。"愿奴胁下生双翼"8句是全诗的高潮，表达了诗人愿脱离尘世的愿望和宁折不弯、不愿与世俗同流合污的品格。

最后8句为第三段。诗人情绪由高昂转为低沉，"花落人亡两不知"等句既是诗人对自己未来不幸命运的预感，也是作者对大观园众女儿必将沦落飘零的预示。（详见朱淡文之赏析文章，《红楼梦鉴赏词典》。）

这首诗悲哀、细腻、动人而又相当通俗，写出了生命本质上的悲哀：孤独与死亡。这首诗写了一个永恒的题材。黛玉的实际处境与她的心境、对生命的感受在这首诗中契合若一。诗歌一再抒发了黛玉的悲哀,写出了自己与环境的不相容,写到了自己的孤独、漂泊,写出了自我对生死的无可奈何,还写了自己宁死也要保持洁身自好的高洁情怀。其中的许多诗句早已烙进了无数读者的心中:

> 一年三百六十日,风刀霜剑严相逼。
> 质本洁来还洁去,强于污淖陷渠沟。
> 侬今葬花人笑痴,他年葬侬知是谁。
> ……

黛玉葬花,不只是写黛玉,还写出了宝玉所特有的对生命的悲剧意识。

当宝玉听到黛玉的歌词后所引发的一连串联想,与第58回中,宝玉在大观园中见到一棵杏树所产生的感悟完全一致:

> 试想林黛玉的花颜月貌,将来亦到无可寻觅之时,宁不心碎肠断!既黛玉终归无可寻觅之时,推之于他人,如宝钗、香菱、袭人等,亦可到无可寻觅之时矣。宝钗等终归无可寻觅之时,则自己又安在哉?且自身尚不知何在何往,则斯处,斯园,斯花,斯柳,又不知当属谁姓矣!……因此一而二,二而三,反复推求了去,真不知此时此际欲为何等蠢物,杳无所知,逃大造,出尘网,使可解释这段悲伤。

这一段充满诗情画意的描写,既写出了黛玉内心的孤独和伤感,也写出了宝玉与黛玉在性情上、志趣上的相近相合。当宝玉听到黛玉的《葬花词》后,先是不觉痴倒,后又恸倒山坡之上,以致连黛玉也暗忖:"人人都笑我有些痴病,难道还有一个痴子不成?"宝玉、黛玉在这件事上所流露出来的"痴病",实际上就是真性的表现。整个大观园,能与宝玉有同样心绪的也就只有黛玉了。他俩心心相印不是偶然的。

此外,黛玉葬花在情节组织上也起到了极为重要的作用,将三条情节线交织在一起。

本章的情节安排极有章法,几条线索都十分和谐地交织在一起——小红故事、宝钗故事、宝玉黛玉故事——互为交织,织就了一整个绵密的故事。

在黛玉悲悲戚戚葬花之际,宝钗正在"香汗淋漓,娇喘细细"地追着一双玉色大蝴蝶:"宝钗意欲扑了来玩耍,遂向袖中取出扇子来,向草地下来扑。只见那一双蝴蝶忽起

忽落,来来往往,穿花度柳,将欲过河去了。倒引的宝钗蹑手蹑脚的,一直跟到池中滴翠亭上……"

这段描写,使得宝钗这一人物形象变得更加丰满。宝钗素来平和稳重,但此时却流露出了少女特有的天真活泼的可爱情态。宝钗此时的心态与大观园中的环境是完全和谐一致的,充满了快乐轻松的气氛。而黛玉的心境则始终与环境格格不入。这种无意间的对比,恰恰反映了宝钗、黛玉两人的生活状态。

更高明的是,黛玉居然在毫不知情的情况下,被宝钗"陷害"了一把。历来读者对宝钗此举非议颇多,无论如何,宝钗至少在潜意识里有拿黛玉做牺牲品的"情结"。而这一插曲又十分自然地引出了小红与贾芸的故事。三条线索的互相交织,使小说非常丰满、充实。

在《红楼梦》中,写黛玉赋诗之处甚多,这些内容都值得细细阅读。为便于阅读,在此对相关内容做一汇总。

【文段二】

宝玉便要了一壶暖酒,也从李婶薛姨妈斟起,二人也让坐。贾母便说:"他小,让他斟去,大家倒要干过这杯。"说着,便自己干了。邢王二夫人也忙干了,让他二人。薛李也只得干了。贾母又命宝玉道:"连你姐姐妹妹一齐斟上,不许乱斟,都要叫他干了。"宝玉听说,答应着,一一按次斟了。至黛玉前,偏他不饮,拿起杯来,放在宝玉唇上边,

相关链接

- 黛玉题"世外仙源匾"、代宝玉作"题杏帘在望诗"(第17—18回)
- 黛玉《咏白海棠》(第37回)
- 黛玉作《咏菊》《问菊》《菊梦》诗以及《螃蟹咏》诗(第38回)
- 黛玉作《代别离·秋窗风雨夕》诗(第45回)
- 黛玉芦雪庵即景连句(第50回)
- 黛玉作《五美吟》(第64回)
- 黛玉作《桃花行》诗、《唐多令·柳絮》词(第70回)
- 黛玉、湘云中秋夜凹晶馆即景连句(第76回)

宝玉一气饮干。黛玉笑说："多谢。"宝玉替他斟上一杯。凤姐儿便笑道："宝玉,别喝冷酒,仔细手颤,明儿写不得字,拉不得弓。"宝玉忙道："没有吃冷酒。"凤姐儿笑道："我知道没有,不过白嘱咐你。"（第54回）

这段斟酒饮酒的文字,看似平淡无奇,其实暗含玄机,读者切勿等闲视之。且让我们逐句细读。

第一句,宝玉给李婶、薛姨妈斟酒,按说这二位是长辈,应该坦然接受宝玉的敬酒,但是二位长辈"也让坐"。"让坐"什么意思？就是起身表示回敬。这种客气,连贾母也似乎不过意,于是忙说"他小,让他斟去",言外之意是宝玉是晚辈,给长辈敬酒理所当然。但是,宝玉的敬意却不能违逆,所以"大家倒要干过这杯"——请读者体会一下"倒要"二字所包含的意蕴。并且,贾母自己首先带头干了宝玉所敬之酒。于是,"邢王二夫人也忙干了","薛李也只得干了"。邢夫人是宝玉伯母,王夫人是宝玉母亲,薛姨妈和李婶则是亲戚长辈,这些长辈对宝玉敬酒"连忙干了"和"只得干了",就是对宝玉敬意的回敬。

等到宝玉奉贾母之命,"一一按次"为众姊妹斟酒时,请注意此时小说叙述语言的精妙。对于其他姐妹,叙述时一笔带过,然后将笔墨集中在黛玉身上。此时,黛玉成为叙述的焦点,黛玉以自己异于常人的举止成为这一场合中的另类。

请看："至黛玉前,偏他不饮",一个"偏"字,就显然已经与众不同,与环

相关链接

- 绛珠还泪（第1回）
- 黛玉进贾府（第3回）
- 宝黛论心（第20回）
- 宝黛读曲（第23回）
- 黛玉葬花（第26回）
- 二玉心事（第29回）
- 宝黛共诉肺腑（第32回）
- 黛钗和好（第42回、45回、49回）
- 黛玉惊魂绝粒（第82回、86回）
- 黛玉焚稿魂归离恨天（第96回、98回）

境极不协调了。试想，贾母也饮了，邢王二夫人也饮了，薛姨妈等客人也饮了，偏偏黛玉不饮，这已经是相当不合适、不懂礼了。而黛玉随后做出的举动更是惊世骇俗——"拿起杯来，放在宝玉唇上边，宝玉一气饮干"。这样的行为，即使在今天，也显得极其出格，更不必说在黛玉那个时代，在贾府那样讲究规矩的大户人家。

请读者诸君想象此时此刻现场的极度尴尬，想象一下众人目瞪口呆的情形，体会一下贾母、王夫人等一干长辈此时的内心感受。

我们知道，这是黛玉有意想在众人面前显示自己与宝玉之间的亲密无间，但这几乎可以被视为伤风败俗之举，不难想象此举给黛玉带来的致命伤害，我们也不难想象当时贾母、王夫人心中是何等的反感。然而黛玉对此浑然不知，居然还笑说道："多谢。"

黛玉的我行我素、不谙世故，固然也可以视为率性而为、真诚无伪，但这种在众人面前大秀恩爱的行为，在那个时代里，在那样的家庭中，实在是大逆不道之举。

她的悲剧命运其实早就已经设定了。

三、薛宝钗：任是无情也动人

1. 薛宝钗述评

宝钗是皇商之女，家有资财。她容貌丰美，艳冠群芳，举止娴雅，品格端方，待人随和，事事周到，赢得了贾府上上下下的交口称赞，连黛玉也不由"暗伏于她"。

这个完全符合正统观念的美丽少女，既聪颖卓异，又安分随时，虽谙熟世故却不庸俗鄙陋。在她身上，传统美德中一些历久弥笃的价值正在熠熠闪光！但她又是一个十分关注现实的人，这有时又不免让她染上一丝俗气。她曾刻意奉承元妃，讨好老太太；金钏儿投井而死，她为安慰王夫人竟说了那样一番冷酷的话；尤三姐自尽，柳湘莲出走，薛蟠为此着急落泪，宝钗却"并不在意"。她的人生理想是"好风凭借力，送我上青云"。最终，贾府选择了她作为孙媳妇，但她的结局却并不美满——宝玉对她并无深情，最后竟出家为僧，她将在无爱的生活中度过余生。

第 63 回"寿怡红群芳开夜宴"是相当耐人寻味的一节，宝钗掣得的花签是牡丹花，上面诗云："任是无情也动人。"这句诗说明宝钗是"无情"与"动人"的结合体。宝钗的"无情"，有时确实让人难以接受。

第 67 回，柳湘莲因为尤三姐之死削发出家，薛姨妈为之感伤，薛蟠为之痛哭，但是——

　　宝钗听了，并不在意，便说道："俗话说的好，'天有不测风云，人有旦夕祸福'。这也是他们前生命定。前日妈妈为他救了哥哥，商量着替他料理，如今已经死的死了，走的走了，依我说，也只好由他罢了。妈妈也不必为他们伤感了。倒是自从哥哥打江南回来了一二十日，贩了来的货物，想来也该发完了。那同伴去的伙计们辛辛苦苦的，回来几个月了，妈妈和哥哥商议商议，也该请一请，酬谢酬谢才是。别叫人家看着无理似的。"

　　请看，宝钗对于自己哥哥的救命恩人的不幸就是这种反应。对于他人的不幸如此势利现实，如此无动于衷，不知你对这样的姑娘会有什么感受！

　　平时，宝钗是藏愚守拙，"珍重芳姿昼掩门"，大家闺秀风姿俨然。但另一方面，她又对贾府中的一切洞若观火，了然于心。宝钗时时注意趋利避害，远离是非。王夫人下令抄检大观园之后，宝钗就立刻搬出园来以避嫌疑。平时更是"不关己事不开口，一问摇头三不知"，明哲保身的古训遵循得好极了。第62回，宝钗对宝玉说："你只知道玫瑰露和茯苓霜两件，乃因人而及物。若非因人，你连这两件还不知道呢……"旁观者清，对于贾府中的种种事端，宝钗是一清二楚的。

　　她现实、冷静，从容不迫；她为人处世得体有度，不温不火，雍容有致。一到贾府，宝钗就立刻博得了众人的好感——"年岁虽大不多，然品格端方，容貌丰美，人多谓黛玉所不及。而且宝钗行为豁达，随分从时，不比黛玉孤高自许，目无下尘，故比黛玉大得下人之心。便是那些小丫头子们，亦多喜与宝钗去顽。因此，黛玉心中便有些悒郁不忿之意，宝钗却浑然不觉。"老太太也曾多次赞扬宝钗。

　　宝钗实在太会做人了。她讨好贾母，丝毫不怕当面阿谀奉承高位者（第22回，宝钗见元春送出的灯谜并无新奇，口中少不得称赞，口说难猜，故意寻思，其实一见就猜着了）；王夫人因为金钏儿投井自尽而自责，宝钗立刻在第一时间赶去安慰王夫人；即便是对待袭人，她也是多方笼络：请袭人打络子、送袭人戒指；即令是人人嫌弃的赵姨娘，宝钗也不忘送上一份礼物，感动得赵姨娘一连声地夸赞："怨不得别人都说那宝丫头好，会做人，很大方，如今看起来果然不错。他哥哥能带了多少东西来，他挨门儿送到，并不遗漏一处，也不露出谁薄谁厚，连我们这样没时运的，他都想到了。若是那林丫头，他把我们娘儿们正眼也不瞧，那里还肯送我们东西？"（第67回）……所以，湘云初到大观园时

与黛玉最为相得，但很快就对宝钗赞不绝口。宝钗的统战工作实在是太高明了。

宝钗真是个"人精"。她对人情世故了解得如此深透，真是令人叹为观止。宁国府中的那副"世事洞明皆学问，人情练达即文章"的对联，真该送给这位宝姑娘才对。

宝钗还有文才，又有理家之才。她做诗才情不让黛玉，理家本领不亚于凤姐。她性格随和，健康美丽。她几乎有着世俗美女所有的优点。所以，贾府最终选择她为宝玉之妻实在是大合情理。因为将来宝玉的妻子应该是贾府的内当家，而宝钗的一切条件完全符合。治家，不是感情至上的黛玉所能为、所愿为的。

蒋和森有一段精辟的文字完全可以概括宝钗和黛玉的性格为人：

宝钗在做人，黛玉在做诗；宝钗在解决婚姻，黛玉在进行恋爱；宝钗把握着现实，黛玉沉酣于意境；宝钗有计划地适应社会法则，黛玉任自然地表现自己的性灵；宝钗代表当时一般家庭妇女的理智，黛玉代表当时闺阁中知识分子的感情。于是环境容纳了迎合时代的宝钗，扼杀了违反现实的黛玉。黛玉的悲剧就是由这样的性格与时代的矛盾而造成的。

在现实生活中，宝钗是最有生存能力的。当然，宝钗不是坏人，一般也能够与人为善。但是，她是一个极其善于自保的姑娘。你可以喜欢黛玉，也可以喜欢宝钗。钗黛二人是两种风流，人生的两个端点。

2. 文段细读

【文段一】

且说宝钗、迎春、探春、惜春、李纨、凤姐等并巧姐、大姐、香菱与众丫鬟们在园内玩耍，独不见林黛玉。迎春因说道："林妹妹怎么不见？好个懒丫头！这会子还睡觉不成？"宝钗道："你们等着，我去闹了他来。"说着便丢下了众人，一直往潇湘馆来。……忽然抬头见宝玉进去了，宝钗便站住低头想了想：宝玉和林黛玉是从小儿一处长大，他兄妹间多有不避嫌疑之处，嘲笑喜怒无常；况且林黛玉素习猜忌，好弄小性儿的。此刻自己也跟了进去，一则宝玉不便，二则黛玉嫌疑。罢了，倒是回来的妙。想毕抽身回来。

刚要寻别的姊妹去，忽见前面一双玉色蝴蝶，大如团扇，一上一下迎风翩跹，十分有趣。宝钗意欲扑了来玩耍，遂向袖中取出扇子来，向草地下来扑。只见那一双蝴蝶忽起

忽落,来来往往,穿花度柳,将欲过河去了。倒引的宝钗蹑手蹑脚的,一直跟到池中滴翠亭上,香汗淋漓,娇喘细细。宝钗也无心扑了,刚欲回来,只听滴翠亭里边嘁嘁喳喳有人说话。原来这亭子四面俱是游廊曲桥,盖造在池中水上,四面雕镂槅子糊着纸。

宝钗在亭外听见说话,便煞住脚往里细听,只听说道:"你瞧瞧这手帕子,果然是你丢的那块,你就拿着;要不是,就还芸二爷去。"又有一人说话:"可不是我那块!拿来给我罢。"……

宝钗在外面听见这话,心中吃惊,想道:"怪道从古至今那些奸淫狗盗的人,心机都不错。这一开了,见我在这里,他们岂不臊了。况才说话的语音,大似宝玉房里的红儿的言语。他素昔眼空心大,是个头等刁钻古怪东西。今儿我听了他的短儿,一时人急造反,狗急跳墙,不但生事,而且我还没趣。如今便赶着躲了,料也躲不及,少不得要使个'金蝉脱壳'的法子。"犹未想完,只听"咯吱"一声,宝钗便故意放重了脚步,笑着叫道:"颦儿,我看你往那里藏!"一面说,一面故意往前赶。那亭内的红玉坠儿刚一推窗,只听宝钗如此说着往前赶,两个人都唬怔了。宝钗反向他二人笑道:"你们把林姑娘藏在那里了?"坠儿道:"何曾见林姑娘了。"宝钗道:"我才在河那边看着林姑娘在这里蹲着弄水儿的。我要悄悄的唬他一跳,还没有走到跟前,他倒看见我了,朝东一绕就不见了。别是藏在这里头了。"一面说,一面故意进去寻了一寻,抽身就走,口内说道:"一定是又钻在山子洞里去了。遇见蛇,咬一口也罢了。"一面说一面走,心中又好笑:这件事算遮过去了,不知他二人是怎样。(第27回)

上面这段文字,不足千字,但是极富张力,文字信息含量极大。读懂了这段文字,就几乎掌握了小说叙述手法的基本特质。

这段文字叙述的中心人物是宝钗。宝钗原本是去找黛玉的。此时,众姊妹都齐聚大观园,独独不见黛玉,黛玉究竟去哪里了?并不像探春所言在睡懒觉。黛玉此时正在葬花,正在这一片明媚春光中哭诉"侬今葬花人笑痴,他年葬侬知是谁"呢!这且按下不说,单说宝钗。她去找黛玉,看到宝玉走进黛玉的院子,便知趣地回避。这是宝钗非常得体的为人处世方式。这些都是人之常情。

但小说最值得关注的,是反常的情形。请看,当小说叙述到宝钗独自一人行走在大观园中之时,开始呈现不一样的景致了:"忽见前面一双玉色蝴蝶,大如团扇,一上一下迎风翩跹,十分有趣。宝钗意欲扑了来玩耍,遂向袖中取出扇子来,向草地下来扑。"这

几句话非常重要。须知,宝钗平时在众人面前始终是"端"着的,是非常矜持、端庄得体的大家闺秀。大观园中人什么时候见过追赶蝴蝶的小女生那样的宝钗?这时候,我们发现,宝钗原来也有天真活泼、可爱可亲的一面。

这一切,完全是叙述者给读者的特权。如果不是小说叙述者的叙述,我们根本不知道宝钗可爱的这一面。例如,此时大观园中的人们就不知道这些,只有读者才享有这样的权利。小说为读者呈现的是一种"全知视角",让读者看到了书中人物看不到的一面。

这一段文字凸显了宝钗的童心未泯,刻画了宝钗的可爱。但是,这不是重点。重点是宝钗发现有人在滴翠亭里密谈之后的行为。我们看到这里,意识到,那个老于世故的人精宝钗又回来了。

按常理,如果我们无意中听到有人在说悄悄话,一般人的正常做法是赶快回避。但是,宝钗这时是怎样做的呢?她是"煞住脚往里细听"。"煞住脚"意味着小心不被人发现,可爱的小女孩转眼即变成了鬼鬼祟祟的偷听者,"往里细听"四个字,把宝钗一心想打探他人隐私的心理凸显出来了。

最可怕的是,宝钗在门窗紧闭的滴翠亭外,听到两人悄悄说话,就立刻判断出这是宝玉房中的丫头小红,并且知道小红"素昔眼空心大,是个头等刁钻古怪东西"。看到这里,细心的读者不免会感到毛骨悚然。请看第24回中的一段文字:

> 宝玉见没丫头们,只得自己下来,拿了碗向茶壶去倒茶。只听背后说道:"二爷仔细烫了手,让我们来倒。"一面说,一面走上来,早接了碗过去。宝玉倒唬了一跳,问:"你在那里的?"……宝玉一面吃茶,一面仔细打量那丫头:穿着几件半新不旧的衣裳,倒是一头黑鬒鬒的头发,挽着个鬏,容长脸面,细巧身材,却十分俏丽干净。宝玉看了,便笑问道:"你也是我这屋里的人么?"那丫头道:"是的。"宝玉道:"既是这屋里的,我怎么不认得?"那丫头听说,便冷笑了一声道:"认不得的也多,岂只我一个。从来我又不递茶递水,拿东拿西,眼见的事一点儿不作,那里认得呢。"

小红是宝玉院子的下等丫鬟,连一向关注、尊重女孩的宝玉都不认识小红。但是,宝钗居然隔着门窗立刻就判定此人是小红,而且对她的性格了如指掌。宝钗是如何知道的?当然是平时在大观园、在贾府,时时刻刻张大眼睛、竖起耳朵,打探着一切。这不由得不使人惊讶她的心机城府之深,甚至让人觉得有些可怕。此时,读者意识到,宝钗这一次"煞住脚往里细听"绝非偶然,一定是常态,否则,她无法对整个贾府上上下下各色人等如此谙熟。只是,叙述者只叙述了这一回,其他类似情形读者自可以此类推。

这一段文字也让我们看出了宝钗性格更加阴森的一面。当宝钗发现自己的偷听马上要暴露的时候,她急中生智,立刻使了一个"金蝉脱壳"之计,把偷听的罪名安到了黛玉的头上。此时宝钗的行为是下意识的,但恰恰因此,就让读者看出了她性格的真相。一方面,是因为宝钗正好刚刚来寻找黛玉;另一方面,是不是还有别的因素,例如,因为宝玉前往黛玉住处这一幕深深刺激了宝钗?因为宝钗潜意识里就有陷害黛玉的动机?……

当我们看到宝钗将这类移花接木陷害他人的本领使用得如此不假思索,如此自然娴熟,是不是对这个刚才还在追逐蝴蝶、童心未泯的漂亮姑娘有了更加立体的认识呢?好的小说,其叙述文字就是这样富有张力,意蕴丰富。

此外,这段文字还有一大妙处,就是将小说中另外几个故事有机地绾在一起。

第一,宝钗此时所偷听的红儿与闺蜜的悄悄话,自然关联起第 24 回中小红与贾芸的恋爱故事。第二,宝钗在这一回中显示出了隔墙听音识人的惊人本领,这又和第 24 回中宝玉居然不认识小红形成了鲜明对比。第三,当宝钗在陷害黛玉时,黛玉正在干什么呢?黛玉此时正在沁芳闸旁当初与宝玉共葬桃花、共读西厢之处呜咽哭诉,正在悲吟《葬花词》呢。黛玉此时并不知道别人在陷害她,却直觉到大观园里"一年三百六十日,风刀霜剑严相逼"的氛围——你能说这是黛玉的多心吗?第四,在宝钗偷听之后,小红又巧得机缘,大显才华,得到王熙凤的欣赏,直接被凤姐调到手下工作,于是开始了另外一段故事。

前文所说的"情节团",在这一段文字中也得到充分的表现。

【文段二】

(史湘云见暮春柳絮飞舞,偶成小令。诗社就发起填词,每人各拈一小调,限时做好。)(众人)看黛玉的《唐多令》:

粉堕百花洲,香残燕子楼。一团团逐对成毬。飘泊亦如人命薄,空缱绻,说风流。 草木也知愁,韶华竟白头!叹今生谁舍谁收?嫁与东风春不管,凭尔去,忍淹留。

众人看了,俱点头感叹,说:"太作悲了,好是固然好的。"因又看宝琴的是《西江月》:

汉苑零星有限,隋堤点缀无穷。三春事业付东风,明月梅花一梦。 几处落红庭院,谁家香雪帘栊?江南江北一般同,偏是离人恨重!

众人都笑说:"到底是他的声调壮。'几处''谁家'两句最妙。"宝钗笑道:"终不免过于丧败。我想,柳絮原是一件轻薄无根无绊的东西,然依我的主意,偏要把他说好了,才不落套。所以我诌了一首来,未必合你们的意思。"众人笑道:"不要太谦。我们且赏鉴,自然是好的。"因看这一首《临江仙》道是:

白玉堂前春解舞,东风卷得均匀。蜂团蝶阵乱纷纷。几曾随逝水,岂必委芳尘。 万缕千丝终不改,任他随聚随分。韶华休笑本无根,好风频借力,送我上青云!

众人拍案叫绝,都说:"果然翻得好气力,自然是这首为尊。缠绵悲戚,让潇湘妃子;情致妩媚,却是枕霞……"(第70回)

黛玉这首词被众人评为"缠绵悲戚",物我交融,水乳难分,真正是"以我观物,故物皆着我之色彩"。既显示了黛玉孤苦伶仃的当前处境,又预示了她最终无人依靠的悲苦命运。

薛宝钗的《临江仙》:"白玉堂前"好一派富贵气象!与宝钗这位皇商之女的身份是何等的贴切!"东风卷得均匀"一句,写尽了那种洋洋自得的神态。"好风频借力,送我上青云"充分表露了宝钗的内心意愿。这是宝钗的内心独白,是她性格的"写真"词。宝钗作为一个极善于和现实融合的典型人物,把自古都是悲愁象征的柳絮写得如此春风得意,确实是词如其人,人同其词。

两首咏絮词,鲜明对照出黛玉、宝钗两人的身世、性格以及心境上的巨大差异。

如果我们再有心一些,会发现宝钗这首词中所显露出的人生志趣似曾相识。这就与《红楼梦》第 1 回中贾雨村

相关链接

- 宝钗出场(第 4 回)
- 暗示"金玉良缘"(第 8 回)
- 宝钗生日(第 22 回)
- 宝钗扑蝶(第 27 回)
- 宝钗劝谏宝玉(第 34 回、36 回)
- 宝钗体恤湘云(第 37 回)
- 宝钗规诫黛玉(第 42 回、45 回)
- 宝钗协理大观园(第 56 回)
- 宝钗成婚(第 97 回)

的诗词发生了关联。贾雨村，姓贾名化，表字时飞，号雨村。且看与宝钗之词有关的一段文字："（雨村）因又思及平生抱负，苦未逢时，乃又搔首对天长叹，复高吟一联曰：'玉在椟中求善价，钗于奁内待时飞。'"

贾雨村与薛宝钗都同样有着"好风频借力，送我上青云"的人生志趣。这样的理想追求，是宝玉所没有的，更是黛玉所没有的。所以，有红学研究者据此假设，依据宝钗的性格，是断然不会嫁给宝玉这样的中看不中用的"宝二爷"，更何况，最终贾府被抄家，也无法成为能够送宝钗"上青云"的"好风"，宝钗就更加没有理由嫁给宝玉了。此时，飞黄腾达的贾雨村，则完全可以为宝钗助一臂之力，这也是贾雨村当年高吟"钗于奁内待时飞"一句所埋下的伏笔。这一推断应该说是有依据的。这里的"钗"，暗指"宝钗"；"时飞"则是贾雨村之字，暗指宝钗在闺房之中等待贾雨村。同时，"待时飞"又是如此符合二人的人生观与价值观。另外，这样的对比与联系，也非常符合《红楼梦》作者所擅长的"草蛇灰线"手法特征。

四、史湘云：是真名士自风流

1. 史湘云述评

在《红楼梦》中，湘云并不是最美丽的，但却是最可爱的。她自幼父母双亡，依附叔婶过活，"在家里竟一点作不得主"，每天做针线做到深夜。论身世，她与黛玉相当，但全无黛玉的多愁善感、性情乖张；论人事，她与宝钗不相上下，却没有宝钗的工于心计、老谋深算；论才情，"芦雪庵即景联句"（第50回）中，湘云一人妙语连珠，独战宝钗、宝琴、黛玉三大"诗魁"。她天真自然，豁达开朗，信奉"是真名士自风流""唯大英雄能本色"，女扮男装，大块吃肉，挥拳拇战，豪爽之极。

这是个最可爱的女孩子。从来就有人讨厌宝钗，也有人不喜欢黛玉，但似乎没有人说过湘云的不是。湘云，兼有宝钗、黛玉的长处，却没有走到极端。她才真的应该叫作"兼美"，她才真正是"可卿"！

清人涂瀛在他的《红楼梦论赞》中说，"湘云出而颦儿失其辩、宝钗失其妍"，是一个"豪之豪也"的人物。这个被作者称为有着"霁月光风"般华美的人物，在近代奇女子——对美有着异乎寻常鉴赏水平的张爱玲眼中也是无比美丽的，在她看来，"红楼人物"中只有湘云够得上"选美冠军"的标准。

湘云有才思。她的容貌之美,才情之高,不在宝钗、黛玉之下。芦雪庵中,湘云一人独战群英,黛玉、宝钗、宝琴、探春等人轮番与湘云斗诗;凹晶馆旁,黛玉与湘云的连诗,"寒塘渡鹤影"是多么富有才气和灵气。如此才思敏捷,真是罕有其匹。

湘云的性格完全不同于宝钗、黛玉。在金陵十二钗中,她最豪爽、最活泼,好似"霁月光风耀玉堂"。她的家境并不比黛玉好,但她却天生豪放不以为意。

她纯真自然,一片率直。有人称湘云大有晋人风度。她敢说戏子像黛玉,敢穿男子服装,敢披贾母的大红斗篷,敢于醉卧芍药裀;她不讲究淑女风范,她爱说爱笑,她走到哪里,哪里就有欢笑和愉悦。你不需要提防她,你也别怕不小心会得罪她。她有火一样的热情,海一般的胸怀,花一样的容颜,还有天仙一般的才气。

对于这样的湘云,谁不想"执子之手,与子偕老"?

黛玉、宝钗、湘云——三种风流,各具情调,又怎么能分出个高下优劣呢?

2. 文段细读

【文段一】

翠缕道:"这荷花怎么还不开?"史湘云道:"时候没到。"翠缕道:"这也和咱们家池子里的一样,也是楼子花?"湘云道:"他们这个还不如咱们的。"翠缕道:"他们那边有棵石榴,接连四五枝,真是楼子上起楼子。这也难为他长。"湘云道:"花草也是同人一样,气脉充足,长的就好。"翠缕把脸一扭,说道:"我不信这话。若说同人一样,我怎么不见头上又长出一个头来的人?"湘云听了由不得一笑,说道:"我说你不用说话,你偏好说。这叫人怎么好答言!天地间都赋阴阳二气所生,或正或邪,或奇或怪,千变万化,都是阴阳顺逆。多少一生出来,人罕见的就奇,究竟理还是一样。"翠缕道:"这么说起来,从古至今,开天辟地,都是些阴阳了?"湘云笑道:"糊涂东西,越说越放屁,什么'都是些阴阳'。难道还有个阴阳不成!'阴''阳'两个字还只是一字,阳尽了就成阴,阴尽了就成阳,不是阴尽了又有个阳生出来,阳尽了又有个阴生出来。"翠缕道:"这糊涂死了我!什么是个阴阳,没影没形的。我只问姑娘,这阴阳是怎么个样儿?"湘云道:"阴阳可有什么样儿,不过是个气,器物赋了成形。比如天是阳,地就是阴;水是阴,火就是阳;日是阳,月就是阴。"翠缕听了,笑道:"是了,是了,我今儿可明白了。怪道人都管着日头叫'太阳'呢,算命的管着月亮叫什么'太阴星',就是这个理了。"湘云笑道:"阿弥陀佛!刚刚的明白了。"翠缕道:"这些大东西有阴阳也罢了,难道那些蚊子、虼蚤、蠓虫儿、花

儿、草儿、瓦片儿、砖头儿也有阴阳不成？"湘云道："怎么有没阴阳的呢？比如那一个树叶儿还分阴阳呢。那边向上朝阳的便是阳，这边背阴覆下的便是阴。"翠缕听了，点头笑道："原来这样，我可明白了。只是咱们这手里的扇子，怎么是阳，怎么是阴呢？"湘云道："这边正面就是阳，那边反面就为阴。"翠缕又点头笑了，还要拿几件东西问，因想不起个什么来，猛低头就看见湘云宫绦上系的金麒麟，便提起来笑道："姑娘，这个难道也有阴阳？"湘云道："走兽飞禽，雄为阳，雌为阴；牝为阴，牡为阳。怎么没有呢！"翠缕道："这是公的，到底是母的呢？"湘云道："这连我也不知道。"翠缕道："这也罢了，怎么东西都有阴阳，咱们人倒没有阴阳呢？"湘云照脸啐了一口道："下流东西！好生走罢！越问越问出好的来了！"翠缕笑道："这有什么不告诉我的呢？我也知道了，不用难我。"湘云笑道："你知道什么？"翠缕道："姑娘是阳，我就是阴。"说着，湘云拿手帕子握着嘴，呵呵的笑起来。翠缕道："说是了，就笑的这样了。"湘云道："很是，很是。"翠缕道："人规矩主子为阳，奴才为阴。我连这个大道理也不懂得？"湘云笑道："你很懂得。"

一面说，一面走，刚到蔷薇架下，湘云道："你瞧那是谁掉的首饰，金晃晃在那里。"翠缕听了，忙赶上拾在手里攥着，笑道："可分出阴阳来了。"说着，先拿史湘云的麒麟瞧。史湘云要他捡的瞧，翠缕只管不放手，笑道："是件宝贝，姑娘瞧不得。这是从那里来的？好奇怪！我从来在这里没见有人有这个。"湘云道："拿来我看。"翠缕将手一撒，笑道："请看。"湘云举目一验，却是文彩辉煌的一个金麒麟，比自己佩的又大又有文彩。湘云伸手擎在掌上，只是默默不语，正自出神，忽见宝玉从那边来了，笑问道："你两个在这日头底下作什么呢？怎么不找袭人去？"史湘云连忙将那麒麟藏起道："正要去呢。咱们一处走。"（第31回）

这段文字写得趣味盎然，湘云与小丫鬟翠缕二人有关阴阳的对话让人忍俊不禁。我们看到主仆之间的和睦亲密，也知晓了中国文化中有关阴阳的一些知识，但这些还只是皮毛，属于表层的故事。真正的关键是后面的对话：翠缕由植物如何分阴阳，再说到动物如何分阴阳，专门提起湘云随身佩戴的金麒麟究竟如何分公母，然后自然联想到人应该如何分阴阳。这个话题对于还是一个未出阁少女的湘云来说确实不好回答，于是只好啐了翠缕一口。

后来，亮点终于出来了——在蔷薇花架下，翠缕发现了一个金麒麟！翠缕发现后的第一句话就是"可分出阴阳来了"，随后就要"拿史湘云的麒麟瞧"。显然，翠缕意识到这

件被人遗落的金麒麟和湘云所佩戴的金麒麟正好是一牝一牡，凑成了一对。因此，才会笑说"姑娘瞧不得"这句话。

当湘云发现这"是文彩辉煌的一个金麒麟，比自己佩的又大又有文彩"，其内心的震撼可想而知。须知，在此之前，史湘云刚刚定了亲，不久将成为人妻。此时此刻，突然发现这样一个漂亮的金麒麟，湘云内心该有什么感受呢？小说中只写道："湘云伸手擎在掌上，只是默默不语。"一个"擎"字，体现了湘云的郑重其事；"默默不语"则是内心万千感受，各种猜测。此时，湘云心中可能涌起无数念头，各种活动。这一切，在小说中虽然是一笔带过，但是读者却不应该轻易放过，而应该细细揣测，尝试走进湘云的内心，体验湘云此时此刻的感受。之后，当宝玉突然出现，"史湘云连忙将那麒麟藏起"，这一举动恰恰表明了这只金麒麟在湘云心中的重要性。这是属于一个即将出嫁的女孩心中的小秘密。

从小说情节组织层面看，这只金麒麟的作用也不可低估。它串起了好几个故事呢。

先看这只金麒麟的由来。在第29回中，贾府众女眷到清虚观打醮。清虚观王道长请出宝玉出生时口中所衔那块玉给道友观看，大家看后纷纷送出自己的小佩件及饰物，当满满一盘子小礼物端来时，贾母看到一个大麒麟，说印象中有谁戴过这样的麒麟。宝钗回答道，湘云妹妹戴过的。宝玉听说湘云有这样的麒麟，立刻动心起念，就留下了这个麒麟将来送给湘云，随后一直戴在身上。由此一事，也可见宝玉对待湘云的认真。当然，宝玉对众多妹妹都是这样的。

到第30回，宝玉趁母亲午休，和母亲的贴身丫鬟金钏儿开起了比较过分的玩笑，王夫人为此责打痛骂金钏儿，吓得宝玉一溜烟跑出了母亲的住处。这一事件导致金钏儿跳井自杀，也导致了后来贾政痛打宝玉。

且说宝玉从王夫人处跑出来后，来到大观园中的蔷薇花架下，看到一个女孩一边流泪，一边在花架下用簪子在地上画，根据其笔画，所画之字恰好是"蔷薇花"之"蔷"字。这是多么动人的场景啊，宝玉为此呆住了。后来，宝玉知道这个女孩原来就是大观园中戏班里的演员龄官，知道龄官正爱着贾蔷，才联想到当初龄官在蔷薇架下画蔷字的深意，于是抒发了许多有关情与爱的感慨。这是后话。且说宝玉正在发呆时，天突降大雨，宝玉在提醒龄官赶紧避雨后自己也跑回怡红院去，就在此时遗落了这只准备送给湘云妹妹的金麒麟。

没想到，原本准备送给湘云的麒麟，天天随身带着，居然弄丢了！而这遗落的金麒麟，最后却又偏偏被湘云拾到。当湘云得知这个麒麟原来是宝玉一心想送给自己的，最

终被自己拾到,并且与自己的麒麟一雄一雌,恰恰配成一对,这是不是一种缘分?是不是天作地合?但是,湘云已经许了婆家……我们设想一下,湘云此时当有何感慨!

事实上,"因麒麟伏白首双星"。根据专家的研究,许多人相信,曹雪芹原著中,最后湘云与宝玉是成为夫妻的。这对金麒麟,就为他们的爱情埋下了伏笔。

一只小佩件,在《红楼梦》中居然发挥了如此巨大的作用。细读,原来有着这样的魅力。

【文段二】

正说着,只见一个小丫头笑嘻嘻的走来:"姑娘们快瞧云姑娘去,吃醉了图凉快,在山子后头一块青板石凳上睡着了。"众人听说,都笑道:"快别吵嚷。"说着,都走来看时,果见湘云卧于山石僻处一个石凳子上,业经香梦沉酣,四面芍药花飞了一身,满头脸衣襟上皆是红香散乱,手中的扇子在地下,也半被落花埋了,一群蜂蝶闹穰穰的围着他,又用鲛帕包了一包芍药花瓣枕着。众人看了,又是爱,又是笑,忙上来推唤挽扶。湘云口内犹作睡语说酒令,唧唧嘟嘟说:"泉香而酒冽,玉盌盛来琥珀光,直饮到梅梢月上,醉扶归,却为宜会亲友。"众人笑推他,说道:"快醒醒儿吃饭去。这潮凳上还睡出病来呢。"湘云慢启秋波,见了众人,低头看了一看自己,方知是醉了。(第62回)

小说对史湘云的叙述,主要是通过一个个特写"镜头"来完成的。

《红楼梦》中,有两次写到史湘云的睡态:

一次是和林黛玉对比着写的:"那林黛玉严严密密裹着一幅杏子红绫被,安稳合目而睡。那史湘云却一把青丝拖于枕畔,被只齐胸,一弯雪白的膀子撂

> **相关链接**
>
> ● 湘云、黛玉"戏子"风波（第22回）
> ● 主仆谈论阴阳（第31回）
> ● 劝谏宝玉（第31回）
> ● 作"海棠诗"（第37回）
> ● 芦雪庵啖肉联诗（第49回）
> ● 醉眠芍药裀（第62回）
> ● 凹晶馆联诗（第76回）
> ● 湘云出嫁、夫亡（第106回、110回、118回）

于被外,又带着两个金镯子。"湘云是一个大大咧咧的姑娘,所以她睡觉的时候也不老实,其睡相与黛玉迥乎不同。

一次就是第62回中"憨湘云醉眠芍药裀",写尽了湘云的风采:"四面芍药花飞了一身,满头脸衣襟上皆是红香散乱,手中的扇子在地下,也半被落花埋了,一群蜂蝶闹穰穰的围着他,又用鲛帕包了一包芍药花瓣枕着。"这是一个多么美丽的境界啊!既有美的意境,也有美的性格。只有史湘云,才会有这般清朗旷达的雅兴。

这是属于史湘云的极美意境。在大观园的少女之中,能够这样坦然地在花园石凳上睡觉的,睡得这么香、这么甜、这么美的,又这么富有诗意的,除了史湘云,再没有第二个人。

五、王熙凤:机关算尽太聪明

1. 王熙凤述评

王熙凤,《红楼梦》中重要的人物之一,贾府中诸多大事的策划人、经办人、见证人。

她是王夫人的内侄女,贾赦之子贾琏的妻子。娘家是四大家族之一的"金陵王"。她容貌美丽,精明干练,虽无文化,却极为聪明,又善于逢迎,深得贾母之欢心,掌管着贾府管家大权。她争强好胜又善于弄权。"协理宁国府"显示出她出色的理家才能,"弄权铁槛寺"表现了她的贪婪和权力欲望,陷害尤二姐展示了她阴狠歹毒的一面。所以,有人评价她是"治世之能臣,乱世之奸雄"。她的最终结局,后40回写得较为平淡。结合第5回中"一从二令三人木,哭向金陵事更哀"的判词,可以设想贾琏最后终于无法容忍凤姐而将她赶出贾府,遣回金陵老家。甚至有人推测,她最后沦为仆妇,执帚扫雪。总之,这个"脂粉堆里的英雄"性格是多面的,下场是悲惨的。

凤姐,是《红楼梦》中的主干,她精明强干而又泼辣狠毒。抽掉这个人物,整部著作就如同抽掉了宝玉和黛玉,一部大书就失去了支柱。《红楼梦》中的所有大事,哪一件少得了凤姐呢?这个相貌美丽、机智过人、有手腕有魄力、能言善道但又凶狠贪婪的女性,让多少人为之目瞪口呆。面对这个形象,人们是"恨凤姐、骂凤姐,不见凤姐想凤姐"。这就是凤姐的无穷魅力。

凤姐又有处世的天才。处在婆母邢夫人与姑母王夫人之间,她能够优游其中,见风使舵。

抄检大观园,凤姐知道这必将得罪园中的众多姑娘,于是又小心避让,让冤大头王善保家的出面打头阵、挨耳光,而她自己只是赔笑脸、赔小心。这一部分人尽皆知,此处不再引述。

凤姐还是天生的俳优,天生的锦心绣口。她的阿谀逢迎之词能够让居上位者神清气爽,通体舒泰。她能够随时随地根据具体情境编排种种无伤大雅的笑话和入乎耳、顺乎心的高级阿谀之词,不仅让老太太开怀,也让众读者折服不已。贾母曾说自己从小跌跤,在鬓角上碰出了个小坑,凤姐立刻笑答道:

"那时要活不得,如今这大福可叫谁享呢!可知老祖宗从小儿的福寿就不小,神差鬼使碰出那个窝儿来,好盛福寿的。寿星老儿头上原是一个窝儿,因为万福万寿盛满了,所以倒凸高出些来了。"(第38回)

贾母赌钱,凤姐假意输钱给贾母,然后——

便站起来,拉着薛姨妈,回头指着贾母素日放钱的一个木匣子笑道:"姨妈瞧瞧,那个里头不知顽了我多少去了。这一吊钱顽不了半个时辰,那里头的钱就招手儿叫他了。只等把这一吊也叫进去了,牌也不用斗了,老祖宗的气也平了,又有正经事差我办去了。"话说未完,引的贾母众人笑个不住。偏有平儿怕钱不够,又送了一吊来。凤姐儿道:"不用放在我跟前,也放在老太太的那一处罢。一齐叫进去倒省事,不用做两次,叫箱子里的钱费事。"(第47回)

这样的机智,无论如何,总是让人佩服的。

凤姐管理着整个贾府的内务,但她的工作重心始终是为贾母制造热闹,博取贾母的欢喜。

凤姐为人贪婪。她对金钱有着天生的爱好。为了5000两银子,她弄权铁槛寺,害死了几条人命。而这一切,后来成为贾府被抄家的一大罪状。可以说,凤姐也是贾府崩溃的一大推手。

凤姐没有文化,但很聪明,可惜聪明反被聪明误。机关算尽太聪明,反误了卿卿性命。

2. 文段细读

【文段一】

　　凤姐儿知道邢夫人禀性愚傲，只知承顺贾赦以自保，次则婪取财货为自得，家下一应大小事务，俱由贾赦摆布。凡出入银钱事务，一经他手，便克啬异常，以贾赦浪费为名，"须得我就中俭省，方可偿补"，儿女奴仆，一人不靠，一言不听的。如今又听邢夫人如此的话，便知他又弄左性，劝了不中用，连忙陪笑说道："太太这话说的极是。我能活了多大，知道什么轻重？想来父母跟前，别说一个丫头，就是那么大的活宝贝，不给老爷给谁？背地里的话那里信得？我竟是个呆子。琏二爷或有日得了不是，老爷太太恨的那样，恨不得立刻拿来一下子打死；及至见了面，也罢了，依旧拿着老爷太太心爱的东西赏他。如今老太太待老爷，自然也是那样了。依我说，老太太今儿喜欢，要讨今儿就讨去。我先过去哄着老太太发笑，等太太过去了，我搭讪着走开，把屋子里的人我也带开，太太好和老太太说的。给了更好，不给也没妨碍，众人也不知道。"邢夫人见他这般说，便又喜欢起来……凤姐儿暗想："鸳鸯素习是个可恶的，虽如此说，保不严他就愿意。我先过去了，太太后过去，若他依了便没话说；倘或不依，太太是多疑的人，只怕就疑我走了风声，使他拿腔作势的。那时太太又见了应了我的话，羞恼变成怒，拿我出起气来，倒没意思。不如同着一齐过去了，他依也罢，不依也罢，就疑不到我身上了。"想毕，因笑道："方才临来，舅母那边送了两笼子鹌鹑，我吩咐他们炸了，原要赶太太晚饭上送过来的。我才进大门时，见小子们抬车，说太太的车拔了缝，拿去收拾去了。不如这会子坐了我的车一齐过去倒好。"邢夫人听了，便命人来换衣服。凤姐忙着伏侍了一回，娘儿两个坐车过来。凤姐儿又说道："太太过老太太那里去，我若跟了去，老太太若问起我过去作什么的，倒不好。不如太太先去，我脱了衣裳再来。"（第46回）

　　这一段文字凸显了凤姐见风使舵的高超本领。公公贾赦人老心不老，居然想娶贾母身边的鸳鸯为妾，邢夫人于是为丈夫做媒人，直接找到凤姐，凤姐心内明白此事大为不妥，先是劝阻，一看邢夫人心中不快就连忙调转话头。这一段文字中，通过凤姐的内心活动，我们一方面看到了邢夫人的日常为人，一方面看到了凤姐的一番话说得滴水不漏，说得邢夫人转怒为喜。这段文字还看出了凤姐的八面玲珑。对于邢夫人想劝说的对象鸳鸯，凤姐也把准了她的脉搏，并且做好了应对之策，以防最后邢夫人劝说无效而怀疑自已，于是找了一个借口金蝉脱壳，赶忙离开了这个是非之地。

凤姐如此心思敏捷、机智善变、应对自如，真正让人佩服不已。

这一段文字最大的特色在于大量的心理描写。这样直接描写袒露人物内心活动的手法，是现代小说的常用手法，但是在中国古典小说中尚不多见，而《红楼梦》一书中则非常之多。阅读《红楼梦》，需多多关注这些心理描写。

【文段二】

计害尤二姐（详见《红楼梦》第67—69回）。

凤姐为人阴险恶毒。计害尤二姐一节，可以看出凤姐的真面目。她的才能，她的心机，她的为人，都在这一事件中得到了充分的展现。同时，她在这一事件中的所作所为，又为贾府的被抄埋下了导火索。

第63、64回书中写道，贾敬吞服丹砂身亡，贾珍父子闻讯急忙赶回。途中听得家人禀报，说是贾珍夫人尤氏已经接了母亲及两位妹妹来府，这时小说中有一幅令人不堪的画面："贾蓉听见两个姨娘来了，便和贾珍一笑。"接着，写贾珍父子到了铁槛寺："贾珍下了马，和贾蓉放声大哭，从大门外便跪爬进来，至棺前稽颡泣血，直哭到天亮喉咙都哑了方住。"可是，贾蓉回到家后就开始与自己的姨娘调笑，以至于连丫鬟都看不下去了。然后，又写贾琏与尤二姐眉目传情，贾蓉从中撮合献计帮助贾琏偷娶尤二姐。

当王熙凤知道真相后，首先封锁一切消息，然后"凤姐越想越气，歪在枕上只是出神，忽然眉头一皱，计上心来"，于是一桩高水平的阴谋悄悄实施了。这一大阴谋的总目标是：害死尤二

相关链接

- 凤姐出场（第3回）
- 毒设相思局（第12回）
- 协理宁国府（第13—14回）
- 弄权铁槛寺（第15回）
- 攒金庆寿（第43回）
- 斑衣戏彩（第53回）
- 暗害尤二姐（第67—69回）
- 献计"调包"（第96回）
- 重利放债致祸抱羞（第106回）
- 力绌失人心（第110回）
- 凤姐亡故（第114回）

姐。基本原则是：既要达到目的，又要不露痕迹。

这一大阴谋的具体措施如下：

（1）迎二姐入园——以便控制。

（2）清除二姐耳目亲信——断其消息，消解其势力。

（3）操纵官司——使贾琏娶妾处于违法境地：国孝、家孝期间娶亲；仗势强占平民之妻。

（4）大闹宁国府——一为泄心头之恨，二为造出声势，三为乘机讹诈。

（5）假作贤惠——主动带二姐见贾母，请求贾母允许贾琏娶二姐。

（6）从精神上折磨"敌人"——飞短流长，大造舆论。

（7）借刀杀人——借秋桐之手折磨二姐。

（8）烧香拜佛——到佛前许愿，称自己情愿代二姐生病。

（9）猫哭老鼠——二姐不堪忍受屈辱，吞金自尽后，王熙凤装模作样大哭特哭。

王熙凤确实如愿以偿，除去了自己的心头大患，而且不露痕迹，大获全胜。但是，这一柄锋利的双刃剑，在王熙凤得意洋洋地砍向尤二姐时，就已经重创了整个贾府包括凤姐本人了。

最后贾府被抄，贾母去世，凤姐由于积怨太深，于是左支右绌、一筹莫展，最后凄惨死去。

六、贾探春：生于末世运偏消

1. 贾探春述评

探春，犹如日边红杏，光辉耀眼，散发出令人目迷心驰的动人光芒。她是贾府四姐妹中最为光彩照人的。元春深陷宫中，内心满是苦楚；迎春懦弱无能，只能任人欺负；惜春为人冷漠，最终看破红尘。只有探春，出类拔萃，志大才高。

探春一出场，就显得与众不同："削肩细腰，长挑身材，鸭蛋脸面，俊眼修眉，顾盼神飞，文彩精华，见之忘俗。"真是第一流的人品，第一流的风采！

探春极具组织才能，大观园中的诗社就是她第一个发起的。

探春的理家才能也不亚于凤姐。第56回探春理家，"兴利除弊""开源节流"，在一方小小的天地中施展出自己的理家才华。她裁减重复的用费，搞起了"承包责任制"，既

使家中仆妇各司其职，又极大地调动了她们的积极性。她对贾府存在的隐患有着深重的忧患意识。在贾府渐渐露出那下世的光景之时，探春极力想挽回贾府衰败的趋势。

探春的精明强干也不让凤姐。她刚刚代凤姐理家，面对吴新登媳妇的怠慢，立即给以迎头痛击，令人从此不敢小看（第55回）；迎春首饰被偷，是她出面干预，为迎春鸣不平（第73回）。探春对自己要求严格。迎春的丫鬟司棋曾经大闹厨房，惜春的丫鬟私藏物品，探春的丫鬟却从未惹过任何事端。探春要吃个仅值20个钱的油盐芽菜，就让丫鬟拿着500个钱到厨房付账。

探春敢作敢为，疾恶如仇。抄捡大观园时，她的反应最为激烈。作者写探春精明威严、有胆有识、凛然不可冒犯的风采，更是活灵活现，确是大家手笔。请看第74回"抄检大观园"中探春痛斥王善保家的那段精彩的文字，你看探春的叙述，真是字字血、声声泪，满含对家族内部自相残杀的痛恨！你看她那一记响亮的耳光，打得真是大快人心！你看她那一番义正词严的申斥，使得所有的强人相形之下黯然失色！

相比之下，迎春、惜春在这一事件面前的表现就要可怜、可恶得多。

探春被人们称为玫瑰花不是偶然的。她美丽鲜艳，但又长满了刺。她才华横溢，却由于出身的限制，由于性别的限制，始终难以施展自己的抱负。她感慨道："但凡我是个男人，可以出得去，我必早走了，立一番事业，那时自有我一番道理……"

历来读者对于探春只有一点不解：她为什么对自己的生身母亲赵姨娘毫无同情之心？俗话说母子情深，为什么探春对生身母亲从来就没有好感？

其实，赵姨娘是个又可嫌又可怜的女人。首先，是赵姨娘自己的品行实在太差，让人瞧不起。她能在背后对人暗下毒手置人于死地，她能在人前搬弄是非，她看到凤姐就如老鼠见了猫，面对小丫鬟却能够大打出手。整个贾府没有一人看得起她。有这样的母亲，探春会尊敬她吗？父母不是靠先天的血缘关系赢得子女尊重的。其次，是小妾在当时的家庭中毫无地位。赵姨娘的身份地位在奴仆与主子之间，而她的兄弟赵国基仍然是贾府的家奴，天天跟在贾环后面服侍自己的外甥，根本没有舅舅的名分。而探春、贾环则是贾府里的小姐、少爷。从名分上来说，贾政、王夫人才是这一家的主人主妇。所以，探春才会说："谁是我舅舅？我舅舅年下才升了九省检点，那里又跑出一个舅舅来？"

这样的嫡庶关系，今人早已十分陌生了。我们不妨举个当时的例子加以说明。雍正年间，大学士尹泰有一位小妾生了一个儿子，这个儿子后来颇有才华，做官一直做到贵州总督。可是他的生母呢，每逢丈夫会客时，都不能像大夫人一样回避（这在当时是太太小

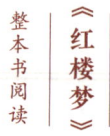 

姐们身份的象征),只能站在一旁服侍丈夫、招待客人,因为她的身份只是个丫鬟!

这就是探春所处的时代。我们能要求探春对这样一个没有地位、没有人格的赵姨娘尊敬有加吗?

探春的积极有为异于宝钗,律己极严异于凤姐。她不庸俗、不纤柔,有胆有识有威势。这是一位有志有为、有德有才的女中豪杰!只可惜,她生于末世,身为女儿,空有奇才却无法施展。探春的远嫁,让多少读者为之扼腕叹息!

2. 文段细读

娣探谨奉

二兄文几:前夕新霁,月色如洗,因惜清景难逢,讵忍就卧,时漏已三转,犹徘徊于桐槛之下,未防风露所欺,致获采薪之患。昨蒙亲劳抚嘱,复又数遣侍儿问切,兼以鲜荔并真卿墨迹见赐,何痌瘝惠爱之深哉!今因伏几凭床处默之时,因思及历来古人中处名攻利敌之场,犹置一些山滴水之区,远招近揖,投辖攀辕,务结二三同志盘桓于其中,或竖词坛,或开吟社,虽一时之偶兴,遂成千古之佳谈。娣虽不才,窃同叨栖处于泉石之间,而兼慕薛林之技。风庭月榭,惜未宴集诗人;帘杏溪桃,或可醉飞吟盏。孰谓莲社之雄才,独许须眉;直以东山之雅会,让余脂粉。若蒙棹雪而来,娣则扫花以待。此谨奉。(第37回)

相关链接

- 探春出场(第3回)
- 探春、宝玉兄妹之情(第27回)
- 探春起社(第37回)
- 探春理家(第55—56回)
- 严斥奴仆(第73回)
- 怒斥抄检大观园(第74回)
- 侍奉贾母(第76回)
- 远嫁海疆(第100回)

这是探春所写的一封"诗社倡议书"。一览此信,是否有文采斐然之感?如果感受并不强烈,让我们再来看另一封信。这是同一回中贾芸写给宝玉的"马屁信"。

不肖男芸恭请

父亲大人万福金安。男思自蒙天恩,认于膝下,日夜思一孝顺,竟无可孝顺之处。前因买办花草,上托大人金福,竟认得许多花儿匠,并认得许多名园。因忽见有白海棠一种,不可多得。故变尽方法,只弄得两盆。大人若视男是亲男一般,便留下赏玩。因天气暑热,恐园中姑娘们不便,故不敢面见。奉书恭启,并叩台安。男芸跪书。

两封短信,一雅一俗,高下立见。探春之信字字莲花、句句珠玑,字里行间弥漫着雍容雅致;贾芸之信则语词鄙俗不堪,阿谀之态毕现。其文化修养、作者格调在信中流露无遗。

七、两位祖母:穷达殊途大气象

贾母与刘姥姥是两位最了不起的老太太。一位身居贾府最上层,一位处在社会最底层,但是又是那么和谐地走到了一起来。她们的身世地位如此悬殊,但人生阅历和生活体验却又有着极大的相似。她们都处于人生的黄昏,却同样焕发着异样的光芒,如同辉煌的夕阳,给读者带来强烈的震撼。

1. 贾母述评

贾母,首先是一位慈祥的祖母。这位史侯之女,贾赦、贾政、贾敏之母,宝玉的祖母,黛玉的外祖母,是贯穿全书的主要人物之一。她是一个深明大义,享得起富贵也经得起风雨的了不起的老人。她通情达理,心性旷达。她在家庭中享有崇高的地位,是维护整个贾府秩序的支柱,她的死亡标志着贾府这个大家庭的彻底崩溃。

小说从贾母的晚年开始。她一出场,就是一位慈祥的老祖母。她鬓发如银,面带微笑,雍容华贵,享受着含饴弄孙的天伦之乐。她带着一群活泼美丽的孙儿孙女,游宴玩乐,安享晚年。享乐,是贾母晚年生活的一大主题。

她尤其喜爱自己的孙儿宝玉,成了宝玉离经叛道的保护伞。这也不单是溺爱——经过几代人之后,贾府子孙是一代不如一代,只有宝玉才华出众、风神飘逸。在贾府几代人中,贾母也就看到只有宝玉才有一点乃祖气度:"我养这些儿子孙子,也没一个像他爷爷的,就只这玉儿像他爷爷……"(第29回)于是,宝玉在祖母的庇护下得以尽情地伸张着自己的自由个性!

贾母是个很会享清福的人。她对刘姥姥说:"不过嚼得动的吃两口,睡一觉;闷了时,和这些孙子孙女们玩笑会子就完了。"年轻人欢聚，她总在场；她出现在哪里，哪里就有欢声笑语。总体上，她对下人是和蔼的、慈祥的，对贫贱之人也是"惜老怜贫"的。

贾母为宝玉选择配偶时，最终是弃黛而选钗的，还"批准"并参与了凤姐设下的"调包计"。这不是她不爱黛玉，她只是希望自己的孙媳妇是个身体健康、善于持家，性格脾气都能够成为贾府内当家的女子。按照这样的标准，就只有宝钗是最佳人选。作为贾府的核心，她势必首先要考虑家族的整体利益。于是，当黛玉惨死之时，贾母首先就哭了出来："是我弄坏了他了，但只是这个丫头也忒傻气！"她含着泪对黛玉的阴灵说："并不是我忍心不来送你，只为有个亲疏。你是我的外孙女儿，是亲的了；若与宝玉比起来，可是宝玉更亲些……"这也不是她的虚情假意，而是发自真心的肺腑之言。这是那个时代忽视人的感情，只重家族利益的必然结果。我们不能用今天的价值观来评判那个时代的人。

贾母有胆识。她绝不是一个平庸昏昧的老糊涂。她嫁到贾家时正值贾府鼎盛时期，我们可以想象昔日年少貌美的新媳妇是如何有条不紊地治理着贾府的。贾母曾自豪地说："当日我像凤丫头这么大时，比他还来得呢！"（第35回）你以为这是贾母在吹嘘卖弄吗？错了。贾府被抄之后，众人乱成一团，连王熙凤也一蹶不振，贾母却能够镇定自若、运筹自如。

2. 刘姥姥述评

刘姥姥没有福气像贾母那样躺在床上享受丫鬟们的服侍、儿孙们的孝顺。为了生计，她拉着小孙儿在豪门大户前瑟缩求告，想办法攀上多年没有来往的干亲。她经历的事多，老于世故，知道怎样迎合贾府太太奶奶们。她曾故意编一个"垂垂老人吃斋念佛、感动观音终于老来得子"的故事；她说话要挑着贾母、王夫人爱听的说，甚至要装疯卖傻，逗太太小姐们开心。你看她吃饭前故意鼓着嘴说："老刘老刘，食量大如牛，吃个老母猪不抬头。"你再看她，长年生活在农村，哪里会不知道鸡蛋鸽蛋，但在贾府吃饭时却故意说："这里的鸡儿也俊，下的蛋也小巧，怪俊的……"引得众人哈哈大笑。你当她真的如此糊涂？其实她心里明白得很："咱们哄着老太太、太太开个心儿……你先嘱咐我，我就明白了，不过大家取笑儿……"这就是大智若愚的刘姥姥。

你不要看到第6回中刘姥姥初进荣国府时那种种未见过世面的可笑举止，就在心里暗暗鄙夷她。其实，刘姥姥除了社会地位低，有些贫寒外，她的智商绝对不低。她的种种可笑的言行只是由于家境所限。但她绝对不比贾府里的那些太太小姐们愚蠢，她有着别样的智慧。她有着丰富的人生经验和下层社会的经历。她和贾母是两个不同阶层里的了

不起的人物。

刘姥姥这一形象除了有其自身独特的魅力外，在书中还起了独特的作用。

首先，刘姥姥如同一根长线串起了整部《红楼梦》。从第 6 回起，作者就从那"千里之外，芥豆之微，小小一个人家"里的刘姥姥说起，通过这位乡村老妪的眼睛，画出贾府那种富贵煊赫的态势，从此开始了对贾府全面细致的描写。第二次进荣府，又全面细致地写出了大观园里的人事物态、享受与奢侈；而在贾府被抄一片萧条之际，刘姥姥再次来到贾府，原来的受恩者成了施恩人。刘姥姥见证了一个大家族由盛而衰的全程，并且自始至终厕身其间感同身受。

其次，刘姥姥这一形象还有助于其他主要人物的刻画。在第 6 回中，刘姥姥初进贾府，就是通过刘姥姥的眼睛显出了王熙凤的风神情态。所以，古人评价说："此回写刘妪，却是写阿凤正传。"

再次，从另一角度对贾府进行介绍，与林黛玉进贾府互为映衬。在贾府门前，刘姥姥见到的是豪门大族的写照，这是林黛玉根本不会看到的情景：门前有簇簇轿马，几个看门人"挺胸叠肚指手画脚"坐在大板凳上，对刘姥姥的问讯"都不瞅睬，半日方说……"当刘姥姥走进荣国府时，更是眼花缭乱："才入堂屋，只闻一阵香扑了脸来，竟不辨是何气味，身子如在云端里一般。满屋中之物都耀眼争光的，使人头悬目眩。刘姥姥此时惟点头咂嘴念佛而已……"这段描写把一个农村老太太进入大家族的神态写得活灵活现，尤其是对自鸣钟的描写更是神来之笔。

刘姥姥又是一个具有朴素道德的"圣人"。贾府被抄，害怕者避而远之，仇恨者幸灾乐祸，还有人落井下石，也有人趁火打劫。从前交往的那些达官贵人、亲朋至友，没有一个敢出头露面。只有刘姥姥一听到消息："我就几乎唬杀了……昨日又听说老太太没有了，我在地里打豆子，听见了这话，唬得连豆子都拿不起来了，就在地里狠狠的哭了一大场。我和女婿说，我也顾不得你们了，不管真话谎话，我是要进城瞧瞧去的。我女儿女婿也不是没良心的，听见了也哭了一回子，今儿天没亮就赶着我进城来了……"

这种质朴纯真的感情着实让人感动不已，这就是质朴高尚的下层百姓的感情。

3. 文段细读

却说贾母叫那王二夫人同了鸳鸯等，开箱倒笼，将做媳妇到如今积攒的东西都拿出来，又叫贾赦、贾政、贾珍等，一一的分派说："这里现有的银子，交贾赦三千两，你拿

二千两去做你的盘费使用,留一千给大太太另用。这三千给珍儿,你只许拿一千去,留下二千交你媳妇过日子。仍旧各自度日,房子是在一处,饭食各自吃罢。四丫头将来的亲事还是我的事。只可怜凤丫头操心了一辈子,如今弄得精光,也给他三千两,叫他自己收着,不许叫琏儿用。如今他还病得神昏气丧,叫平儿来拿去。这是你祖父留下来的衣服,还有我少年穿的衣服首饰,如今我用不着。男的呢,叫大老爷、珍儿、琏儿、蓉儿拿去分了,女的呢,叫大太太、珍儿媳妇、凤丫头拿了分去。这五百两银子交给琏儿,明年将林丫头的棺材送回南去。"分派定了,又叫贾政道:"……你也是我的儿子,我并不偏向。宝玉已经成了家,我剩下这些金银等物,大约还值几千两银子,这是都给宝玉的了。珠儿媳妇向来孝顺我,兰儿也好,我也分给他们些。这便是我的事情完了。"贾政见母亲如此明断分晰,俱跪下哭着说:"老太太这么大年纪,儿孙们没点孝顺,承受老祖宗这样恩典,叫儿孙们更无地自容了!"贾母道:"别瞎说,若不闹出这个乱儿,我还收着呢。只是现在家人过多,只有二老爷是当差的,留几个人就够了。你就吩咐管事的,将人叫齐了,他分派妥当。各家有人便就罢了。譬如一抄尽了,怎么样呢?我们里头的,也要叫人分派,该配人的配人,赏去的赏去。如今虽说咱们这房子不入官,你到底把这园子交了才好。那些田地原交琏儿清理,该卖的卖,该留的留,断不要支架子做空头。我索性说了罢,江南甄家还有几两银子,二太太那里收着,该叫人就送去罢。倘或再有点事出来,可不是他们躲过了风暴又遇了雨了么。"贾政本是不知当家立计的人,一听贾母的话,一一领命,心想:"老太太实在真真是理家的人,都是我们这些不长进的闹坏了。"……贾母道:"……你们别打谅我是享得富贵受不得贫穷的人哪,不过这几年看看你们轰轰烈烈,我落得都不管,说说笑笑养身子罢了,那知道家运一败直到这样!若说外头好看里头空虚,是我早知道的了。只是'居移气,养移体',一时下不得台来。如今借此正好收敛,守住这个门头,不然叫人笑话你。你还不知,只打谅我知道穷了便

相关链接

- 贾母出场(第3回)
- 庇护宝玉(第33回、36回)
- 两宴大观园(第39—41回)
- 庇护鸳鸯(第46回)
- 贾母斗牌(第47回)
- 元宵开夜宴(第53回)

着急的要死，我心里是想着祖宗莫大的功勋，无一日不指望你们比祖宗还强，能够守住也就罢了……"（第107回）

贾母在贾府遭受惨重打击之时，泰山崩于前而不惊，镇定自若，应对从容，犹如大将排兵布阵，胸中有万千丘壑。你看她，有条不紊，一一安排部署妥当。对所有子孙，一一考虑周到，对抄后贾府的对策安排得体，对前来寄存家财的世交江南甄家的"银子"也不忘赶快送去，对自己的一生做了彻底的总结，令读者嘘唏感动，令贾府子孙倍增愧怍。贾母毕竟是老一辈人，是第一代创业者荣国公之子贾代善的妻子，她身上还有着祖辈当年创业的传统，与下几代人从一出生就养尊处优、衣来伸手大不相同。抄了家，她并不认为是塌了天，而认为正好借此收缩清理；对于凤姐，贾母是安慰补助，愈在多事之秋，愈注意内部的团结，自比贾政、王夫人平日既不管事又瞎干涉，遇事则把管事的凤姐、贾琏埋怨一番要高明得多。

贾母临死前的那一番话睿智而诚恳，充分表现出她的识人之才以及对子孙的牵挂和疼爱。对宝玉，她说："我的儿，你要争气才好！"对贾兰，贾母道："你母亲是要孝顺的，将来你成了人，也叫你母亲风光风光。"对凤姐，贾母道："我的儿，你是太聪明了，将来修修福罢……"最后，瞧了一瞧宝钗，叹了口气，只见脸上发红……合了一回眼，又睁着满屋里瞧了一瞧……听见贾母喉间略一响动，脸变笑容，竟是去了，享年83岁。

这段至性至情的描写，感人肺腑，催人泪下。这位老太太，留给读者最辉煌的印象是去世前，她如同一轮夕阳，在最后坠入西天时，用自己的余晖把世界映照得一片通明！

八、贾府丫鬟：底层芳草实堪伤

1. 袭人述评

袭人是一个极为出色的姑娘。你看她：细挑身材，容长脸儿，姣俏温柔。这袭人原来是贾母之婢，本名珍珠，因为贾母素知袭人心地纯良，便给了宝玉。

袭人是宝玉生活中朝夕不离，关系最近的人。她心地纯良，伏侍贾母，心中只有贾母；服侍宝玉，心中就只有宝玉。宝玉吃饭、喝茶、穿衣、戴帽，无一不是袭人在用心。她时刻关心惦记着宝玉，一时半刻没有看到宝玉，就倚门而望，到处寻找。把孙子、儿子交给这样的丫鬟看护，贾母、王夫人如何不放心？时刻惦记宝玉、关心宝玉的始终是袭人。

袭人是怡红院中众丫鬟的总领班。她能够顾全大局、忍气吞声、息事宁人，一千个小心，一万种涵养，事事求其妥当，人人求其和好。她温柔和顺，似桂如兰。她温柔时就如一只小猫儿一样依偎在你的身旁，她体贴时会如长姐般悉心关照着你的一切。有袭人照料的宝玉有福了。

但是，她似乎并不受很多读者喜爱。有人说她阴险，也有人说她下贱。她自己最早和宝玉有暧昧关系，可在宝玉挨打之后的一番言语却仿佛"世人皆浊，唯我独清"；她没有个人的尊严，绝对不会像晴雯那样捍卫自尊、捍卫人格。

袭人的"最高理想"就是最终能够成为宝玉的小妾。所以，当母亲和兄长要赎她出来时，她坚决不同意。应该说，和宝玉结合，确实是比较美满的结局。袭人不是傻子。所以，她的一切努力都是在为这个"最高理想"奋斗。袭人在个性上、思想上与宝钗有许多类似处，都一心想按正统观念来塑造宝玉。她最主要的工作就是想着怎样掌握宝玉的心，她屡次企图用感情和劝说之语来降服宝玉。第 19 回"情切切良宵花解语"一节，袭人借赎身之论对宝玉"用骗词以探其情，以压其气"，然后进行规劝。第 21 回"贤袭人娇嗔箴宝玉"，写袭人看见史湘云给宝玉梳辫子，不免"又动了真气"，回房以后就对宝玉说："你从今别进这屋子了！横竖有人服侍你，再不必支使我，我仍旧服侍老太太去。"两个人怄了一天一夜的气，第二天还是宝玉主动认错，并发誓赌咒"改正"，才算结束了这次冲突。

袭人有涵养和耐性。李嬷嬷骂她"狐媚"，她只是哭而不对抗；晴雯发脾气，尖刻地讽刺她，她只是低头让步；宝玉误把她踢得吐血，使她平日"争荣夸耀之心尽皆灰了，眼中不觉流下泪来"，可是她仍然劝宝玉不可声张，以免惊动别人。像这样委曲求全，确实不是一般人所能做到的。

袭人也很有心机。她知道自己的前途取决于王夫人，所以尤其注意王夫

相关链接

- 首次出场（第 3 回）
- 初试云雨情（第 6 回）
- 婉劝宝玉（第 19 回）
- 嗔箴宝玉（第 21 回）
- 袭人被踢（第 30 回）
- 袭人进言（第 34 回）
- 袭人探母（第 51 回）
- 袭人出嫁（第 120 回）

人的思想动向。宝玉挨打之后，袭人对王夫人的一番话，让王夫人感动得满眼含泪，一连声地称袭人为"我的儿"，将袭人的月银破格升到同赵姨娘、周姨娘同等的水平，从此确定了袭人的特殊身份。

袭人还有一宗心事——就是钗黛之争究竟胜利属于谁。袭人对此十分关心，曾经还专门试探过黛玉。袭人对宝玉、黛玉之间的感情十分清楚，但是她从内心里希望宝钗能够成为宝玉之妻，因为宝钗对自己十分亲切，觉得与宝钗容易相处。但是，在宝玉的婚姻上，袭人确实没有做过什么不当的事。

作者对袭人的描写，其实也是从多个侧面、不同角度展开的。

贾芸眼中的袭人：那贾芸口里和宝玉说着话，眼睛却溜瞅那丫鬟：细挑身材，容长脸面，穿着银红袄儿，青缎背心，白绫细折裙。（第26回）薛姨妈说袭人是："说话见人和气里头带着刚硬要强。"（第36回）怡红院众丫鬟眼中的袭人：西洋花点子哈巴儿。（第37回）宝玉眼中的袭人是："出了名至善至贤之人。"（第77回）王夫人这样评价袭人："若说沉重知大礼，莫若袭人第一。虽说贤妻美妾，然也要性情和顺、举止沉重的更好些。就是袭人模样虽比晴雯略次一等，然放在房里，也算得一二等的了。况且行事大方，心地老实，这几年来，从未逢迎着宝玉淘气。凡宝玉十分胡闹的事，他只有死劝的……"贾母印象中的袭人则是："袭人本来从小儿不言不语，我只说他是没嘴的葫芦。"

在整个贾府中，几乎没有什么人反感袭人。晴雯虽然时常讥讽挖苦袭人，但似乎也并不与之有多大的不和。袭人是以自己的忍耐、谦和赢得众人认可、接纳的。其实，在日常生活中，像袭人这样的贤良温柔的人真是不可或缺的。

总之，袭人是一个好人。从世俗的眼光来看，做人如果真的做到袭人这个份上，也是大不易的事，至少会有人受益于此。袭人甘愿极度委屈自己，只求顾全大局，这种处世方式总是让读者感动不已！

2. 晴雯述评

晴雯在书中所占的篇幅并不多，却给人留下极为深刻的印象。

她身世凄苦，无父无母，10岁时就被贾府管家赖大买来做丫头，后来又被孝敬给贾母。她只有一个成天喝酒的哥哥（袭人却有关爱她的慈母和长兄）。晴雯具有与黛玉类似的品质，但是她出身贫贱，没有文化教养，所以她的表现比黛玉刚强、粗率；她孤高桀骜，富于反抗精神，终于因为不同流合污而受害致死。

她相貌美丽出众，是大观园中公认的"园花"。凤姐说："若论这些丫头，共总比较起来，都没有晴雯生的好。"王夫人印象中的晴雯是这样的："上次我们跟了老太太进园逛去，有一个水蛇腰，削肩膀，眉眼又有些像你林妹妹的，正在那里骂小丫头。我的心里很看不上那狂样子。"王善保家的对晴雯似乎有不共戴天之仇："那丫头仗着他生的模样儿比别人标致些，又生了一张巧嘴，天天打扮的像个西施的样子，在人跟前能说惯道，掐尖要强。一句话不投机，他就立起两个骚眼睛来骂人，大不成个体统。"

她相貌如此美丽，个性也极为突出。她从来不知道收敛自己，疾恶如仇，一切行事只凭自己的喜好，"见不平则大鸣"。她笑秋纹、讥袭人、骂小红、打坠儿，从来不知道低声下气，没有一点奴颜媚骨。

她的第一次出场就十分可爱：

（宝玉刚回房）晴雯先接出来，笑说道："好，好，要我研了那些墨，早起高兴，只写了三个字，丢下笔就走了，哄的我们等了一日。快来与我写完这些墨才罢！"宝玉忽然想起早起的事来，因笑道："我写的那三个字在那里呢？"晴雯笑道："这个人可醉了。你头里过那府里去，嘱咐贴在这门斗上，这会子又这么问。我生怕别人贴坏了，我亲自爬高上梯的贴上，这会子还冻的手僵冷的呢。"宝玉听了，笑道："我忘了。你的手冷，我替你渥着。"说着，便伸手携了晴雯的手，同仰首看门斗上新书的三个字。（第8回）

这个活泼的、有点撒娇的女孩子，是不是让你十分难忘？

她对宝玉有着发自内心的喜爱，但她从来不会刻意讨好宝玉。面对宝玉的斥责，她敢于回应反击。她是一个高

> **相关链接**
>
> ● 首次出场（第8回）
> ● 晴雯撕扇（第31回）
> ● 笑骂袭人（第37回）
> ● 晴雯上夜（第51回）
> ● 晴雯补裘（第52回）
> ● 晴雯受屈（第73回）
> ● 晴雯抗争（第73回）
> ● 晴雯屈死（第77回）
> ● 宝玉撰《芙蓉女儿诔》（第78回）

贵的人,有着一颗高贵的心!第31回,宝玉由于心情不好,当晴雯跌坏了扇股子时训斥了几句。若是袭人,定然只是低眉顺眼毫无怨言,但晴雯对此却反应强烈。

抄检大观园时,众丫鬟中只有晴雯敢于反抗:"晴雯挽着头发闯进来,豁一声将箱子掀开,两手捉着底子,朝天往地下尽情一倒,将所有之物尽都倒出。"这是何等的勇气和胆量!

晴雯之死,更是催人泪下。

晴雯以"勇补雀金裘""千金撕扇"和"抄检大观园"时的"倒箱"之举,给人留下了深刻难忘的印象。而她死前与宝玉的一段对话,更是铮铮作金石之声,令人嘘唏不已。

小说第77回写宝玉来到晴雯床前看视。

一面想,一面流泪问道:"你有什么说的,趁着没人告诉我。"晴雯呜咽道:"有什么可说的!不过挨一刻是一刻,挨一日是一日。我已知横竖不过三五日的光景,就好回去了。只是一件,我死也不甘心的:我虽生的比别人略好些,并没有私情密意勾引你怎样,如何一口死咬定了我是个狐狸精!我太不服。今日既已担了虚名,而且临死,不是我说一句后悔的话,早知如此,我当日也另有个道理。不料痴心傻意,只说大家横竖是在一处。不想平空里生出这一节话来,有冤无处诉。"说毕又哭……晴雯拭泪,就伸手取了剪刀,将左手上两根葱管一般的指甲齐根铰下;又伸手向被内将贴身穿着的一件旧红绫袄脱下,并指甲都与宝玉道:"这个你收了,以后就如见我一般。快把你的袄儿脱下来我穿。我将来在棺材内独自躺着,也就像还在怡红院的一样了。论理不该如此,只是担了虚名,我可也是无可如何了……回去他们看见了要问,不必撒谎,就说是我的。既担了虚名,越性如此,也不过这样了。"

在生命的最后一刻,晴雯终于表白了自己的感情。"既担了虚名"一句,晴雯再三提起,其间包含了多少愤懑与冤屈,还有隐隐的遗憾!晴雯是从内心爱着宝玉的,但是她的个性、她的身份、她所处的环境,却使她落到如此惨境。最后的告白,依然是晴雯式的,充满了倔强和果敢。这是一个丫鬟所能发出的爱之宣言。

3. 小红述评

司汤达小说《红与黑》中那位出身低微却极富灵气的于连,引起了多少读者的深切同情。如果不是身份的限制,于连该会怎样的出人头地呢?

《红楼梦》中的小红也委实可以算作是一个大观园中的"于连"。

她身为下等丫头，平时根本没有机会接近贾宝玉，能够得到宝玉垂青的机会简直等于零。但她不甘心于此，一心寻找机会向上发展。她极具眼光又果敢而富有魄力。她善于敏锐地发现机会，并且善于把握一切机会。一次小小的时机，在别人眼前或许只是一闪而过，但对于小红来说，却是一次足以改变命运的大好时机。她抓住每一次机会，并且能够淋漓尽致地运用自己的才能充分地展示自己、推销自己。每一次她的努力都是圆满之极，无懈可击的。虽然总是未能如愿，但就自身而言，她总是尽力而为的。

第一次机会她抓住了。恰好宝玉要茶而身边无人应对，于是她迅速上前端茶伺候，果然也引起了宝玉的关注——"谁知宝玉昨儿见了红玉，也就留了心。若要直点名唤他来使用，一则怕袭人等寒心，二则又不知红玉是何等行为，若好还罢了，若不好起来，那时倒不好退送的，因此心下闷闷的。"但很不幸，她的生存环境实在糟糕，这次主动很快就被晴雯、麝月等人发现，这些伶牙俐齿的姑娘们一顿劈头盖脸的痛骂使得小红的所有努力立刻化为泡影：

……这一刻的工夫，只剩了宝玉在房内。偏生的宝玉要吃茶，一连叫了两三声，方见两三个老嬷嬷走进来。宝玉见了他们，连忙摇手儿说："罢，罢，不用你们了。"老婆子们只得退出。宝玉见没丫头们，只得自己下来，拿了碗向茶壶去倒茶。只听背后说道："二爷仔细烫了手，让我们来倒。"一面说，一面走上来，早接了碗过去……宝玉一面吃茶，一面仔细打量那丫头：穿着几件半新不旧的衣裳，倒是一头黑鬒鬒的头发，挽着个鬏，容长脸面，细巧身材，却十分俏丽干净。宝玉看了，便笑问道："你也是我这屋里的人么？"那丫头道："是的。"宝玉道："既是这屋里的，我怎么不认得？"那丫头听说，便冷笑了一声道："认不得的也多，岂只我一个。从来我又不递茶递水，拿东拿西，眼见的事一点儿不作，那里认得呢。"宝玉道："你为什么不作那眼见的事？"那丫头道："这话我也难说。只是有一句话回二爷：昨儿有个什么芸儿来找二爷。我想二爷不得空儿，便叫焙茗回他，叫他今日早起来，不想二爷又往北府里去了。"刚说到这句话，只见秋纹、碧痕嘻嘻哈哈的说笑着进来……那丫头便忙迎去接。那秋纹、碧痕……忽见走出一个人来接水，二人看时，不是别人，原来是小红。二人便都诧异，将水放下，忙进房来东瞧西望，并没别人，只有宝玉，便心中大不自在……二人便带上门出来，走到那边房内便找小红，问他方才在屋里说什么。小红道："我何曾在屋里的？只因我的手帕子不见了，往后头找手帕子

去。不想二爷要茶吃，叫姐姐们一个没有，是我进去了，才倒了茶，姐姐们便来了。"秋纹听了，兜脸啐了一口，骂道："没脸的下流东西！正经叫你催水去，你说有事故，倒叫我们去，你可等着做这个巧宗儿。一里一里的，这不上来了。难道我们倒跟不上你了？你也拿镜子照照，配递茶递水不配！"碧痕道："明儿我说给他们，凡要茶要水送东送西的事，咱们都别动，只叫他去便是了。"秋纹道："这么说，不如我们散了，单让他在这屋里呢。"（第24回）

这就是小红所处的环境。这如何不叫她心灰意懒呢？当小红意识到在怡红院中实在难有出头之日，于是她自然就会有其他的念头。

后来，她又抓住一次机会，与前来怡红院的贾芸建立了联系（第24回）。这段青年男女的恋爱心理刻画得十分出色——她与贾芸在怡红院中一见钟情，主动大胆地表示自己的感情："那丫头听说，方知是本家的爷们，便不似先前那等回避，下死眼把贾芸钉了两眼。"这一行为大有现代气息。同时，利用小丫鬟来为自己和贾芸之间交换信物。按照作者的原定计划，小红和贾芸在以后应该有一番作为，但是在续作中没有得到进一步的表现和发展。脂砚斋曾有批语道："红玉后有宝玉大得力处，此于千里外伏线也。"

第三次机会是凤姐给予的。一天，凤姐在大观园中的山坡上招手，要使唤一个人去向平儿传话。小红于是机智伶俐地完成了任务。她的口齿之伶俐，天资之聪颖，得到了凤姐的赏识。于是小红便"跳槽"到了凤姐手下求发展。"此地不留人，自有留人处。"口才是小红的第一才能，心思缜密敏捷则是她根本的素质。我们不妨一起来欣赏小红的"自我推销艺术"：

（小红正在与几位丫鬟嬉戏）只见凤姐儿站在山坡上招手叫，红玉连忙弃了众人，跑至凤姐跟前，堆着笑问："奶奶使唤作什么事？"凤姐打谅了一打谅，见他生的干净俏丽，说话知趣，因笑道："我的丫头今儿没跟进我来。我这会子想起一件事来，要使唤个人出去，不知你能干不能干，说的齐全不齐全？"红玉笑道："奶奶有什么话，只管吩咐我说去。若说的不齐全，误了奶奶的事，凭奶奶责罚就是了。"（第27回）

善于抓住机会，凭的是眼明心快。众人都没有理会，小红独"弃了众人"，这就占了先机；此外，是敢于承担责任，"若说的不齐全，误了奶奶的事，凭奶奶责罚就是了"，说

> **相关链接**
>
> - 小红出场（第24回）
> - 小红恋爱（第24—26回）
> - 小红跳槽（第27回）
> - 小红、贾芸共诉心曲（第88回）

得何等干脆利落。没有才华、没有底气的人，如何敢如此自信果敢？

再来欣赏欣赏小红的口才：

"平姐姐说，'奶奶刚出来了，他就把银子收了起来，才张材家的来讨，当面称了给他拿去了'。"说着，将荷包递了上去，又道："平姐姐教我回奶奶：才旺儿进来讨奶奶的示下，好往那家子去。平姐姐就把那话按着奶奶的主意打发他去了。"凤姐笑道："他怎么按我的主意打发去了？"红玉道："平姐姐说：'我们奶奶问这里奶奶好。原是我们二爷不在家，虽然迟了两天，只管请奶奶放心。等五奶奶好些，我们奶奶还会了五奶奶来瞧奶奶呢。五奶奶前儿打发了人来说，舅奶奶带了信来了，问奶奶好，还要和这里的姑奶奶寻两丸延年神验万全丹。若有了，奶奶打发人来，只管送在我们奶奶这里。明儿有人去，就顺路给那边舅奶奶带去的。'"

读者朋友，你不妨试一试，你能够把这番话转述得这般周全吗？如果不能，你是否会因此佩服小红的才能呢？

如此活络精明的女孩子，真是生不逢时，倘若生在今日，她定能做出一番大事业出来。

我们没有理由指责小红。相反，倒应该钦敬乃至效仿小红。如果说，晴雯是"性情中人"，自然有其可爱处；那么，小红则是"市井中人"，凭本事吃饭，从不招谁惹谁。应该说，在《红楼梦》中，精明能干的女子，除了凤姐、探春、宝钗以外，剩下的就是小红了！

可惜，后40回中的小红就几乎消失不见了，只在第88回中再出现一次，但是风韵神采大不如前，一些言语、行动描写也只是对前面文字的简单模仿，那位心思缜密、机警干练的小红再也看不到了。

九、贾雨村：宦海沉浮巧钻营

贾雨村是一个很独特的文学形象。

从本质上说，他应该是个小人。但曹雪芹并没有把他写成一个奸诈势利、尖嘴猴腮的市侩，也没有把他写成生来即有恶棍秉性的无赖。作者用他如椽巨笔为我们勾勒出一个书生在官场上混迹，最后堕落的全过程。

他的主要故事集中在前4回。此后，基本上从侧面描写贾雨村，且大多属于间接描写，通过贾府人物的交代隐隐涉及贾雨村，一直到第103回，才重新正面提及急流津前的贾雨村。

贾雨村给人的第一印象相当不错："敝巾旧服，虽是贫窘，然生得腰圆背厚，面阔口方，更兼剑眉星眼，直鼻权腮"，是一个仪表堂堂的书生。他颇有才华，而且心高气盛，不甘久居人下。"玉在椟中求善价，钗于奁内待时飞"，就显然可见他的雄心壮志。这不是什么野心，这是当时中国传统文人的人生理想。"金榜题名""衣锦还乡""学而优则仕"是古代中国无数文人梦寐以求的。因此，贾雨村有这种追求应该说是十分自然、合情合理的。

刚出场的贾雨村是一个比较传统的书生。他有自尊，有抱负，也有自信。当他得到甄士隐的资助后，进京应考一举中第，这说明他的自信是有实力基础的。这样一个一不靠金钱买官，二不靠献媚权贵，完全凭借自己的实力进入官场的书生会有什么样的心态和行为呢？又会有什么样的结局呢？

很显然，他必定更加自信，他必定渴求施展昔日抱负，他必定鄙夷一切与圣人道德相违的思想与行为！但是，踌躇满志的贾雨村瞬息之间就被官场挤了出来——不到一年就被革职。理由是："恃才侮上，生情狡猾，擅篡礼仪，且沽清正之名，而暗结虎狼之属，致使地方多事，民命不堪"等，其实这都是莫须有的罪名，从中也可以看出这时候的贾雨村书生气仍然很浓很浓。"恃才侮上……且沽清正之名"诸句正说明了贾雨村其实不懂或不屑于逢迎奉承，不愿去拍上司的马屁；在日常事务中，总是严于律己，于是才有人指责他"沽名钓誉"、假装正经，于是理所当然地要被革职了。

需要注意的是，贾雨村并不是那种执着于信念的人。他的最大才能是善于适应环境。这次官场失败使他认识到自己以往的做法无法使自己在官场混迹，悟到了"朝中无人莫做官"的道理。于是他先投奔金陵省体仁院总裁"甄应嘉"，大概没有受到器重，于是又投奔淮扬盐政林如海，在他家做起了家庭教师。这一次的投奔对于贾雨村的发迹至关重要。当

贾雨村听说朝廷"用人政策"有所松动,自己有望东山再起时,便立刻恳请林如海援手相助(请想想当初他准备赴京应考时身无盘费却始终不开口向甄士隐告求一事,就应该知道贾雨村早已进步神速,为了前途早已不再看重什么个人自尊了)。于是,林如海的一封"介绍信",就使贾雨村从此与贾府结下了不解之缘,从此贾雨村就牢牢地吸附在贾府这一座靠山上,再也不肯松口了。

罢官之后的贾雨村想必痛定思痛,对自己做了深刻的反思。所以,这次复出,贾雨村就显得"稳健老成"得多。

初到贾府,他便给贾政留下了深刻的印象。贾政感叹道:"岂知雨村也奇,自我家世袭起,从'代'字辈下来,宁荣两室,人口房舍,以及起居事宜,一概都明白,因此遂觉得亲热了。"

不能不佩服贾雨村的用心之细之密。也许他在听冷子兴演说荣国府之时,就悄悄将贾府的一切暗记在心;也许在与主人林如海闲谈时,就每每借机了解贾府的一切。功夫不负有心人,他巨大的精力投入终于产生了巨大的效益——他得到了贾政的极大的好感。

贾雨村复职上任后不久,就面临着一件棘手的大事:一桩几年来无人受理的案件。一边的受害人是有恩于自己的甄士隐之女——自己当初也曾允诺"务必要找回来"的"英莲",眼下就在自己的面前;另一边的被告薛蟠则是贾府的亲戚,又是"军区司令员"王子腾的外甥。这样的人,他得罪得起吗?现在他还会"恃才忤上"吗?现在的贾雨村很果断地选择了讨好权贵这条路,并立刻献上表功信一封——"令甥事已毕,不必费心",处理得十分圆满,真是滴水不漏。这就是今日之贾雨村,他终于悟到了为官之道,而且出手不凡。

此后的贾雨村,更是在波诡云谲的宦海中优游自如,他的钻营手段越发高明了。

对于古板但不乏正直的贾政,他以"言谈不俗"的一面去迎和,令贾政对他青睐有加——每每要宝贝儿子与之交谈,大概是希望借此熏陶感染自己不争气的儿子吧;大观园题诗,贾政又一再提及"待雨村前来再拟"。综上所述,不难看出贾政对他的器重。

而对老流氓贾赦,贾雨村就以赤裸裸的流氓手段去讨好。贾赦看中了石呆子的几把古扇,于是令儿子贾琏去谋求,始终没有得到。而贾雨村不知从哪里得来这一消息,立刻以拖欠"官银"的罪名将石呆子押入大牢,没收家财,古扇充公,立马将贾赦苦求不得的东西奉送到面前——领导办不到的事他办到了,领导不便办的事他帮着领导办到了,领导没辙的事他想尽办法给办好了——这样的一个贾雨村还简单吗?于是贾赦一连声地夸赞贾雨村,大骂贾琏:"人家怎么弄了来了!"

这时的贾雨村，官运亨通，青云直上，一直做到兵部尚书的位置。

但我们也不要以为贾雨村就真的对贾府忠心耿耿。事实上，待他身居高位，便不再像从前一样常到贾府"请安"了。而到了贾府摇摇欲坠时，"他本沾过贾府的好处，怕人家说他回护，他倒狠狠地踢了一脚，所以，两府里才到底被抄了"。

这是贾雨村必然的选择。

贾雨村的性格思想的变化是渐进的，有着一个逐渐发展的过程。他在宦海中的沉浮，让我们看到一个灵魂是怎样越变越黑、越变越丑恶的。

贾雨村是利欲权势面前人性堕落、良知泯灭的一个活标本！

在情节结构上，贾雨村的作用也不可小看。《红楼梦》中的几件大事、主要人物几乎都与贾雨村有关。这一人物贯穿了全书，成为一个重要的线索人物。贾雨村主要是一条政治线索，串起了贾府的政治命运。

林黛玉进贾府是由贾雨村陪送的，宝钗进贾府是伴随着贾雨村判断葫芦案的，宝玉挨打是在见了贾雨村之后引起的，石呆子"扇子"案件成为后来贾府被抄的导火线之一，而贾府的被抄正是由于贾雨村致命的一击！

在小说中，这些内容有时只有那么一笔两笔，甚至只是侧面交代几句。读

相关链接

- 贾雨村甄宅抒怀（第1回）
- 听冷子兴演说荣国府（第2回）
- 贾雨村复职、借贾府之力得官（第3回）
- 贾雨村乱判葫芦案（第4回）
- 贾雨村贾府求见宝玉（第32回）
- 抄石呆子古扇奉承贾赦（第48回）
- 贾雨村升官（第53回）
- 贾雨村降职（第72回）
- 贾雨村降了三级，又要高升（第92回）
- 贾雨村急流津遇甄士隐（第103回）
- 贾雨村落井下石（第107回）
- 贾雨村被处罚（第117回）
- 贾雨村去官为民，归结红楼梦（第120回）

者应该注意将这些分散的描写汇总起来,联系起来,从而形成一个完整、全面的认识:至此,一个利欲熏心、趋炎附势、恩将仇报的政界小人就活灵活现地出现在人们的眼前。

所以,古人说《红楼梦》写人叙事的一个极大的特点是"草蛇灰线",作者总是在三言两语之间似乎是随意点染之下,就为我们勾画出人物的灵魂,勾勒出事物事件的本相。这些描写又总是零星散布在整部书之间,如同在茫茫海滩上点点散落的美丽的贝壳,你只有将它们一一拾掇起来,并且将它们贯穿起来,才会对某一人物形成整体认识。这一特点决定了我们在阅读《红楼梦》时必须前后勾连、细加体味。

第四章　情节研读

一、元妃省亲：有凤来仪，亦喜亦悲

"元妃省亲"是《红楼梦》中继"可卿葬礼"之后的又一个大事件。

贾府在大肆操办了秦可卿的丧事之后，立刻就转到这一件"天大的喜事"上来了。由于元春晋升为"凤藻宫尚书"，加封"贤德妃"，又得到皇上特许归省家人，于是有了如下情节：筹备建园、准备迎驾、元妃驾临……一笔一笔细细写来，为读者勾画出一幅欢天喜地、兴高采烈的喜庆场景。

元妃省亲是全书的大环节、大关键，欣赏这一环节应该注意以下几点。

其一，与前文可卿丧事相辅相成。

第 13 回中，可卿托梦给凤姐道："眼见不日又有一件非常喜事，真是烈火烹油，鲜花着锦之盛。要知道，也不过是瞬间的繁华，一时的欢乐，万不可忘了那'盛筵必散'的俗语。"这种人生智慧、远见卓识乃至神秘的预言，就给即将来临的喜事笼上了一层阴郁的色调。故事就在这样的基调上开始了。当局中人为之兴奋、为之得意、为之陶醉之时，当他人为之艳羡之时，却有一双冷峻的眼睛超脱地俯视着这一切，悄悄地提醒着读者。

其二，使大观园的构建成为必然。

大观园是贾府中众女儿的乐园。但是，如果没有元妃省亲，就不可能建造这样一座省亲别墅，宝玉、黛玉等人的生活就失去了这样一个美好的环境，书中诸多动人的情景就没有了发生的必然。

第 23 回写道，贾元春因在宫中自编大观园题咏之后，忽想起那大观园中景致，自己幸过之后，贾政必定敬谨封锁，不敢使人进去骚扰，岂不寥落。况家中现有几个能诗会赋的姊妹，何不命他们进去居住，也不使佳人落魄，花柳无颜。却又想到宝玉自幼在姊妹丛中长大，不比别的兄弟，若不命他进去，只怕他冷清了，一时不大畅快，未免贾母王夫人愁虑，须得也命他进园居住方妙。想毕，遂命太监夏守忠到荣国府来下一道谕，命宝钗等

只管在园中居住,不可禁约封锢,命宝玉仍随进去读书。于是,在二月二十二(元妃省亲后的第37天),宝玉同众姊妹欢天喜地搬进了大观园,一个崭新的春天开始了。春光正明媚,处处莺歌燕舞。大观园内花招绣带,柳拂香风,一切是如此美好。在这美妙的空间里,发生了多少美好的故事!

其三,是贾府从鼎盛走向没落的标志。

元妃省亲是贾府政治上、经济上的一件大事。贾府在政治上"圣眷日隆",行情看涨;但是在经济上,原本"内囊却也尽上来了",经过这番折腾,就已经从顶峰上下滑了。但是,整个贾府无人意识到这一点。物极必反,否极泰来,贾府的鼎盛就是衰败的开始。

你看:盖省亲别墅,打造金银器皿,到苏州采买戏子,置办乐器行头……"银子花得淌海水似的",把个大观园布置得令身在宫中的元春也再三叹息"奢华靡费"。真是"一处处铺陈不一,一桩桩点缀新奇"。元春一再感叹:"此皆过分之极!"如此奢侈铺张,家业焉得不败?

其四,场面描写精妙绝伦。

元春驾临之前的一些文字,写出了皇家气派,场面恢宏,气度不凡。省亲时那种仪式规范,极尽庄严肃穆之气度。作者仿佛用工笔精细描绘出这一幅幅精美华贵的画面,仪仗的先后次序,太监的批次、人数、神态、动作,一笔笔细细写来,丝毫不乱;整个过程清楚明白,脉络分明。元妃将于正月十五省亲,自正月初八,太监就来布置规划元妃的更衣、燕坐、受礼、开宴、退息方向;又有专人前来关防挡围幕;还有专人指导贾府人员熟知宫廷礼仪;又有官兵打扫街道,撵逐闲人。一切准备停当,元妃终于驾临了!请看:

忽听外边马跑之声。一时,有十来个太监都喘吁吁跑来拍手儿。这些太监会意,都知道是"来了,来了",各按方向站住。贾赦领合族子侄在西街门外,贾母领合族女眷在大门外迎接。半日静悄悄的。忽见一对红衣太监骑马缓缓的走来,至西街门下了马,将马赶出围幕之外,便垂手面西站住。半日又是一对,亦是如此。少时便来了十来对,方闻得隐隐细乐之声。一对对龙旌凤翣,雉羽夔头,又有销金提炉焚着御香;然后一把曲柄七凤黄金伞过来,便是冠袍带履。又有值事太监捧着香珠、绣帕、漱盂、拂尘等类。一队队过完,后面方是八个太监抬着一顶金顶金黄绣凤版舆,缓缓行来。

这真是皇家气派!对此,脂砚斋在评语中感叹道:"画出皇家风范……难得他写得

出,是经过之人也。"

其五,表现了曲折复杂的心态。

元春贵为皇妃,此番回家省亲,依理本应该洋溢着喜庆欢乐的,但是这一回书中流露出的感情却十分复杂:既有晤见亲人的欢喜,又有骨肉分离的辛酸,还有对自己处境的哀怨和悲苦……种种心绪,如同打翻了五味瓶,让人百感交集。这段亲人见面的文字,从外表的华美转到内心的沉重,读来使人感伤,大有催人痛哭之效。且让我们体味一下元春内心的悲苦吧!

贾妃满眼垂泪,方彼此上前厮见,一手搀贾母,一手搀王夫人,三个人满心里皆有许多话,只是俱说不出,只管呜咽对泣。邢夫人、李纨、王熙凤、迎、探、惜三姊妹等,俱在旁围绕,垂泪无言。半日,贾妃方忍悲强笑,安慰贾母、王夫人道:"当日既送我到那不得见人的去处,好容易今日回家娘儿们一会,不说说笑笑,反倒哭起来。一会子我去了,又不知多早晚才来!"说到这句,不禁又哽咽起来。……又隔帘含泪谓其父曰:"田舍之家,虽齑盐布帛,终能聚天伦之乐;今虽富贵已极,骨肉各方,然终无意趣!"……小太监出去引宝玉进来,先行国礼毕,元妃命他进前,携手拦于怀内,又抚其头颈笑道:"比先竟长了好些……"一语未终,泪如雨下。……执事太监启道:"时已丑正三刻,请驾回銮。"贾妃听了,不由的满眼又滚下泪来。却又勉强堆笑,拉住贾母、王夫人的手,紧紧的不忍释放……

这哪有身为贵妃的喜悦与得意?流露的只是浓浓的感伤与悲凉。王蒙曾对此大发感叹:"高贵隆重、忠顺贤德、殊宠殊荣、皇恩似海的气氛中,有一番难言的凄怆。欲言又止,多少泪水吞下肚。贵妃及其余人不可谓不忠,皇恩不可谓不重,礼仪不可谓不周,盛况不可谓不圆满,仍令人心潮难平。这不但是封建王朝的体制造成贵妃的不自由的悲哀,也是人生自身的悲哀。"

其六,令人玩味的精妙细节。

这一章中,还有许多细节值得读者反复品味。元妃临去之前,"拉住贾母、王夫人的手,紧紧的不忍释放,再四叮咛:'不须挂念,好生自养。如今天恩浩荡,一月许进内省视一次,见面是尽有的,何必伤惨。倘明岁天恩仍许归省,万不可如此奢华靡费了!'"这里一个"倘"字,就隐隐包含此后难以再度归省。果然,这一次让人感伤不已的省亲就是元

春的第一次也是最后一次的归省。

而元春所点的四出戏,其戏名也是如此含义丰富。庚辰戚本有批语道:"《豪宴》《一捧雪》中,伏贾家之败;《乞巧》《长生殿》中,伏元妃之死;《仙缘》《邯郸梦》中,伏甄宝玉送玉;《离魂》《牡丹亭》中,伏黛玉之死。所点之剧伏四事,乃通部书之大过节大关键。"

与此相似的是第29回"贾府打醮"时出现的一幕。贾珍一时来回:"神前拈了戏,头一本《白蛇记》。"贾母问:"《白蛇记》是什么故事?"贾珍道:"是汉高祖斩蛇方起首的故事。第二本是《满床笏》。"贾母笑道:"这倒是第二本上?也罢了。神佛要这样,也只得罢了。"又问第三本,贾珍道:"第三本是《南柯梦》。"贾母听了,便不言语。

前两部戏的内容,正暗喻了贾府的兴起和鼎盛时期,而第三部戏则使前两部戏顿时成为虚幻,贾母似乎也预感到这不祥之兆,于是"便不言语"。

另外,潇湘馆原先题额"有凤来仪",何等吉祥喜庆!不料,元妃却命名为满含凄苦悲辛的"潇湘馆",这是对自身命运的暗示呢,还是预言了黛玉的不幸呢?其间似乎也隐含了某种宿命的意味。

短短一章故事,就包含了这些层次(似乎还未能穷尽),这不正反映了《红楼梦》内容之丰赡、意韵之深悠吗?

二、宝玉挨打:《红楼梦》全息缩影

"宝玉挨打"是《红楼梦》中的一出重头戏。

"严父教子",这是在传统中国家庭中屡见不鲜的情景,在曹雪芹天才的笔下却写得那样波澜起伏、曲折有致,写得如此错综复杂、精彩纷呈,令人叹为

相关链接

元春故事:

● 冷子兴演说荣国府(第2回)

● 判词"二十年来辨是非"及《恨无常》曲(第5回)

● 元春派人送出灯谜(第22回)

● 元春赏赐贾府端午节礼(第28回)

● 元春因病不治而死(第95回)

观止。"宝玉挨打"一节在情节结构的布局、人物形象的塑造、思想感情的表达等方面,都具有很高的水准。

挨打的原因很多。最直接的原因是宝玉与忠顺亲王府家戏班的琪官(即蒋玉涵)交往,致使亲王派人前来索人,令贾政又惊又气,目瞪口呆;贾环的进谗更是火上浇油。但深层的原因却是父子之间始终存在的人生观的矛盾——与贾雨村的会面,宝玉"全无一点慷慨挥洒谈吐",早已令贾政大为恼火。在这一事件中,每一个人物都有精彩表现:贾政先是"喘吁吁直挺挺坐在椅子上,泪流满面",后是"又急又痛、泪如滚珠、心灰不已";王夫人是哭诉哀告;老太太是颤巍巍声色俱厉;李纨则抑制不住放声大哭;凤姐在一片忙乱中仍不失干练周到;袭人是满心委屈;还有下回宝钗罕见的真情流露、黛玉的"气断声吞",无一不是诸人个性的体现。

挨打的冲击波一直延续到74回,袭人此时对王夫人的一番话为后来抄检大观园种下了根苗。写人物,写场面,写矛盾,每一处均使人如临其境,确是神来之笔。

这一个小小的家庭冲突,宛如一个全息细胞,几乎包含了《红楼梦》这部巨著中的所有重要信息,折射出多少动人的光彩!且让我们细细品味一番。

1. 事件缘起

贾政痛打宝玉,有着许多原因。

起因之一:贾雨村事件。

一个夏日的午间,湘云与小丫鬟翠缕前往怡红院找袭人。在宁静的大观园里,主仆二人轻松愉快地谈论着"阴阳"二气,又捡了个文彩辉煌的金麒麟。在怡红院,湘云又与袭人叙起了家常。本来这是一个十分悠然的午间,不料,贾雨村的造访破坏了这一美好的氛围,引发了宝玉的一番人生观、价值观的议论。在这里,宝玉和黛玉共同的志趣,宝钗、袭人、湘云完全认同现实、符合主流观念的思想特点,得到了充分的体现。宝玉一句"林姑娘从来说过这些混帐话不曾?若他也说过这些混帐话,我早和他生分了",引得黛玉百感交集、感慨万端。

你不能不佩服曹雪芹化腐朽为神奇的大家手笔:一桩极为普通的会客事件,居然立刻使小说人物的思想得到充分展现,使小说主题得以扩展深化。两种人生观、价值观的冲突立刻显现出来了,而这不正是贾政始终为之痛心疾首的吗?果然,正是这种"不通庶务、怕读文章",厌恶"仕途经济"的心态,使得宝玉在见了贾雨村之后"全无一点慷慨挥洒谈吐,仍是葳葳蕤蕤",令贾政大为不满。这是宝玉挨打的最初起因。

起因之二：金钏儿事件。

第30回中，宝玉与金钏儿调笑被王夫人发觉，王夫人大怒，不顾金钏儿哭求，立刻把她撵了出去，金钏儿含羞忍辱投井自尽。金钏儿之死，是宝玉挨打的重要原因。由于金钏儿之死，宝玉五内摧伤，唉声叹气"恨不得此时也身亡命殒，跟了金钏儿去"（整个贾府中，除了金钏儿家人以外，对金钏儿之死抱以极大悲痛的也就只有宝玉了），这样的精神状态，就使得贾政"原本无气的，这一来倒生了三分气"。

起因之三：琪官事件。

这是宝玉挨打的决定性因素。宝玉与琪官蒋玉菡在酒席上一见如故，并互赠了汗巾，而且两人交往甚密似乎也从不避人，忠顺王府的长史官所说的"这一城内，十停人倒有八停人都说，他近日和衔玉的那位令郎相与甚厚"，似乎也不是信口开河。因此，当琪官在王府里"突然蒸发"不见踪迹，怎能不令人怀疑宝玉与此大有干系？当贾政得知此事，深知得罪王爷的严重后果，其内心的震撼可想而知！所以，宝玉无论如何难逃此劫了。

起因之四：贾环进谗。

真是祸不单行，正当宝玉岌岌可危之际，贾环为免去父亲的责打，抓住机会，变被动为主动，变辩解为进谗，乘机给宝玉"下了蛆"，这一招击中了要害，使得贾政立刻失去了理智。这一回合中，贾环取得了完全的胜利，嫡庶之争的冲突又一次展开。

2．人物心态

这一事件还表现出不同人物的不同心态。

（1）贾政

贾政是这一事件的主角，他在这一章节中充分展示了自己鲜明的性格。贾政情感的演进写得层次清晰，脉络分明。

起初，贾政心中仅仅是因为宝玉精神状态不佳"生了三分气"，而当得知琪官之事后则是"又惊又气""目瞪口歪"，待到贾环进谗后，贾政更是"气得面如金纸""满面泪痕"，见了宝玉"眼都红了"。作为父亲，贾政此时"恨铁不成钢"的心态展露无遗。而王夫人的一番哭诉又令贾政"长叹一声，泪如雨下"，这是贾政夫妻之情的真实流露。当老太太颤巍巍厉声斥责时，贾政又是"躬身陪笑"，又是"含泪下跪"。

总之，在这里，贾政为人父、为人夫、为人子的三重角色特点都体现得十分鲜明，令人感动。贾政是个迂腐方正的人。在贾府的诸位老爷中，只有贾政还算正直端方，只有他还能够坚守封建正统道德。他虔诚地信奉这种道德，并且要求自己的儿子也要严格尊

奉。他对宝玉的毒打也完完全全是这一心态的促使。宝玉挨打的实质是两种价值观冲突的必然结果：家族寄厚望于宝玉，希望他能够"克己复礼"重振家业；而宝玉则一意率性而行，视功名利禄如粪土。这是无法调和的冲突，激化的结果就是一顿严厉的责打。在这一事件中，贾政表现得是一身正气。王夫人与贾母实际上也是支持贾政的，她们在大方向上和贾政是一致的，只是反对贾政所采取的极端的做法。作为一个对儿子寄予厚望的父亲，眼看儿子"一意孤行"不断地向着"危险的道路上滑去"，而自己除了痛打儿子一顿以外就毫无办法，你说他心中会是什么滋味？贾政其实挺可怜。

此外，作者在文中三言两语提及的人物也都形神毕肖。

（2）李纨

当王夫人抱着宝玉哭喊着已故的长子贾珠的时候，一向如同槁木死灰、从不动情的李纨也"禁不住放声哭了"。李纨之哭，极合情理，让人感受到她内心长期压抑的辛酸和苦楚。谁说她心如古井？她只是将情感压进了内心中而已。李纨的一声痛哭，使我们对她的理解更进了一层。

（3）王熙凤

凤姐始终精明能干，想的硬是比别人周到。当众人要挽宝玉回去时，是凤姐临乱不惊、布置妥当："糊涂东西，也不睁开眼瞧瞧！打的这么个样儿，还要挽着走！还不快进去把那藤屉子春凳抬出来呢。"

此外，袭人、王夫人、贾母诸人的反应都是恰如其分、合情合理的，他们的一言一行都是各自身份、性格的必然体现，在这一事件中人人都充分展示了自我。

3. 事件余波

宝玉挨打之后，惊涛骇浪转化为潺潺溪流。故事余韵袅袅，动人心弦。在这一事件里，有几位人物的言行尤其值得我们细细品味。

（1）宝钗

宝钗总是能够在发生重大事件后，在最短的时间里最快赶到现场的。金钏儿死后，她也是第一个赶到王夫人处去安慰王夫人的。宝玉挨打，她也是第一个前去探望。这虽然免不了带有"做人"的成分，但这次宝钗做得确实让人感动、让人喜爱。你看："只见宝钗手里托着一丸药走进来"，一个"托"字，把宝钗那种郑重端庄的性格完全写出。宝钗做人做事向来考虑周到。前来探望宝玉，她也要做得冠冕堂皇、"师出有名"——专程前来送药，这是多么合情合理的理由，任何人对此都不会有什么非议。而宝钗此时的神态

也是那么让人怜爱：

> 宝钗见他睁开眼说话，不像先时，心中也宽慰了好些，便点头叹道："早听人一句话，也不至今日。别说老太太、太太心疼，就是我们看着，心里也疼。"刚说了半句又忙咽住，自悔说的话急了，不觉的就红了脸，低下头来。宝玉听得这话如此亲切稠密，大有深意，忽见他又咽住不往下说，红了脸，低下头只管弄衣带，那一种娇羞怯怯，非可形容得出者……

这时的宝钗让宝玉感动，也令读者喜爱。这时读者才感觉到，原来宝姑娘心中也是如此深情款款，也有一种让人感动的极柔软的东西在，只可惜由于平素过于克制自己，她不轻易使这种美好的情愫形于色而已。

（2）黛玉

黛玉与宝钗迥乎不同。她来探望宝玉，没有任何道具，也不需要任何道具。她只是带着一颗心来。当宝玉从梦中惊醒过来时：

> 恍恍忽忽听得有人悲戚之声……睁眼一看，不是别人，却是林黛玉……只见两个眼睛肿的桃儿一般，满面泪光……此时林黛玉虽不是嚎啕大哭，然越是这等无声之泣，气噎喉堵，更觉得利害……心中虽然有万句言语，只是不能说得，半日，方抽抽噎噎的说道："你从此可都改了罢！"

这番哭，毫无功利之心，是全然发自内心的纯粹的真情，是心灵之声的自然流露。此时的宝玉有福了。

这次探望之后，宝玉随即给黛玉送去了两条半新不旧的手帕子，黛玉大为感动，遂有"题帕定情"之举。从此，宝黛之间再也没有发生吵架赌气之类的事。爱情，这美妙的爱情终于从朦胧走向清晰，从猜疑走向信任。一个崭新的爱的境界出现了。

（3）袭人

袭人是宝玉最忠实的丫鬟，她对宝玉的忠心无可怀疑。当宝玉挨打风波渐渐平定后，袭人正暗暗策划着一个巨大的战略部署。当王夫人使个婆子来口称"太太叫一个跟二爷的人呢"之际，"袭人见说，想了一想"，就自己去了。她究竟想了些什么呢？作者虽未明

言,但根据后文我们可以约略猜测得到:依据当时的情形,王夫人极有可能向她询问宝玉挨打的前因后果。但是,该怎么说?什么时候说?什么该说?什么不该说?这些都不能马虎。袭人这"一想",真是大不简单啊!

到了王夫人处,王夫人说"你不管叫个谁来也罢了",显然并没有打算与袭人交谈。在说了一番关于宝玉伤势的话后,王夫人并没有提及什么实质性的话题。这时袭人自然不能擅自越位主动反映。而当袭人将走,王夫人突然想起并专门问起宝玉挨打的缘由时,袭人的回答就非常有分寸了。她是有备而来的。贾环进谗之事,袭人可以对宝玉说,但是绝对不敢对王夫人说,因为她深知宝玉的为人,也知道事关两位主人两条路线的斗争,如果把自己摆进主子争斗的旋涡中去,最终被碾碎的只能是她自己。于是,袭人转移了话题,单纯从为宝玉考虑、为宝玉着想的角度向王夫人进言,不涉及任何一方的矛盾,献出的只是一片忠心。这一番话,使得王夫人心头如"雷轰电掣的一般,心内越发感爱袭人不尽";这一番话,从此奠定了袭人的身份地位;这一番话,又为后来抄检大观园埋下了一根巨大的导火索!

(4)宝玉

宝玉是这一事件中的焦点人物。他虽然挨了贾政的痛打,但丝毫没有改变自己的追求和志趣。肉体的痛苦并没有抑制他精神上的自由,反而为自己因此得到众姐妹的眼泪而大感快慰:

(宝玉)心中大畅,将疼痛早丢在九霄云外,心中自思:"我不过挨了几下打,他们一个个就有这些怜惜悲感之

相关链接

- 宝玉与琪官:

  互赠汗巾(第28回)

  琪官迎娶袭人(第120回)

- 宝玉与贾环:

  宝玉劝诫贾环(第20回)

  贾环暗害宝玉(第25回)

  贾环进谗(第33回)

  贾环与蔷薇硝(第60回)

  贾赦赞贾环(第75回)

- 宝玉与金钏儿:

  调笑金钏儿(第30回)

  玉钏儿尝羹(第35回)

  暗祭金钏儿(第43回)

态露出，令人可玩可观，可怜可敬。假若我一时竟遭殃横死，他们还不知是何等悲感呢！既是他们这样，我便一时死了，得他们如此，一生事业纵然尽付东流，亦无足叹惜，冥冥之中若不怡然自得，亦可谓糊涂鬼祟矣。"

这就是宝玉。

此番挨打，又使宝玉与黛玉的感情更进了一步。他躺在病床上给黛玉送去了两条半新不旧的手帕，令黛玉神魂驰荡。宝黛之间已然达到灵犀一点、心心相印的地步了，两人的感情已不再是两小无猜的嗔嗔喜喜，而是生死相托的性质了。

此番挨打，又为宝玉的个性伸张腾出了一个巨大的空间。此后，贾母、王夫人可以名正言顺地让宝玉在大观园中好生将息，宝玉也可以理直气壮地纵情张扬自己的性情。从此，宝玉优哉游哉又有了更大的自由空间。正可谓"祸兮，福之所倚"。

三、红楼意境：诗一般美妙故事

在中国四大古典名著中，《水浒传》《三国演义》《西游记》的故事大都可以从头到尾讲出来，娓娓动听，活灵活现。但是，在《红楼梦》中，可以当故事讲述的内容委实不多。或者说，《红楼梦》作为一部小说已经失去了故事性——它的魅力在于洋溢在小说中的美妙的诗意，甚至连日常饮食都充满了诗意。美籍华人学者李欧梵曾说过："在《红楼梦》中，每吃一顿饭，都有一个意境。"由于有了诗意光辉的映照，《红楼梦》就显得与其他名著迥乎不同。

红楼处处有诗意。春夏秋冬，各具其美；男女老少，各有韵味。历来读者都对《红楼梦》中精彩的诗意片段赞不绝口，并且有过精妙的品析。这里，我们摘录几位专家、学者的品析文字以飨读者。

1. 春天的诗意

黛玉看了《西厢记》，受了莺莺和张生爱情故事的影响，独自一人，情思绵绵，昏昏欲睡之际，低吟了莺莺思念张生而生烦闷心绪时的一句唱词："每日家情思睡昏昏。"恰被宝玉在窗外听见，因而又引出了宝黛之间的一段感情波折。

为了表现黛玉的幽情，作者采用了由景及情的描写方法。文章写宝玉"顺着脚一径来至一个院门前，只见凤尾森森，龙吟细细。举目望门上一看，只见匾上写着'潇湘馆'

三字。宝玉信步走入,只见湘帘垂地,悄无人声。走至窗前,觉得一缕幽香从碧纱窗中暗暗透出"。这里,作者通过宝玉一路"看""听""闻",不仅描绘了潇湘馆周围幽静宜人的环境氛围,而且使读者有一种身临其境的感觉。因为有了这样一个环境氛围,接下去写宝玉"忽听得细细的长叹了一声道:'每日家情思睡昏昏。'"就显得非常自然。由景及情、情景交融是我国古典诗歌的主要表现方法。作者把它引到小说中来,使人感到别具一番新意。

——摘自金启民《黛玉春困》,参见《红楼梦鉴赏词典》

其实,潇湘馆中的竹子、花鸟、苔痕、风露、朝阳、夕雨……都给人留下隽永风韵的美感,渲染着幽静、悲凉、凄美的氛围,表现着黛玉美好、忧郁的情感。

虽然没有专门写春天,但是春日的闲愁和情调早已洋溢在小说的字里行间了:"一日清晓,宝钗春困已醒,搴帷下榻,微觉轻寒,启户视之,见园中土润苔青,原来五更时落了几点微雨。"也只这么几个四字句,就立时令人置身于春浅余寒,细雨潜动,鼻观中似乎都能闻见那种雨后特有的土香!也不禁令人想起老杜的"随风潜入夜,润物细无声"的名句——但总还没有"土润苔青"那么有神韵。

第35回中,黛玉"错里错以错劝哥哥"之后,大清早独自立于花荫之下远眺怡红院。只见贾母、邢、王夫人及众姐妹们络绎不绝地看望宝玉,不由得"想起有父母的好处,早又泪珠满面"。在紫鹃的劝说下,黛玉方回到潇湘馆来,一进院门,只见满竹影参差,苔痕浓淡,不觉又想起《西厢记》中所云"幽僻处可有人行,点苍苔白露泠泠"二句来,觉得自己竟然比尚有嬷母弱弟的崔莺莺更加命薄,于是又滴下泪来。接着写廊下鹦鹉,竟长叹一声念起了黛玉的《葬花词》,逗得黛玉也笑了。最后,黛玉就坐在月洞窗内,调逗鹦鹉解闷。此时,窗外竹影映入纱窗,满屋阴阴翠润,几簟生凉。在这般娴静又带点落寞的氛围中,黛玉孤苦凄美的身世性格得到充分的表现。

2. 夏日的情怀

浑然一体的长篇中却也有些段落可以独立成章,可以当作精美的短篇小说来把玩欣赏。

《红楼梦》中最精彩的应是第30回中的"龄官划蔷痴及局外",从"宝玉见王夫人醒了"到"心里还记挂着那女孩子没处避雨",不到2000字,不但是短篇,而且是写得很细很"洋"的短篇,与中国传统的"三言二拍式""聊斋式"的短篇大不相同。先写"赤日当空,树阴合地,满耳蝉声,静无人语"的环境,确是一个颇有特色的短篇小说的特定环境。

再写哽咽之声由远及近，写到"一个女孩子蹲在花下……抠土……"，一个现象，一幅画，一个悬念，读者进入了小说的规定故事。这时，作者欲擒故纵，先让宝玉做一个错误的判断，以为是一个"痴丫头""东施效颦""来葬花"，再进一步，"宝玉忙把舌头一伸，将口掩住，自己想道：'幸而不曾造次'……"，底下描写这女孩子"眉蹙春山，眼颦秋水""大有林黛玉之态"，更进了一步，主要人物有了肖像，一幅吸引人的肖像。

然后，这才明白，女孩儿是在拿着簪子写字，写的是蔷字。宝玉又错误判断她是在"作诗填词"，然而弄清不是，"画来画去还是个'蔷'字，再看，还是……"，为什么她要不断地重复画"蔷"字呢？一个相当超常的，几乎可以说是经过艺术的渲染、经过"典型化"提炼的核心情节就这样展现了。

画的人痴了，看的人也痴了，情景交融，一个痴字统领了特殊的氛围。宝玉的眼睛随着簪子动，心里却想，她有什么心事？"外面既是这个形象，心里不知怎么熬煎。看他的模样儿这般单薄，心里那里还搁的住熬煎。可恨我不能替你分些过来。"以情感情，宝玉开始了内心独白，开始了内心对话，而对话对象，由第三人称的"他"，自然而然地转化为第二人称的"你"了。人称转换，内心独白的手法运用得何等自如！

忽然片云致雨，宝玉这才说了一句话："不用写了。你看下大雨，身上都湿了。"

女孩子唬了一跳，抬头一看，也做了错误的判断，以为宝玉是丫头呢，便问："难道姐姐在外头有什么遮雨的？"

宝玉才看到自己也淋湿了，一气跑回怡红院，却挂念着那女孩子没处避雨。就此打住了。

诗情画意，言有尽而意无穷，真是绝妙的短篇。宝玉多情，女孩痴情，夏日阵雨，两个人又陌生（才屡做错误估计判断）又亲近，真是短篇的结构、短篇的情致、短篇的巧妙、短篇的形式美。

为什么我甚至说这个短篇写得很"洋"呢？①通篇用宝玉的眼睛、宝玉的视角，作者退出去了。②写多情和痴情，有近于心理分析的味儿。③你猜测我，我猜测你，到底女孩子在做什么，为什么那样做，完篇也没有回答，任读者自己去补充领会，如海明威的"冰山论"（小部分在水面上，大部分在水底下）。④从夏日炎炎到突然阵雨，情景交融，对大自然进行主观处理。⑤表面上用宝玉的眼睛写了那女孩子，实际上更使读者的眼睛盯住宝玉，女孩子奇，宝玉更奇，两个人物，交相辉映，相得益彰。⑥特别是结尾，余音袅袅，寓契诃夫式的淡远与欧·亨利的俏丽于一体，堪称绝唱。⑦极为精练，不搞中国话本式的有头有尾的絮叨。⑧这个"短篇",可以起一个标准的短篇小说的题目,可以叫《雨》,也可以叫《花下》,甚至可以叫《青春》。

——摘自王蒙《红楼启示录》,三联书店,1991年版

3. 秋雨的意境

读《红楼梦》,当然是"看小说",但实际更是赏诗。没有诗的眼光是读不了的。所谓诗,不是指那显眼的形式,平平仄仄、五言七言……更不指结社、联句、论诗,是指全书的主要表现手法是诗的,所现之情与境也是诗的。我这儿用"诗"来代表中华文化艺术的一个总的脉络与精髓,勉强为之名,叫作"境界"。

我读《红楼梦》,常常只为他笔下的几个字、两三句话的"描写"而身临其境,恍然置身于画中。以第17回为例,那乃初次向读者展示这一新建之名园,可以说是全书最为"集中写景"的一回书了吧,可是你看他写"核心"地点怡红院的"总观"却只是:"粉墙环护,绿柳周垂。"八个字一副小"对句",那境界就出来了。他写的这处院落,令局外陌生人如读宋词"门外秋千,墙头红粉,深院谁家",不觉神往。

你看他如何写春——

第58回,宝玉病起,至院外闲散,见湘云等正坐在山石上看婆子们修治园产,说了一回,湘云劝他这里有风,石头又凉,坐坐就去罢。他便想去看黛玉,独自起身。

"从沁芳桥一带堤上走来,只见柳垂金线,桃吐丹霞,山石之后,一株大杏树,花已全落,叶稠阴翠,上面已结了豆子大小的许多小杏。"也只中间八个字对句,便了却了花事芳讯。

比较易于领会的是"秋窗风雨夕"那回书文。读者听了,也许立即想到我要讲的离不开黛玉秋宵独坐,"雨滴竹梢"的情景吧,此外还有什么"境界"?猜错了,我要讲的是这回书的"宏观"境界,不指那雨声竹影的细节——虽然那细节理所当然地也属于此处书文诗境的一个小小的组成部分。

这回书写的是宝钗来访黛玉,因谈病药之事,勾起黛玉的满怀心绪,二人谈说衷曲,黛玉深感宝钗的体贴、关切、慰藉(此时二人早已不是初期互有猜妒之心的那种关系了)。宝钗不能久坐,告辞而去,答应一会儿送燕窝来。黛玉依依不舍,要她晚上再来坐坐,再有话说。宝钗去后,黛玉一人,方觉倍加孤寂,十分难遣万种情怀。偏那天就阴下来了,继以秋雨——竹梢的雨滴,只有在助写此情时,方具有异样警人的魅力,而不是"摘句"之意。正在百感交集之时,忽闻丫鬟报说:"宝二爷来了!"黛玉喜出望外,正在秋霖

阻路之际,他万无夜晚冒雨而来之理——但他竟然披蓑罩笠地到了!这比盼望宝钗再来(料无雨中再来之望了)别是一番况味。二人见面一段情景,如画如诗,情趣无限。宝玉也只能小坐,然后呢?然后穿蓑戴笠,碧伞红灯,丫鬟陪随,出门向那沁芳亭桥而去。而恰在此时,另一边溪桥之路上,也有灯伞之迹远远而来了:那是何人?正是宝钗不忘诺言,打发人来将燕窝送至。

你看,这个"宏观"情节,这张"整幅"画面,是何等的充满了诗意!不,应该说:这不是什么"充满诗意",而是它本身一切就是诗,诗的灵魂,而不再是"叙事"的"散文"!

——摘自周汝昌《红楼艺术·"诗化"的要义》,人民文学出版社1995年版

4. 冬夜的温馨

第51回中,晴雯、麝月在怡红院里上夜,写得旖旎如诗,清澈如水,是笼着月华般的美丽的片段。

由于袭人回家探母,怡红院里打乱了一些正常秩序,比平时多了一些随便和松散,增加了点亲密和自然。尽管室外寒风凛冽,屋内却温暖如春。卸罢残妆的晴雯只在熏笼上围坐,麝月央求她帮忙把穿衣镜的套子放下来,此时甘心为丫头充役的宝玉得了立功的机会,为了让晴雯能够暖和地坐着,便忙出去,放下镜套,划上消息。睡前准备做好了,麝月便放下帘幔,移灯炷香,服侍宝玉睡下。夜渐渐地深了,只有外间那自鸣钟在轻手轻脚地走着;熏笼里的炭在不声不响地燃着;大鼎中贮的百合香在不声不响地飘着……一种优裕、温暖、宁静又和谐的气氛,弥漫在整个空间。

接下去写麝月要出去小解,晴雯要唬她玩的细节。

室外冷得侵肌透骨,晴雯不禁毛骨悚然,两腮冻得如胭脂一般的俏丫鬟一冷一暖伤风了,这样故事就十分自然合理地发展下去。

其实,如果让晴雯外出,照样可以过渡到下文因为受冷感冒病中"补裘"的情节,但作者要着意渲染解开羁绊后的无拘无束,并不越礼的情投意合,打破尊卑的深情缱绻。袭人不在,宝玉和晴雯之间的感情犹如云破月来光临大地般地明朗化起来。写晴雯的任性,正是写宝玉对她的抚爱和纵容。

这一夜真是充满了小儿女之间那纯洁优美的情趣,在贾府那混浊的空气中,这里却有一块净化的小天地!外面值夜的婆子借着自鸣钟当当两声,提醒他们:该睡了。这苍老的声音为这首蕴藉的小诗煞了尾。

这样一小段竟然包含了六个方面的丰富内涵：①刻画了"爱博而心劳"的怡红公子的形象。②写出了晴雯、麝月各自不同的性格。③写出了宝玉和晴雯之间的爱情。④从怡红院空气中的融洽轻松，反衬出袭人那不能走了大褶儿的"统治"。⑤为下一回"勇晴雯病补雀金裘"做了有力的铺垫。⑥展现了写富贵不用铺陈而富贵自出的返璞归真的笔法。

——摘自邸瑞平《晴雯上夜》，参见《红楼梦鉴赏辞典》

四、红楼宴会：最后的晚餐

有人戏称《红楼梦》中有着"吃不完的饭，睡不完的觉，做不完的诗，没个完的笑"；而美籍学者李欧梵则感叹《红楼梦》中的"每一顿饭都有一个意境"。确实，在《红楼梦》中，宴会确实是一个重点、一道美丽的风景线。宴会，又是一方神奇的舞台，各色人等都在其间亮相展示；由于宴会气氛的宽松愉悦，每个人的心态都比较放松自如，于是真性格就能够得到较为全面的体现。同时，宴会又是贾府中重要的交际活动，贯穿全书始终，还起着营建情节结构的重要作用。

《红楼梦》中共有20余处写到宴会，其中不厌其烦重点渲染的宴会就有八九次之多。如果将这些宴会加以归类，可以大致分为生日宴会、节日宴会、喜庆宴会、游赏宴会等四类（参见梅新林："旋转舞台"的神奇效应，《红楼梦学刊》2001.1）。欣赏《红楼梦》中的宴会，至少可以从以下三个方面着眼：人物形象层面、故事情节层面、文化层面。

1. 欣赏人物之美

我们已经说过，宴会是一方舞台，为各色人等的充分表演创设了极为便利的条件。我们且以书中描写最详尽、最精彩、最富诗意的"怡红夜宴"这一片段为例说明之。

第62—63回中，宝玉生日的那一天，大观园中的女孩子们兴高采烈地为宝玉庆贺生日。在红香圃中摆开了酒席，大家"任意取乐，呼三喝四，喊七叫八，满厅中红飞翠舞，玉动珠摇，真是十分热闹"。这是大的场面之美。而在酒宴上也是各人秉性显露无遗。请看湘云——当袭人掷了一个"拇战"之阄时，史湘云笑着说："这个简断爽利，合了我的脾气。我不行这个'射覆'，没的垂头丧气闷人，我只划拳去了。"一个豪爽洒脱的湘云跃然纸上。再看下面这段同时体现数人性格的文字，真让人不能不佩服曹雪芹的大家手笔：

湘云吃了酒，拣了一块鸭肉呷口，忽见碗内有半个鸭头，遂拣了出来吃脑子。众人催

他:"别只顾吃,到底快说了。"湘云便用箸子举着说道:"这鸭头不是那丫头,头上那讨桂花油。"众人越发笑起来,引的晴雯、小螺、莺儿等一干人都走过来说:"云姑娘会开心儿,拿着我们取笑儿,快罚一杯才罢。怎见得我们就该擦桂花油的? 倒得每人给一瓶子桂花油擦擦。"黛玉笑道:"他倒有心给你们一瓶子油,又怕挂误着打盗窃的官司。"众人不理论,宝玉却明白,忙低了头。彩云有心病,不觉的红了脸。宝钗忙暗暗的瞅了黛玉一眼。黛玉自悔失言,原是趣宝玉的,就忘了趣着彩云。自悔不及,忙一顿行令划拳岔开了。

你看,短短一段文字,写出了湘云豪爽,写出了黛玉直率,写出了宝钗为人老道稳重,同时又联系了第60回的茯苓霜、蔷薇硝案。面对这样的笔法,不服不行。更美的还在后面。

白天的这一场酒宴,大家意犹未尽,于是晚上宝玉的丫鬟们专门"凑份子"为宝玉接着开设了一场夜宴。大家悄悄地准备,瞒着管家大娘,有一种偷偷"犯禁违规"的兴奋和激动。等到查夜的大娘一走,众丫鬟就关起门来,卸掉正装,无拘无束、自由自在地饮酒取乐。后来,又觉得"人少了没趣",于是悄悄地派丫鬟到各院请来了众姑娘——大伙儿都有一种"作弊"式的担惊与兴奋。

怡红院中,杯盏交错,谈笑风生,大家行起了"占花名"酒令。这虽是一次游戏,但花名签上的花名和诗句都极为优美地暗示了人物的性格命运。更为巧妙的是,不同人物抽签时的神态、表情、心理活动都描写得相当传神:宝钗——一支牡丹,"艳冠群芳,任是无情也动人";探春——一枝杏花,"瑶池仙品,日边红杏倚云栽";李纨——一枝老梅,"霜晓寒姿,竹篱茅舍自甘心";黛玉(黛玉默默地想道:"不知还有什么好的被我掣着方好。")——一枝芙蓉,"风露清愁,莫怨东风当自嗟"。八根花签,各有特色,写法各异,人物的神韵风姿就这样渐渐显现出来了。

还有妙处在其间呢。次日早晨,宝玉醒来后,忽然在砚台底下发现一张粉红笺子——"槛外人妙玉恭肃遥叩芳辰"——小说立刻就为读者打开了另外一方天空,真是别有洞天。这真是"不写之写"。我们不难想见:当众女儿齐聚怡红院欢歌笑语、飞红流翠之际,青灯古佛旁的妙玉正怀着一腔情愫写着这一张"生日贺卡"——殊不知极少下凡的"天女"正全神贯注地注视着宝玉的一切呢! 这是场面之外的另一重虚写的场面。

此外,宴会上许多人物都不由自主地让自己的内心真实地展示出来。第54回中,贾府元宵夜宴,贾母令宝玉为众人斟酒,大家一一"只得干了","至黛玉前,偏他不饮,拿起杯来,放在宝玉唇上边,宝玉一气饮干。黛玉笑说:'多谢。'"

这一细节，完全显示出黛玉的不谙世故。这在当时确实是极为大胆的举动，是极容易被视为轻佻之举。稳重的宝钗断不会有此举动。众人对此反应如何？请看，凤姐儿便笑道："宝玉，别喝冷酒，仔细手颤，明儿写不得字，拉不得弓。"宝玉忙道："没有吃冷酒。"凤姐儿笑道："我知道没有，不过白嘱咐你。"凤姐为什么说这些没头没脑的话？其实是引开大家的注意，缓和黛玉唐突之举给大家带来的震惊、尴尬气氛。我们甚至可以想见，黛玉将酒杯放在宝玉唇上之时众人面面相觑的神情。

再看贾母对此的反应。老太太（包括任何人对此都不好直接议论）于是借题发挥，借批说书故事大发了一通议论："只一见了一个清俊的男人，不管是亲是友，便想起终身大事来，父母也忘了，书礼也忘了，鬼不成鬼，贼不成贼，那一点儿是佳人？便是满腹文章，做出这些事来，也算不得是佳人了。"这简直就是对黛玉方才的轻佻之举的严词指责！

人物的性格在宴席上得到了充分的展示，因为宽松的环境最能显现人物的真实面目。

2. 欣赏情节之美

《红楼梦》中大大小小的宴会有20余次之多，平均5—10回书就有一次宴会。这些宴会串起了整部《红楼梦》，甚至与贾府的兴衰隐约相应，完全可以看作是一条似断实连的情节线索。

例如，第5回中写到了一实一虚的两次宴会：一是宁国府会芳园之宴，二是太虚幻境仙界之宴。早春，宁国府花园梅花盛开，尤氏邀贾母、邢、王二夫人等同赏梅花，饮酒甚乐。这是贾府故事的开端。这一次尘世富贵人家的家常宴会充满喜悦欢欣。众人欢声笑语，洋溢着由衷的快乐和愉悦。与此同时，宝玉梦游太虚幻境又经历了另一个宴会——宝玉畅饮"群芳之髓"，"千红一窟（哭）、万艳同杯（悲）"，聆听了《红楼梦》十二支曲。这在形式上与尘世的宴会并没有什么不同，却蕴含着宿命的悲凉和超越人间、静观滚滚红尘的超脱和冷静，与宁国府宴会中的快乐形成了一种对照。由于有了太虚幻境中宴会的对比，现实中的宴会也开始有了一层浓厚的悲剧色彩。但是，个中人却毫不知晓，以为自己可以永享如此幸福！

于是，同一时间的两次宴会在情节上就构成了这样一套结构：现实世界的宴会始于早春，洋溢着快乐；幻境之中的宴会则在众人欢乐的同时暗示着这些人的不幸命运，流露出浓浓的悲凉。

此后的诸多宴会无一不体现这一特点。元妃省亲之宴，写出了贾府的鼎盛；宝钗的两次生日宴会，标志着她在贾府中地位的上升；其间穿插的菊花宴与芦雪庵之宴，又极尽欢快愉悦——正是贾府如"鲜花着锦、烈火烹油"时的生活写照；到第63回"怡红夜宴"

其欢乐更是达到极点,是《红楼梦》中众女儿的最后一次欢聚,此后便众芳凋零,日见凄凉,接下来的宴会便越发有了悲凉之气。第75回中,宁国府的中秋之宴越发阴森森大有鬼气,荣国府的中秋宴会则更是萧条万分;到第94回,为海棠花开特设的宴会就只是在强作欢颜而已。从春写到秋,隐隐画出了一条贾府由盛而衰的情节线。宴会,就是这一情节线上重要的关节。家族的兴衰,人物的悲喜,在宴会上都得到了较为充分的体现。

3. 欣赏文化之美

《红楼梦》是一部百科全书。它以细腻的笔触为我们描绘了传统中国贵族以及文人日常生活的情趣与品位。宴会上少不了的演戏、奏乐、吟诗、酒令……都是中国传统的日常娱乐项目。作者以其精妙之笔为我们画出了这样一幅原生态的真实的生活场景。恩格斯曾说过,巴尔扎克的小说比历史学家的著作更能帮助我们认识历史和社会。这句话用来评价曹雪芹也是十分恰当的。通过《红楼梦》,我们可以极为真切地感受到如今已经难以经历的另一种充满诗意的悠然闲适的生活状态。无论是行令还是吟诗,都流露着浓浓的文化氛围。就是宴会中的一饮一食、起坐言语,也都体现着饮食文化、礼仪文化的无限魅力。

第28回,宝玉与薛蟠等人聚宴,宝玉笑道:"听我说来:如此滥饮,易醉而无味。我先喝一大海,发一新令,有不遵者,连罚十大海,逐出席外与人斟酒……如今要说悲、愁、喜、乐四字,却要说出女儿来,还要注明这四字原故。说完了,饮门杯。酒面要唱一个新鲜时样曲子;酒底要席上生风一样东西,或古诗、旧对、《四书》《五经》、成语。"这是与宴者自行设立的酒令,实际上是对当时酒宴文化的一种综合改型。

至第62回中,宝玉又提议:"雅坐无趣,须要行令才好。"于是黛玉道:"依我说,拿了笔砚将各色全都写了,拈成阄儿,咱们抓出那个来,就是那个。"……大家想了一回,共得了十来个,念着,香菱一一的写了,搓成阄儿,掷在一个瓶中间。探春便命平儿拣,平儿向内搅了一搅,用箸拈了一个出来,打开看,上写着"射覆"二字。宝钗笑道:"把个酒令的祖宗拈出来。'射覆'从古有的,如今失了传,这是后人纂的,比一切的令都难……"这简直就是酒宴文化的一次大汇展,爱读《红楼梦》者不可不多加留意。

礼仪文化在宴席上体现得也十分突出。第71回写贾母的生日宴会,写尽了贾府的赫赫位势,也写出了当时的礼俗规矩。其间的座次排列,几乎在每次宴席上都要一一详尽交代,这就是文化,是一种重要的礼仪文化,鲜明得如同影视中的画面。

因今岁八月初三日乃贾母八旬之庆……七月二十八日起至八月初五日止荣宁两处齐

开筵宴，宁国府中单请官客，荣国府中单请堂客，大观园中收拾出缀锦阁并嘉荫堂等几处大地方来作退居。二十八日请皇亲驸马王公诸公主郡主王妃国君太君夫人等，二十九日便是阁下都府督镇及诰命等，三十日便是诸官长及诰命并远近亲友及堂客。初一日是贾赦的家宴，初二日是贾政，初三日是贾珍贾琏，初四日是贾府中合族长幼大小共凑的家宴，初五日是赖大林之孝等家下管事人等共凑一日。自七月上旬，送寿礼者便络绎不绝。礼部奉旨：钦赐金玉如意一柄，彩缎四端，金玉环四个，帑银五百两。元春又命太监送出金寿星一尊，沉香拐一只，伽南珠一串，福寿香一盒，金锭一对，银锭四对，彩缎十二匹，玉杯四只。余者自亲王驸马以及大小文武官员之家凡所来往者，莫不有礼，不能胜记。

……

> **相关链接**
>
> ● 生日宴会
>   宝钗生日（第22回、108回）
>   凤姐生日（第43回、44回）
>   宝玉生日（第62—64回）
>   贾母生日（第71回）
>
> ● 节日宴会
>   元宵之宴（第18回）
>   除夕之宴（第53回）
>   中秋之宴（第75回）
>
> ● 游赏宴会
>   菊花之宴（第38回）
>   芦雪庵宴（第50回）

上面两席是南、北王妃，下面依叙，便是众公侯诰命。左边下手一席，陪客是锦乡侯诰命与临昌伯诰命；右边下手一席，方是贾母主位。邢夫人王夫人带领尤氏凤姐并族中几个媳妇，两溜雁翅站在贾母身后侍立。林之孝赖大家的带领众媳妇都在竹帘外面侍候上菜上酒，周瑞家的带领几个丫鬟在围屏后侍候呼唤。

这就是权势，这就是等级制度！曹雪芹用他的如椽巨笔，画出了当时社会的风貌情状。此外，宴会上的酒器、佳肴、所听的音乐、所唱的戏文，无一不是文化。慢慢品味啊，好好欣赏吧，这是中华文化的瑰宝。

五、高鹗续书：续貂未必皆狗尾

《红楼梦》的续书向来是红学家们

争论的重要话题。

自从《红楼梦》诞生以来,续书就接连不断地出现了。这是文学史上一道奇特的风景。据学者考证,《红楼梦》续书有三四十种(参见一粟:《红楼梦书录》),其中许多续书荒诞不经,有的续书境界低下,还有的续书简直不堪卒读。

例如,有一位"逍遥子"声称自己得到了曹雪芹的《后红楼梦》30回书稿,而且毫无残缺。这部续书中写道:书中的一僧一道是妖人,摄取了晴雯、黛玉的生魂,又用迷药迷住了宝玉。后来,贾政率领家人将妖人抓住,救醒了宝玉,放出了晴雯、黛玉的灵魂。然后,晴雯借五儿尸体还魂,黛玉原体复活。贾政、王夫人对林黛玉毕恭毕敬,小心翼翼;黛玉最终与宝玉成婚,宝玉、宝钗、黛玉一夫二妻和睦相处。

这样的续书,早已坠入了"戏说红楼"的泥潭了,称之为狗尾续貂决不为过。

但是,在众多的续书中,高鹗的续书却一枝独秀,得到了巨大的成功,得到了广大读者的认可,成为《红楼梦》不可分割的一部分。与其他几部中国文学名著的后半部相比,高鹗的续书毫不逊色!《水浒传》在70回后就难以卒读,以致金圣叹要"腰斩水浒";《西游记》从唐僧取经开始,就在不断重复同样的故事;《三国演义》读到后半部,只觉昏昏欲睡!而高鹗的续《红楼梦》却有许多让读者动心动容的精彩篇章。

"黛玉之死"写得精彩动人,并不亚于曹雪芹的任何文字。请看黛玉惊闻傻大姐泄露机关之后完全惊呆这一段文字,实在传神之极,让人心碎,让人欲哭无泪。这是续书罕见的绝妙文字,是高鹗续书中最动人的部分:"那身子竟有千百斤重的,两只脚却像踩着棉花一般,早已软了……颜色雪白,身子恍恍荡荡的,眼睛也直直的,在那里东转西转。"简短的几句话,写得极为传神。黛玉之死更是催人泪下。请看她对紫鹃的一番话:"妹妹,我这里并无亲人。我的身子是干净的,你好歹叫他们送我回去。"真有一种撕心裂肺的惨痛!她临死前的"宝玉,宝玉,你好……"表达了黛玉此刻极其复杂的心情。此外,黛玉焚稿断诗情,临死时的环境描写,李纨、紫鹃等人的心情和行动描写,都是不可多得的文字。如此动人的篇章,与前80回相比毫不逊色。

贾府被抄也写出了凄惶悲凉的况味,虽然还逊色于抄检大观园一节。

贾母之死,写得从容大气,真是大家手笔——续作中对于贾母的描写最为成功。前80回中,贾母除了宠爱凤姐宝玉,不喜贾赦邢夫人,干预了贾政教子,保护了鸳鸯不受贾赦骚扰之外,似乎就没有什么值得读者欣赏的。那时的贾母也确实像她自己对刘姥姥所说的那样,是个成天乐呵呵、说笑话、享清福、不管事的"老废物"。但是,在后40回,在

锦衣军抄家之后,贾母显示了她作为贾府的首脑、灵魂与支柱的作用。第106回"贾太君祷天消祸患",表达了贾母在"皇天菩萨"面前承担责任的决心和气魄,在"皇天菩萨"面前有个交代、站住脚跟,底下的事才好办。第107回"散余资贾母明大义",关键时刻贾母拿出自己个人的银钱接济各方,独撑大厦,共体时艰,使真正的废物贾政深深感叹:"老太太实在真真是理家的人,都是我们这些不长进的闹坏了。"

而第99回中对官场腐败的描写,简直就是开辟了另一重写作境界——写曹雪芹所未曾写。最后宝玉的出家写得也是极具功力。

贾政初次外放为粮道后,"一心想做个好官、清官"。于是他和幕僚们商议,下令严禁各州县"折收粮米,勒索百姓",否则,一经查出,严惩不贷。而且,贾政还真不含糊,他是说到做到,来真格的。各州县官吏们十分畏惧,于是百般钻营进贡。偏偏贾政十分固执——"州县馈送一概不受"!于是,就出现了这样一幕场景:

> 那些家人跟了这位老爷在都中一无出息,好容易盼到主人放了外任,便在京指着在外发财的名头向人借贷,做衣裳装体面,心里想着,到了任,银钱是容易的了。不想这位老爷呆性发作,认真要查办起来,州县馈送一概不受。门房签押等人心里盘算道:"我们再挨半个月,衣服也要当完了。债又逼起来,那可怎么样好呢。眼见得白花花的银子,只是不能到手。"那些长随也道:"你们爷们到底还没花什么本钱来的。我们才冤,花了若干的银子打了个门子,来了一个多月,连半个钱也没见过。想来跟这个主儿是不能捞本儿的了。明儿我们齐打伙儿告假去。"次日果然聚齐,都来告假。

这说明,根据惯例,京官外放是可以得到极大好处的。所以,才有那么些人削尖脑袋想钻进贾政的"工作班子"里来。但是,贾政居然"呆性发作",手下人难以发财,怎么办?这就有了更加精彩的一幕。

> (贾政)隔一天拜客,里头吩咐伺候,外头答应了。停了一会子,打点已经三下了,大堂上没有人接鼓。好容易叫个人来打了鼓,贾政踱出暖阁,站班喝道的衙役只有一个。贾政也不查问,在墀下上了轿,等轿夫又等了好一回。来齐了,抬出衙门,那个炮只响得一声,吹鼓亭的鼓手只有一个打鼓,一个吹号筒。贾政便也生气说:"往常还好,怎么今儿不齐集至此。"抬头看那执事,却是搀前落后。勉强拜客回来,便传误班的要打,有的

说因没有帽子误的,有的说是号衣当了误的,又有的说是三天没吃饭抬不动。贾政生气,打了一两个也就罢了。隔一天,管厨房的上来要钱,贾政带来银两付了。以后便觉样样不如意,比在京的时候倒不便了好些。

所有的下人全都联合起来消极怠工,开始"整治"贾政了。贾政的颟顸无能、他的迂腐,在这一事件中表现得淋漓尽致。最后,在仆人李十儿的一番劝说下,贾政彻底缴械投降。

"老爷极圣明的人,没看见旧年犯事的几位老爷吗?这几位都与老爷相好,老爷常说是个做清官的,如今名在那里!现有几位亲戚,老爷向来说他们不好的,如今升的升,迁的迁。只在要做的好就是了……"贾政被李十儿一番言语,说得心无主见,道:"我是要保性命的,你们闹出来不与我相干。"说着,便踱了进去。李十儿便自己做起威福,钩连内外一气的哄着贾政办事,反觉得事事周到,件件随心。所以贾政不但不疑,反多相信。

一个真正的清官就这样被拉下了马!这是一个典型的官场淘汰清官的例子。只要有了一点权力,就会有人聚集到你的周围。这些人或逢迎、或利诱、或逼迫,总之,运用一切手段使你遵循官场惯例,使他们利益最大化。

真要感谢高鹗的续书,他为我们描绘出了难得的"官场图画"。

实事求是地说,高鹗对《红楼梦》是有巨大贡献的。至少,《红楼梦》的结尾要远远超过其他文学名著。王蒙认为长篇小说的结尾本来就难写,因此,高鹗的续书就更加难能可贵。

胡适对此已有较公允的评价:"高鹗居然忍心害理地教黛玉病死,教宝玉出家,作一个大悲剧的结束,打破中国小说的团圆迷信。这一点悲剧的眼光,不能不令人佩服……我们不但佩服,还应该感谢他。"

林语堂曾这样高度评价高鹗续书:"老实说,《红楼梦》所以成了第一流小说,所以能迷了万千的读者为之嘘唏感泣,所以到一百年后仍有很大的魔力……是因为它有极好极动人的爱情失败,一以情死、一以感悟的故事……没有高鹗的后 40 回,我们看得出紫鹃的人品吗?没有后 40 回,我们看得出贾母不是仅知享乐的老太婆吗?没有后 40 回,宝玉岂不是仅仅爱吃胭脂、永不成器的多情公子吗?"

鲁迅也认为高鹗的后 40 回"大故迭起,死亡破坏相继",基本符合全书的基调。

这里,我们要说一声:感谢高鹗!

下卷 任务驱动

第五章　章回点评

本章颇具导读价值，类似于《红楼梦》的阅读地图。本书作者对全书各章重要之处一一加以批注点评。也请读者诸君拿起你手中的笔，边阅读边开始你自己的阅读批注与点评。

一、第1—5回：全书总纲

	我的点评
第1回 楔子——灵石入世，一个美丽的神话。交代小说来历。 序言——甄家兴衰，是贾府兴衰之雏形：骨肉分离，遭遇大灾，半世坎坷，醒悟出世。甄士隐的结局与宝玉相似。 甄士隐、贾雨村——这两个形象首先暗含了一种谐音化的创作方法；其次他们也是贯穿全书的串线人物。 这三段交代作者的创作缘由（历经患难，欲为闺阁立传）以及创作方式（隐去真事，以"假语村言"敷衍出一段故事来）。 理解熟记以下内容： "满纸荒唐言，一把辛酸泪；都云作者痴，谁解其中味？" "假作真时真亦假，无为有处有还无。"	

"玉在椟中求善价，钗于奁内待时飞。"

《好了歌》及其"注"。

第2回

全书人物总谱。以贾雨村为线索，借冷子兴之口，介绍全书人物，对人物的介绍自然巧妙。又以贾雨村为线，串起全书人物。偌大一部巨著，四五百个人物，主要人物也有四五十个之多，如何确保读者在开卷之初就能知晓主要人物？西方名著多在书前列出一个人物表，这未免有点游离于作品之外。但《红楼梦》则将对人物的介绍融于作品之中，读者对人物的了解宛如在生活中认识一位朋友一样亲切自然。冷子兴，冷眼旁观之人也。作为贾府管家之女婿，由他来解说荣国府最为妥当。

贾雨村是重要的穿线人物，此后始终贯穿全书。本回又是贾雨村"为官—革职—起复"的宦海沉浮史中的关键，其中，他主要得二人帮助：甄士隐、贾政。此后，雨村与贾府往来极密，贾雨村爬上高层即由此发端。

贾府由鼎盛转为衰微，开篇即定下基调。

疑难处：甄宝玉——其父"甄应嘉"（"真应假"），"甄贾"两家一一对应，一真一假，如影随形，始终虚实对照，互为映衬。当读者读到"贾家故事"应知这是"真故事"，因为作者隐去了"真事"，用的是"假语村言"。所以，读者应学会透过"假象"看"真事"，这样才有可能解得其中味。

第3回

黛玉进贾府。请细细品味黛玉心态。

我的点评

贾府环境介绍，仍然不是作者直接介绍，通过人物之口，在自然的故事发展中巧妙地介绍了环境。此回是贾府环境结构图。借林黛玉进贾府之事，以黛玉之眼，展示贾府复杂的环境。

阅读此回，一要画出"贾府环境示意图"，二要体会黛玉进贾府时的微妙心态。

第4回

贾雨村断案，写出贾府社会关系——贾、王、史、薛四大家族，一荣俱荣，一损俱损。此回写贾雨村断案。在两大恩人（甄士隐与贾政，其实，甄士隐对雨村之恩更大）的亲属之间，贾雨村做了非常现实的选择。一边是陷于惨境中的昔日恩人之女，一边是横行霸道的如今的大靠山贾政之外甥，贾雨村终于选择了有权势的一方。

薛宝钗进贾府。《红楼梦》中主要人物已经聚齐，故事就要开始了。这一回，又写了宝钗进贾府，只不过是侧面交代，未加渲染而已。至此，宝玉、黛玉、宝钗这三个《红楼梦》中的关键人物，在前4回中全部出场。

第5回

宝玉梦游太虚幻境，隐约预示一干人的命运。这是全书的关键。本回中的判词、《红楼梦》十二支曲是全书之大关键，是人物命运之总纲，必须细细阅读，弄懂其中含义。

简介如下：

［判词］

"霁月难逢"——晴雯；"枉自温柔和顺"——袭人；

我的点评

"根并荷花一茎香"——香菱;"可叹停机德,堪怜咏絮才"——宝钗、黛玉;"二十年来辨是非"——元春;"才自精明志自高"——探春;"富贵又何为"——湘云;"欲洁何曾洁"——妙玉;"子系中山狼"——迎春;"勘破三春景不长"——惜春;"凡鸟偏从末世来"——王熙凤;"势败休云贵"——巧姐;"桃李春风结子完"——李纨;"情天情海幻情身"——秦可卿。

[曲词]

《终身误》——以宝玉口吻写宝钗黛玉

《枉凝眉》——以黛玉口吻写宝黛爱情

《恨无常》——写元春

《分骨肉》——写探春远嫁

《乐中悲》——写湘云遭遇

《世难容》——写妙玉

《喜冤家》——写迎春

《虚花悟》——写惜春出家

《聪明累》——写王熙凤

《留余庆》——写巧姐

《晚韶华》——写李纨

《好事终》——写秦可卿

我的点评

二、第6—34回:春之序曲

始于刘姥姥进荣国府,终于黛玉题帕定情。在动人欢乐的春天中,大观园中美好故事渐次展开。

《红楼梦》整本书阅读

第6回

刘姥姥初次进贾府。刘姥姥的出场是故事的正式展开,是从贾府乱麻一般的事情中抽出的一个头绪。

又是从另一个视角——乡村老妪的视角来介绍贾府(与第3回林黛玉进贾府互为映衬)。在贾府大门前,刘姥姥见到的门役"挺胸叠肚、指手画脚"的情景,是黛玉进贾府时所看不到的;进入贾府门内的眼花缭乱,"惟点头咂嘴念佛而已"也是黛玉所不可能做的。

还是借机写王熙凤,写刘姥姥眼中凤姐的高贵、显赫。刘姥姥见凤姐一节真是神来之笔。凤姐的倨傲、高贵以及做出来的客套与热情,都给人留下深刻的印象。

第7回

周瑞家的送宫花,一路走来,把贾府路径重温一遍;写了宝钗、迎春、探春、惜春、凤姐、黛玉等人的活动,各人性格已然初现端倪。

秦钟出场;焦大骂街——这是《红楼梦》中一大著名细节。

第8回

"金玉良缘"之说正式发布,宝钗与莺儿的言行值得品味。

黛玉在此回的言行也颇可品味,小女孩的情态跃然纸上。

第9回

一出学堂闹剧,写得何等热闹有趣,不愧是大家手笔。此番斗闹由金荣引起,由贾蔷导演,由茗烟、贾茵等表演,各色人物绘声绘色,各见性格。

我的点评

第 10 回

本章以一个具有喜剧意味的金氏作为过渡人物，收束学堂闹剧，引起秦可卿之病。

第 11、12 回

贾瑞起淫心。贾瑞其人，才貌均不足为道，人品猥琐，令人不齿，岂能入凤姐之眼？于是她便布下罗网，毒设相思局，最终害死了贾瑞。贾瑞之死，虽说是咎由自取，但凤姐的手段也同样让人不齿。这是《红楼梦》中凤姐手上的第一条人命。贾蓉、贾蔷在这一事件中所扮演的角色也同样卑劣猥琐，行径与街头无赖一般无二，这就是这样钟鸣鼎食之家子弟的面目，难怪作者要在书中大加感叹"一代不如一代"了。

"风月宝鉴"在文中虽然只此一处，但在第 1 回中曾被郑重提出，作为全书的异名之一，这反映了原作的构思意图——"戒妄动风月之情"。读者不可忽视这点。（参见本书第六章"《红楼梦》多重主题"一节。）

第 13 回

秦可卿死。秦可卿之死，在《红楼梦》中是一大谜团，自有此书以来就不断有读者多方猜测，但如果只从小说的定稿来看，可卿之死无非有两大作用：①突显贾府的赫赫威势；②为凤姐显示卓越才能提供一个舞台。

但是，可卿之死确实奇怪。首先，病得奇怪；其次，死得突然；再次，死后贾珍、贾蓉、尤氏反应奇怪——"尤氏偏偏胃疼，贾蓉人影也不见，只有公公贾珍哭得泪人一般，恨不能代秦氏之死"，所以，书中写道"彼时合家无不纳罕，都有些疑心"。

> **我的点评**

《红楼梦》整本书阅读

至于秦可卿在梦中告诫凤姐要为家族留下后路一段话，确实有大眼光、大见识。此人对贾府的忧患意识远胜于贾府中的任何人。贾府中诸男子要么是酒囊饭袋，要么是好色之徒，要么平庸无能，略有些灵秀之气的如宝玉，偏又对仕宦理家毫无兴趣，而王熙凤按说可以为贾府准备好退路，可惜私心太重，利令智昏，根本无暇顾及此点。于是，秦可卿此举便欲发显得难能可贵。有人据此推测可卿出身高贵，有人则推测这番话应该是元春所言。不一而足，姑备于此，以供参考。

第14回

王熙凤协理宁国府。宁国府无人理丧，王熙凤走马上任，威重令行。这一回中，凤姐好逞能也确实有才能的性格特征显现无遗。类似于《史记》中司马迁通过写陈平治丧以显示其政治才能。

凤姐管理宁国府颇合管理学原理。首先，找出宁国府的主要弊端，然后分工包干，责任到人；规定纪律，严格执法；工作安排，井井有条；惩处违纪之人，声威气势震慑人心。此后，宁荣二府大小事宜，凤姐一人担当，日夜不暇，筹划运作有条不紊。凤姐果然是女中豪杰，是贾府中的"曹操"。

第15回

凤姐弄权铁槛寺。写凤姐贪财舞弊，又害死两条人命。此时凤姐之举，较之于害死贾瑞一事尤为恶劣。仍是借可卿丧事写熙凤——上回写熙凤之有才，此回写熙凤之少德。一正一反，正足以见出熙凤之全貌。

我的点评

第16回

筹备元妃省亲之事,即贾府另一件大事。贾府声势此刻即将达到巅峰。省亲别墅将建,大观园——这一"红楼"诸儿女的乐园即将出现。

秦钟丧命。秦钟纯粹是作为宝玉的少年朋友而出现的,他与宝玉气质相同,情趣相投,不关心世务,沉溺于情事,最后为情而死。这是宝玉第一个密友的死亡,令宝玉痛心不已。此后各色挚友、亲人的亡故远去,逐一向宝玉袭来,最终使他遁入空门。

第17回

大观园终于建成。这是全书重要的一回,大观园是小说人物活动的主要环境,必须切实了解。主要建筑如下:正门—门内翠障—曲径通幽—沁芳厅—有凤来仪(潇湘馆)—稻香村—荼蘼架—木香棚—牡丹亭—芍药圃—蔷薇院—芭蕉坞—蓼汀花溆—蘅芜院—大观楼—沁芳闸—红香绿玉(怡红院)。这是描写古典园林的经典之作。

宝玉题联题对,才华横溢。

本回书要注意三点:记下各处景点名称与特征;记下众人对各景点的评价;记下宝玉所题的对联和诗句。

第18回

黛玉怒剪香囊。这是游大观园之余波。宝玉在园中大得好评,出园后,众小厮哄抢宝玉饰物,黛玉因此发怒。虽是一段小插曲,但宝玉之情真,黛玉之负气,写得极有波澜。

妙玉入贾府。

我的点评

元妃省亲。《红楼梦》中重要篇章。元妃省亲之前、之时、之后等文字，极力逞其华贵气派。

第 19 回

经过可卿葬礼、元妃省亲两件大事之后，小说如同奇峰峻岭转为溪流潺潺，显得宁静而平和。这是小说中的一段抒情慢板，悠扬和谐，清风宜人。

良宵花解语。元妃省亲之后，贾府上下疲惫不堪，唯独宝玉无事最闲，于是悄悄跑到袭人家中看望袭人，二人亲热厚密不避嫌疑。回贾府后，袭人以母亲欲赎自己回去为由劝宝玉"改邪归正"。这一番对话大有意趣。宝玉信以为真，先是"吃一惊"，后是"越发怔了"，然后百般设法挽留，而袭人一一予以反驳，宝玉词穷，于是叹息赌气，继而躺在床上，默默流泪。仔细体味这一段文字，宝玉的情真，袭人的聪明、贤惠、体贴的形象，跃然纸上。

静日玉生香。"花解语"之后的第二天中午，宝玉前去探望黛玉，两人情意绵绵，有说有笑，在一起度过了一个静谧温馨的午间。"暖香""冷香"与"耗子偷香芋"等文字，妙趣天成。

第 20 回

本章是吵架专集。李嬷嬷同袭人吵，贾环同莺儿吵，凤姐骂贾环、赵姨娘，宝玉与黛玉斗嘴赌气，湘云又与黛玉吵。以下三件趣事尤其值得注意：

李嬷嬷怒骂袭人。李嬷嬷是一个十分可笑的又有一定地位的老仆妇，因为曾是宝玉的乳娘，所以众人凡事都让着她，而她也因此自恃有功，大摆身份。此回因为一点点心，她大骂袭人，数落宝玉，向黛玉诉苦，

我的点评

最后闹得不可开交，还是凤姐出面拉她去吃"滚热的野鸡烧酒"，李嬷嬷这才"脚不沾地跟着凤姐走了"。可以和第16回中的赵嬷嬷做一对比。一个知趣得体，一个倚老卖老，也是曹雪芹"特犯不犯"的人物描写技巧的体现。

麝月篦头。寥寥几笔，刻画了三个人物——麝月俨然是袭人第二；宝玉始终是本性难改；晴雯活泼可爱，伶牙俐齿，嘴不饶人。

湘云咬舌。"二哥哥"喊成"爱哥哥"之咬舌，越发见出湘云的娇憨可爱，历来为读者所称道。脂胭斋批道："可笑近之野史中，满之羞花闭月，莺啼燕语，殊不知真正美人方有一陋处……今见咬舌二字加于湘云，不独不见其陋，俨然一娇憨湘云立于纸上，掩卷合目思之，其'爱、二'娇音如入耳内，然后将满纸莺啼燕语字样填粪窖可也。"

第21回

本回要点有三：

黛玉与湘云美丽的睡姿，性格不同，睡姿也大异。

宝钗与袭人初步联合，钗袭联盟开始组成，此后宝钗多次笼络袭人。

宝玉与袭人等斗气——宝玉任性可爱、直率真挚的性格栩栩如生。

第22回

宝玉悟禅。贾母喜爱宝钗，特为宝钗做生日。宝钗则大讨贾母欢心，从吃食上、戏文上处处迎合贾母。注意黛玉此时的心态。凤姐此刻也故意拿戏子与黛玉做比较，宝钗"不肯说"，宝玉"不敢说"，湘云心直口

我的点评

快照直说，宝玉忙使眼色制止，当下惹恼了湘云、黛玉。宝玉处在中间两头受气，于是百感交集，开始谈禅说道，借庄子之酒杯浇自家之块垒。这段文字见出宝玉的才华。

贾政悲谶。不同人物的谜语暗示了他们不同的命运。贾母之谜面是"猴子身轻站树梢"——暗示树倒猢狲散；贾政之谜底是砚台，"端方、坚硬"是其特征；元春之谜底是爆竹——一响而散，声势大但不长久之物；迎春之谜底是算盘——命中注定阴阳之数不同，夫妻难以和谐；探春之谜底是风筝——暗示将要远嫁；惜春之谜底是海灯——预示她出家为尼的结局。这段文字要从全书整体来看，要联系作者家世经历来看，否则会觉得荒诞不稽，这是过来人事后回想时常有的心态。

附录：宝黛谈禅一节文字向来难懂，现转录清朝道光时蒙古族作家哈斯宝的有关解说供读者参考：

宝黛二人的禅语果真是"别人插不下嘴去的"吗？我定要解一解。黛玉用"和你好""不和你好"二语多番反复问宝玉，宝玉答"任凭弱水三千，我只取一瓢饮"，是说任凭宝钗花样种种，我只一心属意于你。"瓢之漂水，奈何？"是说你心若随了宝钗又怎么办？"非瓢漂水，水自流，瓢自漂耳。"是说她的性情由她，我的心在我，我要从便从，不从她又奈何得我。"水止珠沉，奈何？"是说她不再追逐，我一旦死去该如何。"禅心已作沾泥絮"，是说珠沉必落于泥，珠沉于泥便如絮。"莫向春风舞鹧鸪"，宝玉的意思是说，风虽乱，我心如一，不向别处乱舞。"不打诳语"，是要

我的点评

宝玉一言不改。"有如三宝"是说,这还有假吗?(哈斯宝:《新译红楼梦回批》,亦邻真译,内蒙古人民出版社1979年版。)

我的点评

第23回

自元春游幸大观园后,担心贾政封锁此园,于是命众姊妹入园居住,又担心宝玉因此冷清,亦命其一道入园居住。从此,美丽的大观园中开始了一连串美丽的故事。整个大观园莺歌燕舞,生机盎然。小说进入了最美好的阶段。请欣赏:

沁芳闸旁桃花下,落英缤纷,宝玉细读西厢记;

梨香院外墙角边,笛韵悠悠,黛玉静听牡丹亭。

第24回

这一回是贾芸专章。

贾芸求职。写贾芸在贾琏处求情找差事未果,转而求凤姐。为准备见面礼,与舅父一番口角。这是大户人家小宗弟子的命运。世态炎凉,可见一斑。峰回路转,倪二慷慨解囊相助贾芸。此处看似一段闲文,却与后文贾府被抄后的故事联系在一起,伏脉千里,遥相呼应,十分高妙。贾芸求凤姐一段文字,是描写"走后门"的经典之作。贾芸是个关系大师,手段高超,方法巧妙,考虑周全:避开贾琏,甜言蜜语阿谀奉承凤姐,送礼理由冠冕堂皇、合情合理,所送礼物恰合凤姐心意。于是他最后大得凤姐欢心,终于得到一件美差。

贾芸恋爱。与求职穿插进行。也写到小红的种种心理行为。小红的大胆主动给人留下深刻印象。

此回写出了贾府中下层社会的人情世故。贾芸之乖觉，小红之聪明，正是一对极好的姻缘，其中充满了人情味。后40回续书中的贾芸、小红，一个变得十分委琐，一个从此毫无作为，有些不合情理。

第 25 回

这一回写大家族之间的争斗，暗下杀机，阴气森森，杀气腾腾。

赵姨娘与马道婆一段对话，既让人憎恨，也让人觉得赵姨娘的可怜。

宝玉、凤姐发狂之际，众人一片忙乱，曹雪芹却忙里偷闲写了一段薛蟠，传神写照，真是神来之笔。而宝玉病愈之后、黛玉一连声念佛之时，宝钗的玩笑却开得有些低下，颇有点尖酸刻薄，与乃兄相为映照，读者不可轻易放过。

第 26 回

小红佳蕙对话。小红的厚道、见识都超过一般丫鬟。帮小丫头收藏赏钱，"千里搭长棚，没有不散的筵席"等言行，均不同凡人。贾芸再次走上层路线，投机钻营。可与小红文字对照来看。

薛蟠一出场就是个喜剧人物。几个"这么大这么大"，一个"庚黄"就把一个不学无术、无赖可笑的花花公子写得淋漓尽致。

黛玉被晴雯拒之门外。墙内宝钗欢笑，墙外黛玉痛哭。虽只是一个小误会，却写得情真意切，黛玉孤苦无依所形成的敏感、自尊的个性，令人同情感伤。

第 27 回

本章是全书著名章节之一。

宝钗扑蝶嫁祸于黛玉一节十分重要，由此可知宝

我的点评

钗性格。宝钗只是听到小红私语,就判断出是宝玉房中的丫头小红,并且知道小红"素来眼空心大,是个头等刁钻古怪东西",联系到前一回凤姐不认识小红,宝玉居然也不知道小红,可是一向给人以沉默寡言、安分木讷印象的宝钗,居然对小红如此谙熟,不由得使人惊讶她的心机城府之深,甚至让人觉得有些可怕。至于不假思索地嫁祸黛玉,更是不够厚道。

黛玉葬花。这一节文字极美,可视为千古绝唱,要细加品味。

宝玉与探春的一段对话,可以使我们了解探春的内心情感。

第28回

葬花余音。宝玉听到黛玉的《葬花词》后大为痛心,一段内心独白大有哲人意味,"思及花颜月貌终不免于枯槁,想到今日欢歌而明日不复存在,斯处斯园斯花斯柳今日属我而明日不知属谁"等语,具有清醒的生命意识。

宝玉黛玉和解。宝玉一番感人陈辞,打消了黛玉的误会,二人重新和好。然而又因为一件谈论药物的小事,黛玉再度怄气。宝钗在这件事上再度显出圆滑相。

宝玉结交蒋玉菡。在酒席上各人性格不一:宝玉最为典雅,冯子英显得平庸,云儿所言是妓女口吻,薛蟠只是无赖腔调,蒋玉菡则大有戏子之风。与蒋玉菡的交往,为后来的宝玉挨打埋下了伏笔,也为后来袭人嫁给蒋玉菡埋下伏笔。

元妃赏赐。宝钗、宝玉二人礼物相同,这是金玉

我的点评

良缘的一种暗示吗？

第 29 回

清虚观打醮。此番场面写得如同画面一般。

张道士请玉献宝。一个金麒麟引起后来不少故事。宝玉因为湘云有一金麒麟，于是悄悄收起这一金麒麟，不料被黛玉看在眼里。要体味二人此时心理。

清虚观点戏。在神前拈出如下三出戏：《白蛇记》——系高祖斩白蛇起家故事；《满床笏》——一家大小均是朝廷大员；《南柯梦》——最终一切都化为虚无。既然要在神前拈戏，当然想求个好兆头，不料结果如此，又是一次暗示结局。

二玉心事。宝玉、黛玉因为张道士提亲之事再次闹起矛盾。晴雯、袭人从中调和劝慰，宝黛二人的内心活动十分丰富。最后，因"不是冤家不聚头"双双顿悟。

第 30 回

自 23 回起，作者用较大篇幅写宝玉、黛玉爱情纠葛，时好时闹，反反复复，正是小儿女情窦初开时的心理情状。本回写二玉重归于好，宝玉讥讽宝钗，宝钗发怒回击二玉，凤姐以"吃生姜"调侃三人间的冲突，写得有趣传神。

宝玉戏金钏儿。为后文被打埋下伏笔。

龄官画蔷。又是一个情痴。

第 31 回

晴雯撕扇。晴雯是大观园中最有个性的丫鬟，心比天高是其性格写照。她从不能受人低看轻慢，身份虽是奴仆，举止却十分高贵，毫无媚骨。与宝玉的

我的点评

对抗、对袭人的讥嘲,让人难忘。她的尊严让人肃然起敬。

湘云论阴阳。湘云与丫鬟翠缕的对话可爱之极,有读者据此推断宝玉最终与湘云结为伉俪。确实,这一手法与袭人系上蒋玉菡的汗巾,最终结为良缘类似。

第 32 回

此回文字既写湘云之家境,又写宝黛之真情,再写宝钗之善体谅人,最后写金钏儿之死。

主要写了黛玉、湘云、宝钗三位主要人物。

湘云与袭人谈心。

宝黛互诉心事。

宝钗袭人共谈湘云。这一节写得尤其好:先看宝钗谈湘云处境是何等体谅他人,的确感人至深;但突然听到金钏儿跳井自杀时,袭人是"叹息不已,不觉流下泪来",而宝钗则镇定自若地说了一句"这倒奇了",然后"忙向王夫人处来道安慰"。不需作者评论,两厢对照,即可见出人物性格。

第 33、34 回

宝玉挨打。这是《红楼梦》中的重头戏。

挨打缘由有三:见贾雨村时萎靡不振,令贾政不快;私下结交王府戏子,居然得罪王爷;金钏儿之死,贾环挑拨。

挨打后写了各色人物的反应:王夫人、贾母、李纨、宝钗、黛玉、袭人等。(详见本书第四章"宝玉挨打"。)

宝黛赠帕题诗。此时黛玉的一段心理描写十分精彩,可与第 32 回媲美。

我的点评

三、第 35—56 回：夏之欢歌

少男少女在大观园中结社吟诗，贾府女眷尽享宴饮之乐，宝黛爱情如火如荼，《红楼梦》故事进入火热的夏日。

	我的点评

第 35 回

贾母赞钗。贾母第一次公开给予宝钗极高的评价，此后又一再高度评价宝钗，非同寻常。

玉钏儿尝羹。金钏儿之死写出了宝玉的弱点，对待玉钏儿表明了宝玉的长处。一写玉钏儿之任性可爱，二写宝玉之不忘情义——"又是伤心，又是惭愧"。

第 36 回

凤姐算账。涉及贾府的经济问题，是贾府日益衰落的表现。书中一共写了凤姐的四次算账：第 36 回、第 43 回、第 45 回、第 55 回，不妨对照来读。

宝玉梦呓。金玉良缘与木石姻缘。

贾蔷买雀。文字虽不多，写得却十分精彩，与第 30 回中的龄官画蔷呼应。此后开始写这些美丽的女戏子。

第 37 回

探春倡议建一诗社，得到宝玉及众姐妹的一致响应。这是大观园一次盛大的诗会。作诗，是《红楼梦》中重要的内容，是烘托人物的重要手段。黛玉、宝钗、湘云的诗均极富个性。此外，第 50 回中的咏红梅诗、第 63 回的花名酒签令、第 70 回中的《柳絮诗》、第 78 回中的《芙蓉女儿诔》，无论就诗词本身还是就其在作品中的作用，均值得读者细细品读。忽略这些诗词，《红楼梦》的美学价值就要大打折扣。

一群活泼烂漫的少女聚在一处，先起别号，作诗翁，咏海棠、咏菊花、咏螃蟹，一片欢歌笑语，诗兴盎然。她们给大观园带来无限生机活力，是贾府鼎盛阶段的重要点缀。以后，如此快乐的场面将越来越少了。

不妨将探春的倡议书和贾芸的"马屁信"对照来读，一定会有大趣味。探春之信骈散相杂、文笔优美、措辞高雅，充分显示了探春的文采风流；而贾芸文化水平不高，内容零碎，语言庸俗，却也显出贾芸的机灵乖觉、善于钻营。

注意各人的诗作基本反映了个人的性格特点。这是《红楼梦》一书运用诗词的一大成就。

宝钗与湘云有关"菊花诗"的写作构想，大合作诗作文程式。

第38回

螃蟹宴上，贾府女眷欢快轻松，凤姐的机智活泼、平儿与鸳鸯等的嬉闹，都很有趣味。

第39回

这一回书均由平儿串起：

平儿前来讨取螃蟹，引出了大家对诸多丫鬟侍女的评价：平儿、鸳鸯、彩霞、袭人在众人口中确定了角色。

袭人问平儿月钱事，隐伏王熙凤拖延发放众人月钱在外放高利贷，是一个大关节。

刘姥姥二进荣国府。

第40回

刘姥姥进大观园。这一回秋高气爽，欢声笑语，喜气洋洋，大观园内一片欢愉祥和。

我的点评

注意：刘姥姥等人的行踪，刘姥姥的心态。

思考：这一回文字与第 17 回中宝玉大观园题额有何不同？

第 17 回是对大观园做总体介绍，本回只是着重写几处景点；第 17 回主要介绍大观园布局结构，本回则写各处馆所主人的性格特点。黛玉的书房、探春的书房、宝钗的房间、宝玉的房间都各有特色，具有鲜明的个性色彩。

第 41 回

栊翠庵品茶。第一次正面描写清高孤傲的妙玉的住所。

妙玉请黛玉、宝钗入屋吃茶一节，含蓄有味。妙玉请茶，意在宝玉。她把自己常日吃茶的绿玉斗让给宝玉吃，如若不是一往情深，断不会有此举动。妙玉对宝玉情有独钟之处，后文尚有多处。

刘姥姥入怡红院一段，堪称典范。写刘姥姥写得好，写宝玉写得好，写袭人的处理也写得好。一石三鸟，高明。

第 42 回

刘姥姥故事的尾声。宝钗论画见出她的修养学识；黛玉之语，多类插科打诨，此类语言，稳重如宝钗者断不会有，也是一种对比。由此可见，《红楼梦》人物确实具有立体化的特征。

第 43 回

本回书主要记两件事：

凤姐寿辰。

宝玉祭奠。知道宝玉祭的是谁吗？这是宝玉心中

我的点评

的隐痛，所以作者一直用的是暗示手法，但从字里行间可以看出祭的是金钏儿。一是在井台上（金钏儿投井而死）；二是茗烟的祝词暗示死者是一位女儿；三是宝玉回家后看到金钏儿的妹妹玉钏儿正在独自垂泪（暗示这是金钏儿的祭日）；四是宝玉赔笑于玉钏儿——"你猜我往哪里去了？"——显然是去祭奠金钏儿；五是在下一回书中，宝玉为平儿理妆后作者补叙到："今日是金钏儿的祭日，故一日不乐。"看来，《红楼梦》真是字字珠玑，必须细细品读，方能读出其中至味。

第44回

凤姐泼醋。凤姐虽在酒席上喝得昏昏沉沉，但发现异常情况却能如此警觉精明。贾琏的丑态毕现，对此情景凤姐倘若没有激烈反应就不是凤姐。历来读者对此时的凤姐持讥讽态度，作者也说"凤姐泼醋"，但这是一个有个性的女子的正常反应。难道凤姐要像邢夫人一样吗？设身处地为凤姐想想，在这件事上，凤姐挺可怜的。

平儿理妆。凤姐因为贾琏和鲍二家的说到平儿的好话，仗着酒性打了平儿，极度委屈的平儿得到了宝玉的极度关爱。宝玉为平儿理妆一事，尽显宝玉天性。宝玉待女儿之真诚、之关切让人感动，古今罕有。

第45回

前一回大动干戈，闹出人命；这一回风平浪静，写出贾府温暖的一面：凤姐与李纨斗嘴取笑，对贾琏奶娘赖嬷嬷客气与厚待；宝钗访黛玉诉说衷曲，黛玉把宝钗引为知己。黄昏时分，秋雨淅淅沥沥，黛玉满怀

我的点评

悲凉作《秋窗风雨夕》，可与《葬花词》对照来看，都体现黛玉内心的悲苦。随后宝玉的雨夜来访，倍感温馨。

清寒与温馨，在这一回中相互交织，互为映衬。

第 46 回

鸳鸯抗婚。刚烈之鸳鸯跃然纸上。

邢夫人纯粹是一个无头脑、无心肺之人，"只知承顺贾赦以自保，次则婪取财货为自得"。

第 47、48 回

薛蟠挨打。可以将这一回中的柳湘莲拳打呆霸王与《水浒传》中的"鲁提辖拳打镇关西"做一比较，可知写到打人、写到拳脚功夫，曹雪芹的文笔较施耐庵相差甚多，曹雪芹写贵族生活、写吟诗作赋之本领则无人能及，这大概与他的生活阅历有大关联。

贾琏挨打。为了 20 把古扇，贾雨村巧取豪夺，以讨好贾赦，害死石呆子。这为后文贾府被抄埋下伏笔。

香菱学诗。一段极美的文字，写出了黛玉、湘云的才学修养，更写出了香菱的入迷执着——苦心学习、反复修改、梦中得诗，这不正是作文成功的必由之路吗？试问中学生朋友，你们下过这等功夫吗？

第 49 回

红楼梦中最美的章节之一。

大观园又添佳丽。邢岫烟、薛宝琴、李纹、李绮同至贾府，给贾府带来无限乐趣。注意不同人物对此的反应：黛玉先是欢喜，后感孤独，不免垂泪；宝玉感慨万端，赞不绝口："老天，老天，你有多少精华灵秀，生出这些人上之人。"晴雯道："四人倒像一把子四根

我的点评

水葱儿。"探春说："咱们的诗社可兴旺了。"王熙凤则满肚子心机，将岫烟安排在迎春处，万一将来有个不是，邢夫人也不好怪罪。

琉璃世界白雪红梅，最美的画面。大观园的雪景在作者简洁明净的笔触下如同仙境一般，琉璃世界中红装红梅使小说有了诗歌的意境。其中，湘云、宝琴以及被暗场处理的栊翠庵中的妙玉，多写得极尽其妙。

第 50 回

即景联句三英战湘云。宝琴、宝钗、黛玉三人轮战湘云，湘云之才在此显现得淋漓尽致。

宝玉访妙玉乞红梅诗做得甚好，运用暗场处理手法，读者可以想象宝玉到栊翠庵向妙玉求索红梅时的情景，一切尽在不言中。

白雪红梅。宝琴在四面粉妆玉砌、一瓶红梅映衬之下与宝玉一同出现，确是一幅极为美丽的图画。宝琴自小随父游历，见多识广，相貌姣好，品行亦佳，才华也十分了得。

第 51 回

袭人探母。袭人自第 34 回宝玉挨打向王夫人进言后，便深得王夫人看重，第 36 回便确定了袭人准姨娘的身份——给她每月二两银子一吊钱，完全比照赵姨娘的待遇。此番探母，由于凤姐已经得知王夫人的态度，于是兴师动众，大大地给了袭人一次极高的待遇："传一个跟着出门的媳妇，管家媳妇，带两个小丫头，外派四个有年纪跟车的，穿几件颜色好衣裳，大大各色一包衣裳……"读者不妨将袭人探母与元妃省亲做一个比较。

我的点评

 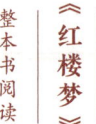

晴雯上夜。袭人回家探母,晴雯、麝月负责看护宝玉。这是一个温馨动人的夜晚。袭人走后,怡红院里多了点随便和松散,增加了点亲密和自然。宝玉和晴雯、麝月二人的宁静和谐,晴雯的调皮可爱,为怡红院增添了纯洁优美的情趣。同时,也埋下晴雯生病的伏笔,一直延续到第74回晴雯被逐出大观园。

第 52 回

晴雯补裘。晴雯有出众的美貌和才能,更有人格和傲骨,她同宝玉之间在名分上是奴仆与主人,实际上是知音和朋友。她任情任性,自尊自重,深得宝玉敬重。本回晴雯如此病重,却挨着为宝玉补雀金裘,心灵手巧由此可见,体贴关心宝玉由此可见。

第 53 回

前几回主要写大观园中儿女之情,从本回开始,侧重写严酷的社会、贾府的规矩礼法。

乌进孝缴租。由乌进孝与贾珍的一段对话可知贾府经济状况的江河日下。

除夕祭祖。通过宝琴的眼睛,写贾府祭祖时气氛之庄严肃穆,礼法之森严。这是一个极大的场面描写,可与第18回元妃省亲时的场面对照来读。这一场面写出了贾府祭祖的庄严隆重:"俟贾母拈香下拜,众人方一齐跪下,将五间大厅,三间抱厦,内外廊檐,阶上阶下两丹墀内,花团锦簇,塞得无一隙空地。鸦雀无闻,只听得铿锵叮当,金铃玉珮微微摇曳之声,并起跪靴履飒沓之响。"场面音响所营造出的庄严肃穆的氛围,使人有身临其境之感。这段文字,既可当文化来读,也可当"讽刺诗"来读——一想到贾珍贾

我的点评

琏之流此时一本正经的模样，就让人忍不住要发笑。

第 54 回

元宵夜宴。正月十五晚，贾母摆几桌酒，请一班戏，与众儿孙吃饭看戏。一场家常饭，有几处细节值得注意：黛玉请宝玉饮酒，此举大失闺阁体统，可以想见当时贾母等人的内心感受。黛玉如此不注意影响，难怪会渐渐失去大家的好感。随后的贾母论书，就多少有点指桑骂槐，暗讥黛玉。

第 55、56 回

探春理家。因凤姐生病，荣国府暂时将管家大权交给探春、李纨、宝钗三人。用李纨是因为她是已婚女子，又是长嫂，有些事处理起来比较方便；用探春是因为她为人精明强干，颇有能力。而宝钗只是亲戚，为何委托她管理家事？有人说，这是贾府对宝钗的考察，是宝二奶奶的试用期。探春等人组成的领导班子，实行了一系列改革措施。这是贾府江河日下时，探春才能性格的一次大展示。"生于末世运偏消"，任是探春如此兢兢业业、精明能干，也无法挽回贾府的颓势。但不管如何，这两章实在是"探春专章"。

树立威信。探春初掌任，众人毫不在意，不把一个未出阁的闺女放在眼里。但第一件事就树立了探春的威信：赵姨娘的哥哥赵国基死了，该如何发放抚恤金呢？吴星登的女人有意为难探春，不给她提任何建议，大概想看看探春如何处置。不料探春洞若观火，一眼看穿她的把戏，一顿责骂，让下人领教了她的精明强干。对赵姨娘的纠缠，探春坚持原则，不为所动。两件事后，大家方知道探春果然不是好惹的，这才一

我的点评

个个小心翼翼,不敢有任何差池和马虎。

开源节流。节省不必要的开支,免去了宝玉、贾环、贾兰的上学银钱,免去了姑娘们的头油脂粉钱;同时,想办法开辟财源——承包大观园,每年因此可以增加几百两银子的收入。

探春的措施是一个有为女子对一个行将垮台家族的最后的拯救。然而,她终究没有足够的权利和时间,但是探春的才华却如同划过天空的耀眼的流星,给人留下深刻的印象。

我的点评

四、第 57—104 回:秋之肃杀

贾府开始衰败。抄检大观园后,大观园中众女儿香消玉殒,悲剧逐次上演。肃杀的悲秋已然来临。

第 57 回

紫鹃试玉。紫鹃一番试探性的话语,试出了宝玉对黛玉的一片真情。一句玩笑话,使宝玉"急痛迷心",丧魂失魄。这次风波,宝玉悲伤,黛玉感动,贾母、王夫人担忧,薛姨妈则似乎有些着急,所以第 57 回中专门有几大段写薛氏母女在黛玉处大谈月老牵红线之语。请细细体会作者是如何描绘宝玉当时的情状的:发呆、出神、下泪、一头热汗、满脸紫胀。

第 58 回

贾府打发戏班子,12 位女孩各有定处。这一回的焦点定在这群演艺界的美丽的姑娘身上,可与第 30 回

我的点评

的"龄官画蔷"参照来读。一是痴情的男女之爱,一是痴情的同性之爱,两种情状,一样痴情,偏偏又都让宝玉碰上,并极力爱惜帮助。既是写龄官、藕官、芳官等人,更是写宝玉的至情至性。

宝玉对杏流泪叹息一段文字,堪称典范,是诗人哲学家风范。

第 59 回

宝玉的女子"三阶段"论——未嫁女子是宝珠,结过婚的女子就是死珠子,等到年老就简直是死鱼眼睛——是一种极为独特的感受。于是,本章大写春燕的母亲——芳官干娘的行事鲁莽,可憎可气可怜,作为印证。

贾府主人外出数日,整个宅子便四处火起,八方告警:"这三四日的工夫,一共大小事出来了八九件了。"

第 60 回

一场化妆品风波,赵姨娘又唱了一出丑角戏,与芳官大打出手。看赵姨娘的语言、动作,十分可笑滑稽;看芳官的行为,你可以想见一个泼辣厉害的小姑娘。大观园里硝烟阵阵,斗争规格越来越高。

第 61 回

厨房风波。

柳氏的语言是活脱脱的下层妇女的口吻,一张嘴丝毫不饶人。曹雪芹写谁像谁。司棋大闹厨房太过张狂,有些过火,但也是性格使然。与后文抄检大观园时她的敢作敢为都是本色,有英雄气。再看小蝉、莲花儿等人趁机生事的行为,可知柳氏一家在大观园也得罪了不少人。

我的点评

厨房风波俨然一出政坛上的争斗图，各人都在此显出自己的本性：宝玉善良，凤姐严酷，平儿精明公允——平儿在这件事上处理得极为有策略、有水平。

第62回

宝玉生日。极热闹的一回，许多人物再次亮相。

看宝玉如何过生日，了解风俗文化。

为宝玉、平儿、宝琴、岫烟祝寿，作者竟然忙里偷闲写宝钗的精明。细细体会她锁上通往大观园大门的那段文字，可知宝钗对贾府中的一切了如指掌，在不动声色中静观贾府的一切，甚至连平儿这样精明的人都需要宝钗的告诫指点。难怪贾府最终选定宝钗为儿媳，贾府确实需要一个能够主内持家的有德有才的"内当家"，黛玉可堪此任否？

湘云醉眠芍药裀一节文字，如诗如画。

宝玉因为香菱裙裾沾湿，急香菱之所急，真是本性流露。

第63回

本回可称为大观园最后的晚餐。众女儿欢聚一堂尽情欢乐，此后便日趋悲凉。

各人所掣花签，真正是花如其人，诗如其人。这是作家的寄托之笔，不宜过分较真，要好好品味这些花签诗句。

妙玉在众人欢聚之时，悄然递上一张"生日贺卡"，请揣摩她当时的心情。

贾敬服丹身亡，看此后贾珍、贾蓉父子的禽兽行径！

我的点评

第 64 回

如电影镜头之切换,小说很快就由贾珍父子丑恶的画面切换到宝玉黛玉之间的纯美感情之上了。两种情调,对比强烈。

黛玉的"五美吟",本是借古人抒自家怀抱。王蒙说:"此处插进一段'五美吟',未见十分佳妙,颇觉可有可无。"但如果与上下文对照来读,一是禽兽行径,一是纯美心灵,则妍媸分明,颇有情味。

第 65 回

尤三姐巾帼风采,魅力四射。

兴儿演说荣国府,妙语连珠,这是从另一个侧面点染人物。

第 66 回

尤三姐自刎殉情,做了贾府淫荡的牺牲品。极具戏剧化特点,是戏剧常用的题材。

死后前往太虚幻境,与小说第 5 回发生勾连。

第 67 回

柳湘莲因为尤三姐自刎,心冷情绝因而出家,薛蟠因此大哭,令人感动;宝钗则极为冷淡。多么丰富、立体的人物形象!

宝钗对金钏儿、柳湘莲这些人如此冷淡,是因为他们对她已经毫无价值。但是对现实中的任何人,宝钗都十分在意。比如,送礼给贾环就让赵姨娘着实感动了一回。她确实"会做人"。

送礼一事,写了三个人:宝钗、黛玉、赵姨娘。

贾琏偷娶尤二姐一事终于泄露。一笔笔写来,一步紧似一步。先是宝钗听说,再是袭人遇上,最后终

我的点评

于被凤姐审出。真是山雨欲来风满楼。

第68、69回

这两回应该合读。如果说王熙凤害死贾瑞还情有可原，那么，她对尤二姐的残害就只有用阴毒残忍来形容了。这几回文字最能体现王熙凤的为人。仔细看看她所采取的一系列阴谋，就很容易知道什么叫"口蜜腹剑、两面三刀、猫哭老鼠"。

凤姐用计害死尤二姐，几乎用尽了孙子兵法。她残忍冷酷，无所不用其极。

但这是一柄双刃剑。尤二姐固然受害，凤姐也因此埋下失败的根子。她彻底得罪了贾琏；她为消灭尤二姐的所作所为，又将整个贾府推向悬崖。后来贾府被抄，相当程度上是凤姐种下的祸根。正所谓"机关算尽太聪明，反误了卿卿性命"。害人者恒害己。

第70回

重建桃花社。几回丑恶阴毒的故事之后，开始了一片明丽欢快的诗的境界。《红楼梦》就是这样美丑交替，此起彼伏。做完诗词再放风筝，何等快乐！但是，单纯的快乐早已不复存在。

第71回

贾母寿辰。场面宏大，但情趣殊少，较前之家常小宴逊色多了。大观园中春光融融、欢歌笑语的日子越来越少了。生日宴上一件仆人怠工的小事，竟然引发贾府上层的直接冲突。邢夫人对凤姐的一番话，表明婆媳二人的冲突已达到顶点。长期的矛盾蓄积，如今贾府成了一个火星就能够点燃的火药桶。

第72回

贾府财政发生危机。请看清代一位有心读者为贾府开列的一笔收支账单:

两府中上下内外出纳之财数,见于明文者,如芹儿管沙弥道士每月供给银一百两;芸儿派种树领银二百两;给张材家的绣匠工价银一百二十两;贵妃送醮银一百二十两;金钏儿死王夫人赏银五十两;王夫人与刘姥姥二百两;凤姐生日凑公分一百五十两有余;鲍二家死,贾琏以二百两与之,入流年账上;诗社之始,凤姐先放银五十两;贾赦以八百两买妾;度岁之时,以碎金二百五十三两六钱七分,倾压岁锞二百二十个;乌庄头常例物外缴银二千五百两,东西折银二三千两;袭人母死,太君赏银四十两;园中出息,每年添四百两;贾敬丧时,棚杠、孝布共使银一千一百一十两;尤二姐新房,每月供给银十五两;张华讼事,凤姐打点银三百两,贾珍二百两;金自鸣钟买去银五百六十两;夏太监向凤姐借银二百两;金项圈押银四百两;薛蟠命案,薛家费银数千两;查抄后欲为监中使费,押地亩数千两;凤姐铁槛寺得银三千两;贾母分派与赦、珍等银万余两;贾母之死,礼部赏银一千两。无论出纳,真书中所云如淌海水者。宜乎六亲同运,至一败而不可收也。(清·姚伯梅:《评红楼梦》)

第73回

山雨欲来风满楼。几件偶然的小事偏被人做大,造成一股大势,遂演变成为抄检大观园的悲剧。

小雀报信、晴雯造势、探春推波助澜，不同的人都在各自的位置上点火，虽然都只是几点小火星，不料却燃起一场大火，最后烧毁一切。偶然中有必然。事实上，一旦矛盾激化到一定程度，任何事情都可能成为导火索。

小雀偷听到贾政、赵姨娘的谈话，赶紧跑到宝玉处讨好报信；晴雯为了帮助宝玉逃过次日可能发生的责罚，借着门外一声响的小事大造声势说外面有人入园吓着了宝玉；探春因为近来治家颇觉家风败坏纲纪松弛，遂在贾母面前汇报近来赌博成风。贾母一怒之下下令盘查，于是查出许多有头有脸的人物犯禁，其中有迎春的奶母。邢夫人因为是自己的女儿身旁人出事，觉得脸上大为无光，认定这是针对自己而来的，是有人故意找茬。恰好傻大姐在大观园中拾得绣有色情图案的"绣春囊"，于是借此向王夫人、凤姐发起攻击。可以想见王夫人此时的愤怒和震惊！

迎春房中，丫头媳妇的一番争吵，除看出迎春的懦弱外，更可见下层奴仆也已经乱了起来。贾府上上下下都是"乌眼鸡一般，恨不能你吃了我，我吃了你"。

第 74 回

抄检大观园。

傻大姐在大观园内拾到一只绣有淫秽人像的香袋，邢夫人借此攻击贾府掌权的王夫人。于是，王夫人下令抄检大观园。这次抄检，暴露了贾府中主子之间、主奴之间、奴仆之间的多重矛盾。司棋、芳官、晴雯等人都是这一事件的受害者，而晴雯之死，更是《红楼梦》中一个巨大的冤案。这是对大观园众儿女致命的一击。

我的点评

一场内部残杀。大观园中的欢乐从此画上句号,大观园从此愁云惨淡、满目萧条。大观园的春天已经结束。

王善保家的小人得志便猖狂,这类人至今绵延不绝。

各色人等在这一事件中表现各异:晴雯孤注一掷做最后的抗争;探春严阵以待予以迎头痛击,一番陈辞——"必先从家里自杀自灭起来,才能一败涂地",读来字字是血,是对这个大家族的绝望、愤恨之语,一记耳光,使人在窒闷的气氛中喘出一口气来,真是女中之豪杰;惜春之举怯懦冷酷,乃有自私之嫌;司棋是这次抄家的直接原因,也是最大的牺牲者——付出了生命、爱情,但是她的从容镇静令人钦佩!

第75回

开篇便是甄府被抄。"将真事隐去",这是作者的良苦用心。"甄(真)"即是"贾(假)"。"甄家"自家抄家之后,果然外面来抄了;"贾府"内抄已毕,外抄自然不远矣!

李纨屋内,宝钗正要"请假外出",要离开这是非之地;探春仍然处在愤激之中,"乌眼鸡"之说,沉痛之极。

宁国府大开赌局,一派堕落气象。贾府已经从根子上烂了。此事又为后来"被抄"添上一条罪名。

宁国府开宴,一声长叹,令人毛骨悚然;荣国府开宴,缺席者甚多,已显江河日下之气象。贾赦"偏心父母"的笑话也是一种自然流露。再也见不着昔日快乐的家宴了。

我的点评

第76回

品笛、联诗，本是雅事乐事，但至此全成哀音。"寒塘渡鹤影，冷月葬花魂"，凄清衰颓之至。一切均是渲染抄检大观园之后的萧瑟。

第77回

司棋、晴雯、芳官、四儿一一被逐出大观园。宝玉在这一事件中受害亦极深。对于这位视女儿为生命的"怡红公子"来说，身边女儿的风流云散、生离死别，于他是最大的不幸。宝玉后来的出家在很大程度上是王夫人一手造成的，她摧毁了宝玉生命的基石，而这一切又都是出于关心、爱护宝玉。这就是人生的悲剧。

第78回

晴雯惨死。宝玉做出绝美的《芙蓉女儿诔》，至情之人写至情之文。

其间穿插宝玉奉命写《姽婳词》，宝玉似有逢场作戏之嫌。当初金钏儿投井，宝玉尚且"神思恍惚"，而今最为关爱的晴雯死去，宝玉居然能做此游戏文字，委实不可思议。有专家说，这是宝玉借林四娘之事颂女儿之才，姑做参考。

没有古诗文修养的读者读此回会有味同嚼蜡之感。王蒙盛赞此诗曰："汪洋恣肆，古朴风流，立意新奇，气魄宏大，文字讲究，颇费心思，堪称《红楼梦》中诗文之冠！"

第79回

迎春出嫁，真正关心迎春、为之担忧者只有贾政、宝玉父子。人去楼空，大观园日益萧条矣。

我的点评

薛蟠娶妻，似一出闹剧。

第80回

本章专写另一类女子——夏金桂，与"大观园"诸女儿形成鲜明的对比。开篇写金桂"脖项一扭，嘴唇一撇"，此二句极为传神地写出此人的品位层次。相貌固然胜似天仙，这一表情便足以败人兴致。品性、气质的重要由此可见一斑。告诫天下未入婚姻"围城"者，选择配偶的第一标准是——品性善良！

第81回

80回后，《红楼梦》续书韵味真的减少了许多，几百年来无数读者的感受是不错的。

探春钓鱼一节，写宝玉太过欢快。先是为迎春事大哭，后又见"沁芳亭萧疏景象，人去楼空；蘅芜院香草依然，门窗掩蔽"之状，而此时却"笑着跳出来"，情绪转换太快，就不像宝玉的为人了。

追查赵姨娘、马道婆旧事，过于落实，反显得鬼气森森，不好。

但其中也有不少片段仍是趣味十足。

第82回

宝玉上学。难以再现往日学堂氛围。是心境不佳？是作者笔力不逮？

黛玉的两段话值得注意：宝玉从学堂回来后，黛玉问道："你上头去过没有？""别处呢？"当宝玉答道去了贾母、王夫人处后就直接来见黛玉时，黛玉才颇为满意。这确是黛玉的心态语言。但接着黛玉大谈八股文却极不协调："（八股文）内中也有通情近理的，也有清微淡远的。"——这番话出自黛玉之口，要多别

我的点评

扭有多别扭。虽然这在情节上有其必要性，因为此前只介绍宝玉的诗才文才，但八股功夫尚未涉及，如果不写，后来宝玉的一举中第便显得没有着落。不过，这种伏笔的任务完全没有必要由黛玉承担。续作者高鹗举子出身，对八股文极为熟悉，有着特别的爱好。读者在此不妨了解昔日学堂如何教书，也可算是《红楼梦》这部百科全书中的一科吧！

写袭人、黛玉心事。袭人目睹贾府中姨娘的不幸，担心自己以后的处境，小心翼翼地投石问路，打探黛玉的内心；不料黛玉不解袭人意图，一句"不是东风压倒西风，就是西风压倒东风"，彻底斩断了自己与袭人之间可能的联合，从此袭人一心盼望宝钗能够取代黛玉成为宝玉的妻子。黛玉的心思以及梦中情境合情合理，是续书中的精华。

第 83 回

诸多烦恼、不幸纷至沓来。大厦将倾，回天无术矣！

黛玉生病。黛玉之病，看似突然，其实蓄势已久。她本性多愁善感，大观园之变，晴雯之死，迎春误嫁，诸多女儿的不幸焉能不在她心中引起震撼！只是书中着重写宝玉对这些事件的反应，至于黛玉心中的巨大伤痛则伏诸阙如，但读者不难揣摩体味出来。

贾母听了黛玉之病"自是心烦"，一番话中已经明显露出不满，与下一回对宝钗的赞不绝口形成鲜明对比。

用晴雯、湘云、大夫、周瑞家的诸人言语多方渲染黛玉病症，危乎殆哉！

我的点评

元妃又病,不祥之气逐渐弥漫开来。

第 84 回

贾政大谈八股文。第 82 回黛玉谈八股之事应让贾政来说,这才合理。

贾母盛赞宝钗。后又将钗黛对举,一扬一抑,倾向分明。

王熙凤正式提出宝玉、宝钗婚事,众人首肯。有读者云:凤姐力主宝玉娶宝钗一事,不合情理。宝钗如此精明强干,一旦入主贾府,则凤姐尚有何地位?而如果是黛玉为主妇,自己依然可以执掌治家大权。此说大不然。一者不了解黛玉——黛玉一旦为宝玉妻,以彼聪明灵慧,定然无人能在她面前玩弄把戏!二者,宝玉之婚姻,凤姐岂能做主?她只有顺承贾母旨意办事。正如从前她以为贾母有意于黛玉因而常取笑黛玉将做宝玉之妻一样,此时,贾母一再称扬宝钗,聪明如凤姐者难道还不知贾母的心思吗?

第 85 回

宝玉拜见北静王一节,文字虽多,意趣却少。

黛玉此回生日最为热闹,可怜黛玉还蒙在鼓里,以为是贾母宠爱有加,殊不知这在很大程度上是贾母的一种补偿心理。以往黛玉生日何曾热闹过?

薛蟠又犯命案。为救薛蟠,薛家、贾家上下打点,终于化险为夷。第 4 回是贾雨村一人包揽,而今贾府失势,只有靠自家出面了。这是一出司法腐败的丑剧。

第 86 回

薛蟠命案余音袅袅。

我的点评

宝钗论占卜算命，黛玉论琴声琴韵，都不妨作为文化来欣赏。

第 87 回

黛玉的感伤情绪日益浓厚。

《红楼梦》行文至此，人物对话神韵渐失，废话过多，平淡无味的对白随处可见。但是本回中，宝玉与妙玉的对话写得极为精彩，可圈可点。

《红楼梦》行文至此，一干人等都失去了从容不迫的心境，都有点猴急。黛玉迫不及待要伤感，妙玉迫不及待要动情，太直太露了些。

第 88 回

妙玉被劫。

再写贾芸、小红，但神韵已无。

第 89 回

此回写黛玉肖像："簪上一枝赤金扁簪"，使黛玉顿时成"俗人"，曾为张爱玲所诟病。（参见张爱玲《红楼梦魇》。）

黛玉听雪雁"宝玉定亲"一番话后，内心受大震撼，只求速死。绝望的心态行为，历历如在目前，很传神。黛玉之病，写得波澜起伏，扣人心弦。

第 90 回

黛玉一场大病，来得迅速，去得离奇。贾母心中有数，开始考虑如何解决。终于公开评议宝玉婚事了。贾母指出黛玉的两大致命缺陷：性格乖僻，体弱多病。考虑得十分现实，确是长辈的一片苦心，但是对于宝玉、黛玉当事人的感受却丝毫不加考虑。专制制度就是如此让人痛苦。即使是出于好心的专制，都

我的点评

可能给人带来巨大的伤害。

第91回

承接上回写金桂、宝蟾勾引薛蝌，平淡。

宝玉婚事。长辈早已心有成算，当事人却蒙在鼓里一无所知，读来让人心酸，而黛玉满心以为有情人终成眷属的误会尤其令人心酸。本已是杯弓蛇影之人，更哪堪致命的一击。

第92回

宝玉逃学。巧姐论学的一番话让人起鸡皮疙瘩，意趣全无，腐气冲天，活脱脱一个冬烘先生的口吻。

司棋殉情。第74回抄检大观园之余波，泛起如此凄美的一朵浪花。

冯紫英推销。冯紫英前往贾府推销奢侈品，串起若干大关节：

1. 凤姐由此提及"置些不动摇的根基，往后子孙遇见不得意的事，不至于一败涂地"，直连第13回可卿临死前的托梦之语。当时凤姐深以为然，此刻旧话重提，可见此话时刻萦绕在她的心头。可惜此事关系重大，非凤姐一人所能为，贾琏等人对此不屑一顾，凤姐也是心有余而力不足。

2. 涉及贾雨村。从他们的对话间接知道"雨村又要升了"，还对雨村做了一番介绍，不可忽视："岂知雨村也奇，我家世袭起，从代字辈下来，宁荣两宅人口房舍以及起居事宜，一概都明白，因此遂觉得亲热了……几年来门子也会钻了，由知府推升转了御史，不过几年，升了吏部侍郎，署兵部尚书。为着一件事降了三级，如今又要升了。"如此会钻营的雨村，是否

我的点评

让读者感到惊异?

3. 涉及甄府被抄。贾赦十分自信地说:"咱们家是最没有事的。"自信得可以。

4. 贾府不买冯紫英的物品,实际上是家境衰败的标志。

第 93 回

宝玉忽遇蒋玉菡。蒋玉菡的出场是为后文的袭人出嫁做准备,否则会显得太过突兀。长篇小说人物众多,有些次要角色出场太少,作者就会适当安排他们出来走走,以免读者忘了他们。

包勇投靠。甄家被抄,一封书信,写得感伤哀切,但贾政却毫无兔死狐悲之感。贾府被抄已为时不远矣!鱼游釜中居然还优哉游哉,真令人感慨万端。

水月庵事件。贾芹与一班尼姑鬼混,闹得乌烟瘴气,暗场处理。

第 94 回

怡红院海棠异兆。海棠花开是异事,颇有些神秘气息。探春、凤姐、黛玉等人各自反应不一。事情本属偶然,但不同的人有不同的反应则是必然。

第 95 回

这一回中,贾府乱上添乱,都是致命打击。

元妃突然死去,贾府失去一大支柱。

王子腾本已任命为内阁大学士,却突然死在赴任路上。

宝玉失玉,神志不清。

第 96 回

金玉缘定。宝玉失魂,贾府病急乱投医,于是想

我的点评

到用结婚来冲喜。细品贾政外放上任前与贾母的一段对话及相关描写，真是有情有义、情真意切、令人感动。宝玉、宝钗、黛玉的三角关系，到了最后关头。金玉合缘，对宝玉、黛玉都是致命的打击，人人对此都十分清楚，但无人在意。在感情上，在关系到他人的幸福和性命的问题上，也企图借助瞒和骗这些阴谋手段，并为此自鸣得意。真让人感慨万端！

黛玉失魂。黛玉惊闻傻大姐泄露机关，完全惊呆。这一段描写实在传神，让人心碎，让人欲哭无泪。这是续书罕见的绝妙文字，是高鹗续书中最动人的部分。黛玉听到宝玉即将与宝钗成婚的消息后："那身子竟有千百斤重的，两只脚却像踩着棉花一般，早已软了……颜色雪白，身子恍恍荡荡的，眼睛也直直的，在那里东转西转。"简短的几句话，写得极为传神。黛玉之死更是催人泪下。请看她对紫鹃的一番话："妹妹，我这里并无亲人。我的身子是干净的，你好歹叫他们送我回去。"真有一种撕心裂肺的惨痛！她临死前的"宝玉，宝玉，你好……"，表达了黛玉此刻极其复杂的心情。此外，黛玉焚稿断诗情，临死时的环境描写，李纨、紫鹃等人的心理和行动描写都是不可多得的文字。如此动人的篇章，与前80回相比毫不逊色。

第97回

这一回是续书中非常杰出的文字，许多文字都十分值得细细咀嚼。

贾母感慨。贾母探望黛玉之后发了一番感慨："若是他心里有了别的想头，成了什么人了呢？我可

我的点评

是白疼了他了。"让人心惊心冷，顿生无穷悲哀——我们的传统中有着太多的冷酷无情，即使在践踏他人感情和生命的时候，居然还能如此庄严神圣、义正词严。

凤姐试玉。凤姐试探宝玉道："给你娶林妹妹过来好不好？"尤使人觉得悲凉，不但毫无悲悯，反而嘻戏谑笑！

宝钗心事。这桩婚姻大事，宝钗持什么态度？——"始则低头不语，后来便自垂泪。"她是一个心性极高又极富才情的人，一心渴求"好风凭借力，送我上青云"。这时她真的会兴高采烈地嫁给这个为了另一个女孩而处在癫狂状态，只会胡言乱语的宝玉吗？（能够为宝玉献出一切，不计较他是疯是傻是颠是狂的人只有一个，那就是此刻正挣扎在死亡边缘的黛玉！）宝钗似乎不会如此。薛姨妈呢？"看着宝钗心里好像不愿意似的"，但儿子薛蟠此刻正在死囚大牢中，为了得到贾府的鼎力相助，面对贾府的求婚自是不好推脱。一场婚姻就这样成了一笔交易！

黛玉焚稿。这是痴情人最绝望的举止。当绝望到将最心爱之物付之一炬时，一切都终结了，什么希望都不存了，是痛入骨髓的悲哀。

宝玉娶亲。用黛玉的丫鬟雪雁扶"新人"，待揭开头盖后"雪雁走开，莺儿等上来伺候"。一连串阴谋的每一个细节都设计得如此天衣无缝、滴水不漏。宝玉在极度震惊中的发怔乃至旧病复发，让多少读者为之泪下。古人云：不是情人不泪流。信哉此言！不知宝钗此时心态如何？在自己新婚典礼上，自己的丈夫为了另一位女子发疯，声称该娶的是别人，对此有哪一个女

我的点评

子能够无动于衷?宝钗亦是大不幸之人也!"玉带林中挂,金钗雪里埋。"在这场婚姻交易中没有胜利者。

第 98 回

黛玉之死。与前一回宝玉娶亲等喜庆场面遥相呼应,形成一种让人感慨万千的对比效果,强烈的反差使人喘不过气来。

宝玉哭灵。这一节写得比较粗疏,无非是"号啕大哭,气噎喉干"等字眼,殊无传神之处,反不如越剧《红楼梦》中的有关唱词动人。现录于此,供读者诸君对照体味。

《红楼梦·第十二场·哭灵、出走》(徐进编剧)

> 林妹妹……我来迟了!我来迟了!……
> 金玉良缘将我骗,
> 害妹妹魂归离恨天,
> 到如今,人面不知何处去,
> 空留下,素烛白帏伴灵前。
> 林妹妹!林妹妹!
> 如今是千呼万唤唤不归,
> 上天入地难寻见,
> 可叹我,生不能临别话几句,
> 死不能扶一扶七尺棺!
> 妹妹啊!
> 想当初,你孤苦伶仃到我家来,
> 只以为暖巢可栖孤零燕,
> 我和你,情深犹如亲兄妹,
> 那时候两小无猜共枕眠。

我的点评

《红楼梦》整本书阅读

	我的点评

到后来，我和妹妹都长大，
共读《西厢》在花前，
宝玉是剖腹掏心真情待，
妹妹是心里早有你口不言。
到如今，无人共把《西厢》读，
可怜我伤心不敢立花前。
曾记得怡红院尝了闭门羹，
你是日不安心夜不眠。
妹妹呀，你为我一往情深把病添，
我为你，睡里梦里常想念。
好容易盼到洞房花烛夜，
总以为美满姻缘一线牵，
想不到林妹妹变成宝姐姐，
却原来，你被逼死我被骗！
实指望，白头能偕恩和爱，
谁知晓，今日你黄土垅中独自眠！
林妹妹，自从居住大观园，
几年来，你是心头愁结解不开，
落花满地伤春老，
冷雨敲窗不成眠，
你怕那，人世上风刀和霜剑，
到如今，它果然逼你丧九泉。

王蒙对以上几回有一总评，可供参考：连续几回写宝黛爱情悲剧和玉钗婚姻悲剧，熙熙攘攘，大喜大悲，甚见功力，实是续作的奇迹，古今中外，有这样的续作，实在难以置信。

第 99 回

贾政外放。这一回放笔写出了《红楼梦》前面不曾写过的崭新领域——官场腐败。名著的丰富性由此可见一斑。有人说贾政是假正经,这话不对。他是真正经。只是他迂腐无能之极,只能受下属摆布。请看诸随从联合怠工以整治贾政一节,请看李十儿评议官场现状一节,可知当时吏治已经从根子上烂掉了。

探春定亲。大观园又失一好女儿。

第 100 回

此回写两位女儿:一探春,一金桂。同是女儿,为何却有天壤之别?

探春即将远嫁,众人反应各不相同。赵姨娘对女儿的言行虽然怪异,却也是探春长期以来对她的鄙夷所致,这种母女情今人看来匪夷所思,但在当时却并不奇怪。

本回十分平淡。

第 101 回

这一回值得关注。

凤姐在大观园中受到惊吓,贾琏为妻兄王仁说情,已经隐隐显出贾府与亲戚之间的危机。可惜叙事拖沓,废话太多。

凤姐与贾琏、宝玉与宝钗两对夫妇在此又是一个对比。宝玉之体贴,贾琏之无情,连凤姐亦为之羡慕、感伤不已。

凤姐近来变得疑神疑鬼,内心虚弱了许多,与从前判若两人。转变得过于突然,抽"衣锦还乡"签一事,似有急于收场之意,失之草草。

我的点评

第 102 回

探春远嫁,写得何等干枯,毫无趣味。

尤氏占卜。尤氏在大观园中邪犯病,请人占卜一节,虽然写得鬼气森森,有些玄怪,但多少显现了贾府上下疑神疑鬼的心态。同时,也可以顺带了解一种古代文化。

美丽的大观园至此变成一个人人恐惧的阴气森森的所在。"崇楼高阁、琼馆瑶台,皆为禽兽所栖。"庞大的贾府在物质层面与精神层面上都垮掉了!

第 103 回

贾政放任李十儿之事终于事发,被已成为亲戚的节度使弹劾,此为"参中有保",颇得官场密法。

金桂之死不妨作一闹剧看,几乎是在拙劣地模仿《窦娥冤》中张驴儿投毒杀父一段情节。

第 104 回

开始为全书画句号。

贾雨村查勘归府,醉金刚倪二冒犯雨村被关押,倪二妻女向贾芸求助而贾芸无力救助,遂使倪二怀恨在心,于是将贾琏、贾珍逼张华退婚娶尤二姐之事牵出,为贾府被抄埋下伏笔。其中关系盘根错节,一个大家族的命运竟然系于一个街头无赖身上,绝非偶然。

贾政回朝受责,众同僚暗示,"只要在令侄辈身上严紧些",已经隐隐透出口风,贾府已经岌岌可危矣。

五、第 105—120 回:冬之严酷

贾府被抄,宝玉出家,贾母去世,贾府败亡。最后,"落了片白茫茫大地真干净"。

第105回

贾府被抄。这一回写得惊心动魄。贾政刚刚回家,就在接风酒宴上接到抄家的圣旨。联系上文,可知早有布置。荣宁两府同时被抄。抄荣府为实写,抄宁府为虚写,借焦大之口叙说,安排得高明,又通过薛蟠之口交代被抄缘由。

抄出的房地契、借票是凤姐所为,这是对贾府致命的一击。几件罪证都与凤姐有关,真是机关算尽太聪明,反误了卿卿性命。王熙凤已然失去在贾府立足之基。

事由是贾赦、贾珍等"交通外官,恃强凌弱,纵儿聚赌,强占良民妻女不遂逼死"。再加上抄家后发现的王熙凤放高利贷的契据,于是又增加了一条罪名——重利盘剥。与前80回一一呼应。贾府遭此打击从此衰败下去。对抄家的描写,大多数人认为,高鹗续书虽在一定程度上与曹雪芹原意相符合,但远不如曹氏原作那样惊心动魄——家族迅速崩溃,子孙四处逃散,宝玉等人被捕下狱,宝钗被迫嫁与他人。昔日烈火烹油、鲜花着锦的宁荣二府,转瞬间就"忽喇喇似大厦倾","落了片白茫茫大地真干净"。

第106回

写贾府被抄后各色人等的反应,所有潜伏着的危机和矛盾此刻都浮出水面。

贾政一筹莫展;贾琏对凤姐恨之入骨,一句"我的性命还不保,我还管他么"口吻逼肖;众亲友众说纷纭寻根由;凤姐、贾母、宝钗、宝玉各有心事。泰山压顶之下,整个贾府无一人能够支撑。忽喇喇似大厦

我的点评

倾,昏惨惨似灯将尽。

交代湘云出路。

第 107 回

柳暗花明,回光返照。贾府于重击之下忽见一丝光明:皇帝对贾政网开一面,并恢复贾府的世袭爵位。一则确是贾政为人尚属正直,二则皇帝用心明显——既惩恶不贷,又宽待长厚者。恩威并用,也是帝王治人之术。

本章最具魅力处是贾母"散余资"一段。大乱当前,贾母丝毫不乱,从前安享尊荣,一旦变故顿起,则挺身而出收拾残局,将历年所积钱财一一分派,所有用度安排得妥妥帖帖。为贾赦、贾珍、凤姐、宝玉、李纨、贾兰,乃至为黛玉的灵柩……一一安顿妥当。这样的老祖宗,的确是经过大世面,有大魄力、大气度!下回中所云"受得富贵耐得贫穷",恰是贾母真实写照。

贾雨村为划清界限将贾府"狠狠踢了一脚",这件事让人感慨万端。自古及今,如此小人何其多哉!

第 108 回

此回颇有起伏,韵味较足。

宝钗生日,写得愁云惨淡。

"金陵十二钗"的酒令签写得好。首先,十分自然;其次,勾起了宝玉的情怀,于是引起了前往潇湘馆的那一番令人伤感的哭诉;第三,遥遥呼应了第 5 回梦游太虚幻境的情节。

时辰已到,一切都该收场了。

第 109 回

宝玉痴心一片,渴望与黛玉梦中相会——此恨绵

绵无绝期!

其间写到五儿,忆及晴雯,又因晴雯的临终之言触动了宝钗,对宝玉、五儿、宝钗的心事写得委婉细腻,十分耐读。

贾母濒危,迎春屈死,湘云丈夫将死,久不出现的妙玉悄然露面——作者在一一清理人物了。

第110回

贾母去世。临终遗言写得高明之极!简练真诚,一语中的,每一句都那么有针对性。对宝玉:"我的儿,你要争气才好!"对贾兰:"你母亲是要孝顺的,将来你成了人,也叫你母亲风光风光。"对凤姐:"我的儿,你是太聪明了,将来修修福罢。"对宝钗:"瞧了一瞧宝钗,叹了口气……""最后又睁着眼满屋里瞧了一瞧",读来不由人不泪流心碎。

贾母的丧事与秦可卿的丧事恰可形成对照。凤姐在两大丧事上的作为判若两人。前回斩钉截铁,干脆利落,运筹帷幄,挥洒自如;此回则心屈力绌,左右掣肘,四面楚歌,一筹莫展。大势已去,徒唤奈何。

这一回写各个侧面对凤姐的挤压,一丝不乱,是大家手笔。

第111回

鸳鸯自尽殉主。鸳鸯之死,众人交口称赞,宝玉也不例外。这种将灭绝人性作为最高道德典范的观念,早已渗透到每一个人的心灵深处。联想到鲁迅所言,中国文化总是"以不情为伦纪",再看到人们对这一事件的高度认同,真让人痛心、悲哀。

我的点评

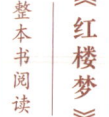

贾府被盗。祸不单行，屋漏偏逢连夜雨。贾府被查抄之后，贾母尚有部分余财，为贾母办丧事时，邢夫人一心节省，不料全给了盗贼。可悲可叹！又为妙玉被劫张本。

第112回

妙玉被劫。

赵姨娘发疯。赵姨娘之死，有些游戏笔墨特色。赵姨娘是一个品位极低之人，也是一个不幸的人。

第113回

刘姥姥再进贾府。这一回的刘姥姥不再是受恩者，而是施恩者。偌大贾府，鼎盛时门客如云，亲友蚁附；失势际则树倒猢狲散。此时只有一个当年曾受滴水之恩的刘姥姥以涌泉相报。世态炎凉如此，刘妪忠厚如此！两相对比，让人生发多少感慨。读读刘姥姥对凤姐的一番话，怎不让人泪下。受贾府之恩者不少，危难之际只有刘姥姥挺身而出；贾雨村之流只会落井下石、趁火打劫，或者隔岸观火、幸灾乐祸。一个普通的农村老妪，其境界胜过多少道貌岸然的正人君子。

第114回

凤姐之死。与"王熙凤衣锦还乡"呼应。《红楼梦》至此，已经写了多人之死：黛玉死、迎春死、贾母死、鸳鸯死、妙玉生死未卜……此回又是凤姐将死。"落了片白茫茫大地真干净"——戏幕就要落下了，一切就要结束了。但是，接二连三的死亡未免写得太死板，这样的结局也未免单调。最悲惨的事未必就是死亡。难怪有人认为续书有疵，难怪电视剧《红楼梦》

我的点评

会将结局改为宝玉入狱、凤姐扫街、妙玉沦落、湘云乞讨……

门客程日兴献"亡羊补牢"之策。可惜贾府此时已经无人可以担当此任,只能眼睁睁地看着贾府垮下去、烂下去。

第115回

甄贾宝玉相会。这一回文字应该作为象征性文字来看,不可落实。盖"甄贾"本谐音为"真假",如同镜外人与镜中像。但究竟孰真孰假,却又难以区分。若说"甄宝玉"是真,但是他的那一番话委实透着假;若说"贾宝玉"是真,可是人世间多的是甄宝玉的那一套。当然,一个人如果历经波折,也许会变得十分实在。(恰如甄宝玉所言:"弟少时不知分量,自谓尚可琢磨。岂知家遭消索,数年来更比瓦砾犹残,虽不敢说历尽甘苦,然世道人情略略的领悟了好些……弟少时也曾深恶那些旧套陈言,只是一年长似一年,家君致仕在家,懒于酬应,委弟接待。后来见过那些大人先生尽都是显亲扬名的人,便是著书立说,无非言忠言孝,自有一番立德立言的事业,方不枉生在圣明之时,也不致负了父亲师长养育教诲之恩,所以把少时那一派迂想痴情渐渐的淘汰了些。")但是,也有人历经波折,反而更趋向精神境界,如宝玉的最后出家。这两种情况孰高孰下?孰真孰假?恐怕无人能够说得清、道得明。

实际上,甄宝玉的改变,就是贾府祖辈父辈的殷切希望。第5回中贾府鼻祖宁荣二公之灵嘱托警幻仙子之语:"吾家自国朝定鼎以来,功名奕世,富贵传

我的点评

流，虽历百年，奈运终数尽，不可挽回者。故遗之子孙虽多，竟无可以继业。其中惟嫡孙宝玉一人，禀性乖张，生性怪谲，虽聪明灵慧，略可望成，无奈吾家运数合终，恐无人规引入正。幸仙姑偶来，万望先以情欲声色等事警其痴顽，或能使彼跳出迷人圈子，然后入于正路，亦吾兄弟之幸矣。"

同样的少年，同样的性情，同样的际遇，但是最后的人生选择却如此的不同。这就是人生的复杂性。

第116回

宝玉重游太虚幻境。为宝玉最后的出家埋下伏笔。只是这一回有关"太虚幻境"的描写有些乌烟瘴气，全无第5回中那种灵秀美妙之感。但是这一环节却是不可或缺的：第5回中宝玉尚未经历人世不幸，所以见到诸人判词毫无反应；这一回宝玉在历经种种苦难之后，于是幡然醒悟。

第117回

和尚闹贾府。宝玉出家的预演。宝钗闻听"大荒山、青梗峰……斩断尘缘"等语，"唬得两眼直瞪，半句话都没了"，让人顿生同情之心。

贾琏离家探视贾赦。贾府成了权力真空，贾芸等人将贾府闹得乌烟瘴气，确实是一片衰败相。奇怪的是，宝钗原先是何等的精明干练，为什么嫁给了宝玉之后就如此平庸无能起来？

瓦解贾府的有多种势力：一是贾府当权者——无心持家，一味享乐；二是外在强权势力——寻机夺略，落井下石；三是贾府下层——平素占尽便宜，有难竞相拆台；四是外在黑道势力——平素徒生羡慕，得间

我的点评

趁火打劫。

有两处最后交代。交代贾雨村落马——前无铺垫，此处略显突然；交代妙玉结局。

第118回

惜春出家，紫鹃甘愿随同。又是两位女儿的不幸结局。

贾芸骗卖巧姐。谎言十分动听，其实这是邢夫人的私心所至——如果将巧姐卖与王爷，"官早复了，声势又好了"。

宝玉决心出家。别有一番冷静，"博得一第，便是从此而止，也不枉天恩祖德了"——这是典型的中国人心态。

第119回

宝玉出家。感人之笔甚多。宝玉之语句句有诀别意，王夫人、宝钗、李纨等心生寒意。宝玉对王夫人的一番话，"母亲生我一世……一辈子不好也都遮过了"，几乎令人泪下。

贾政官复原职。这一节，向为读者所诟病，以为是曲终奏雅，涂脂抹粉。但王蒙对此另有看法，姑录于下：

> 如此写法亦有可取之处。第一，小说不可担为犯官立言的名声，最后犯官不是犯官，仍是沐浴皇恩的忠奴，政治上才好站住脚步。第二，越这样越给人以失落感。没了宝玉、黛玉、凤姐、贾母……便再升了爵、晋了级又有什么用？……能复的都是身外物，不能复的是人，是生命，是青春、爱情、欢乐……

我的点评

第 120 回

袭人出嫁。袭人对宝玉忠心耿耿,这一点无论是谁都否认不了。有如此真情的人能坏到哪里去呢?

宝玉别父。这一节写得凄美之极、动人之极。了却了人间最后一点亲情,宝玉便毫无关碍地"归彼大荒"了。

宝玉经历诸多大不幸,尤其是黛玉之死令他心灰意冷。为报父母养育之恩,才去参加科举考试,并一举考中第七名举人,却就在走出考场之际出走为僧。宝玉的出家,似乎是经历不幸而后大彻大悟的中国文人的首选方式。该体验的都体验了,该尽的责任也都尽了,对世事再也没有了留恋,出家就是最好的选择。

宝玉拜别父亲的场面写得十分得体,又十分伤感:

(贾政)抬头忽见船头上微微的雪影里面一个人,光着头,赤着脚,身上披着一领大红猩猩毡的斗篷,向贾政倒身下拜。贾政……一看,不是别人,却是宝玉。贾政大吃一惊,忙问道:"可是宝玉么?"那人只不言语,似喜似悲……宝玉未及回言,只见船头上来了两人,一僧一道,夹住宝玉说道:"俗缘已毕,还不快走。"说着,三个人飘然登岸而去。贾政不顾地滑,疾忙来赶……只见白茫茫一片旷野,并无一人。

这是家族人生的大悲剧。小说至此,早已弥漫着浓浓的悲凉之雾。

香菱结局。

我的点评

甄士隐、贾雨村归结红楼梦。周而复始，与第1回构成一个典型的中国式的圆形结构。第1回在葫芦庙（谐音"糊涂庙"）旁，最后一回在"急流津觉迷渡口"（急流觉醒，大彻大悟）。所有的快乐都享受了，所有的悲苦都尝尽了，人间一切恩恩怨怨、是是非非都经历了，最后归于太虚，以一种局外人的眼光冷静超脱地观照一切。

这是《红楼梦》一书的哲学境界。无论你对这种人生态度赞同还是贬斥，你都不能不承认：这最后一笔的确不同凡响。

我的点评

第六章　任务学习

一、探究：《红楼梦》多重主题[①]

《红楼梦》问世以来，对其主题的阐释众说纷纭，见仁见智。以下四种见解被广泛提及和认同：

1. 借青年女子的离合悲欢、兴衰际遇，赞美女性的智慧品性。
2. 借贾宝玉、林黛玉的爱情悲剧，歌颂反抗封建礼教的自然真挚之爱情。
3. 借四大家族的衰亡史，展现错综复杂的社会关系，剖析封建社会的社会矛盾。
4. 借理想世界与现实世界的冲突，及最终理想世界的毁灭，传达人文意识。

如何让学生整体把握小说的思想内容？纯粹依靠个体阅读当然也会获取对作品思想主题的感知，但可能囿于个人认知的局限，或者受到个人视野及兴趣影响，往往会偏于一隅之得而不见其余；直接借鉴前人的主题分析可以开阔视野，迅速获得资讯，但缺乏个人体验与探索，也可能止于知识的堆积这一浅层面。设计相关任务，庶几可免此弊。

【任务设计纲要】

本设计包含四项主任务，分别指向上述四种主题阐释，目的在于让学生在整本书阅读的基础上，聚焦相关文本，在任务驱动下从上述四个不同的层面来理解《红楼梦》的主题。任务框架如下：

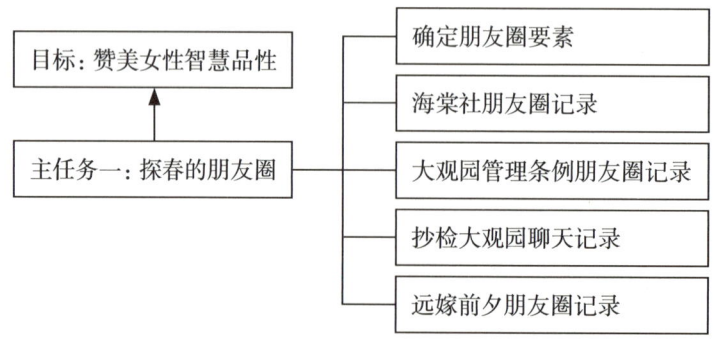

[①] 本节由上海市格致中学高翀骅撰写。

```
目标：歌颂反抗封建礼教的爱情
         ↑
主任务二：宝黛爱情剧本撰写 ──┬── 梳理情感发展过程
                            ├── 拟定分场剧本的"开端—发展—高潮—结尾"
                            ├── 撰写剧本中的一幕
                            └── 试演、反思、修改


目标：封建家族衰亡，剖析社会矛盾
         ↑
主任务三：都察院科员的调查报告 ──┬── 京畿百姓生活调查
                                 ├── 勋贵子弟生活调查
                                 ├── 官员升降与豪门关系调查
                                 └── 贾府资金流动情况调查


目标：理想世界与现实世界的冲突
         ↑
主任务四："红楼梦的两个世界"插图 ──┬── 理解"两个世界"，拟定选图标准
         甄选                       ├── 挑选"理想世界"的插图
                                    ├── 挑选"现实世界"的插图
                                    ├── 反思两个世界的关系，调整选图
                                    └── 撰写选图说明
```

【学习活动细目】

思想主题一：借青年女子的离合悲欢、兴衰际遇，赞美女性的智慧品性。

主任务：以"探春的微信记录"形式反映大观园中女子的生活，彰显她们的智慧品性。

子任务一：确定探春"微信朋友圈"的要素。

要求：

1. 根据《红楼梦》中的人物形象，为探春设计微信头像、用户名字等个人信息。

2. 基于对《红楼梦》人物关系的理解，确定探春微信通讯录中会被她标注为"好友"的名单。

3. 根据对人物形象的理解，为探春好友名单中的人物设计备注名。

4. 借助第 40 回《史太君两宴大观园　金鸳鸯三宣牙牌令》中对探春居所的描绘，为探春设计微信聊天背景，并说明理由。

子任务二：阅读《红楼梦》第 37、38 回，为探春拟一则朋友圈相册的记录。

要求：

1. 探春准备用九宫格图片展现海棠社结社的场景，请帮她设想这九张图片的画面内容，以及安放的顺序。

2. 微信相册中可以记录"这一刻的想法……"，帮探春撰写一段不超过 150 字的文字突显结社赋诗的亮点。

3. 揣度探春的好友中，哪三位会最先为这一则消息点赞留言，写出他们的留言内容。

子任务三：阅读《红楼梦》第 55、56 回，为探春拟一则朋友圈相册的记录。

要求：

1. 探春决定在这则朋友圈相册中通过图片的对照显示兴利剔弊的重要性，请帮她设计一组对照的图片以突显用意，用文字描述画面内容。

2. 探春要在朋友圈发布新的大观园管理条例，请结合第 56 回"敏探春兴利除宿弊　时宝钗小惠全大体"中四人的讨论结果，帮她拟定章程。条例可以从规则、分工、职责、取租、赏罚等方面撰写。

3. 这则朋友圈信息发布后，赵姨娘和王熙凤先后留了言，设想她们分别写了什么，并替探春拟写回复。

子任务四：阅读《红楼梦》第 73、74 回，拟写探春与迎春的聊天记录。

要求：

结合抄检大观园一事中迎春和探春截然不同的态度，拟写事后姐妹间的交流，聊天记录中要将她们在面对抄检时的心情、想法、做法和事后的反思表达出来。注意主要以对话的形式，合理适度使用表情包。

子任务五：通读《红楼梦》前 80 回，为探春拟写远嫁前的朋友圈内容。

要求：

1. 设想探春在远嫁前梦入太虚幻境，看到了薄命司中诸女子的判词，若有所悟，醒后将自己对大观园生活的回忆和对女子命运的理解，通过图文结合的方式表达出来。

2. 宝玉看到这则朋友圈消息后，似有所感，请代他拟写回复。

3. 探春临行前给宝玉、迎春和王熙凤分别留言，为她各拟一段说辞。

思想主题二：借宝黛的爱情悲剧，歌颂反抗封建束缚的自然真挚的爱情。

主任务：为宝黛的爱情悲剧编制话剧剧本大纲，撰写其中的一幕。

子任务一：阅读下列章节，梳理贾宝玉和林黛玉的情感发展过程。

第 3 回　贾雨村夤缘复旧职　林黛玉抛父进京都

第 8 回　比通灵金莺微露意　探宝钗黛玉半含酸

第 17 回　大观园试才题对额　荣国府归省庆元宵

第 19 回　情切切良宵花解语　意绵绵静日玉生香

第 20 回　王熙凤正言弹妒意　林黛玉俏语谑娇音

第 23 回　西厢记妙词通戏语　牡丹亭艳曲警芳心

第 26 回　蜂腰桥设言传心事　潇湘馆春困发幽情

第 28 回　蒋玉涵情赠茜香罗　薛宝钗羞笼红麝串

第 29 回　享福人福深还祷福　痴情女情重愈斟情

第 30 回　宝钗借扇机带双敲　龄官划蔷痴及局外

第 32 回　诉肺腑心迷活宝玉　含耻辱情烈死金钏

第 34 回　情中情因情感妹妹　错里错以错劝哥哥

第 36 回　绣鸳鸯梦兆绛芸轩　识分定情悟梨香院

第 57 回　慧紫鹃情辞试忙玉　慈姨妈爱语慰痴颦

子任务二：按照"开端—发展—高潮—结尾"的结构拟定剧本的场次。

要求：

1. 确定宝黛爱情发展中社会因素、个性特点、主题要求形成的冲突点。

2. 按照"开端—发展—高潮—结局"的结构选择最具代表性的场景表现其爱情故事。

3. 有人认为应该将"诉肺腑心迷活宝玉"设为宝黛爱情的高潮，有人则建议高潮为"识分定情悟梨香院"一章的内容，请加以抉择并说明理由。

子任务三：以分景剧本的格式撰写一幕剧本。

要求：

1. 选定你认为最能够体现宝黛关系的情节，作为这一幕的底本。

2. 设计舞台背景，在剧本上注明：第几场、地点、时间、人物，并介绍具体景象。

3. 根据这一幕的情节撰写人物对白。

4. 为对白增添舞台提示，特别是人物动作。

子任务四：参考《红楼梦》的其他表演形式（比如电视剧、越剧、电影）对这一幕的展现，反思剧本是否体现了冲突、彰显了主题。

子任务五：试演，并根据试演的效果修改剧本。

思想主题三：从四大家族的衰亡史，展现错综复杂的社会关系，剖析社会矛盾。

主任务：以都察院科员的身份拟一份演示文稿，风闻言事，建议朝廷对旧勋豪族严加约束，要求有理有据。

子任务一：阅读《红楼梦》第4、6、15、24、28回，撰写普通百姓的生活状态调查报告。

要求：

1. 结合章回内容，确定调查对象，明确调查切入点。

2. 落实访谈问题，围绕其生活的一般状况和所遇到的难以解决的问题，了解其所需所求，拟定调查提纲。

3. 结合调查人最可能提供的信息，撰写调查报告。

子任务二：收集资料，完成薛蟠扰民害民，其家族干预司法的报告。

要求：

1. 调查薛蟠荒淫无稽的日常生活，以图片形式记录，为后期演示文稿储备资料。

2. 调查薛蟠身上的数桩"人命官司"，用图表形式展示案件的前因后果和最后的裁决。

3. 罗列薛蟠家人对断案进行干扰所动用的各项资源。

4. 调查薛蟠与其他勋贵子弟的交往，为进一步调查跻弛少年的罪状做准备。

子任务三：暗查贾雨村的仕途沉浮，以人物小传的形式加以呈现。

要求：

1. 细读前4回，扣住"才干优长"和"贪酷之弊"的对照把握人物。

2. 比较贾政与贾宝玉对贾雨村的不同态度，揣测宝玉厌弃贾雨村的原因。

3. 读第48回平儿提及的"新闻"，补充贾雨村的作为。

4. 撰写人物小传，注意突出其升迁与四大家族的关联。

子任务四：调查贾府资金流动情况。从外务、内务两方面入手，形成包括利润、债务、现金流量的粗略的财务报告。

要求：

1. 从大观园的修建、清虚观打醮、秦可卿丧礼三事研究贾府的耗费。
2. 阅读第24回，从贾芸求得种树一事探究贾府耗费的虚实。
3. 探究《红楼梦》中屡次提及的月钱晚放一事背后的隐情。
4. 阅读第53回，了解两府入不敷出的经济状况。

子任务五：拟定演示文稿。

梳理获取的资料，从财务出入、干预司法、扰民伤民、子弟管束等四方面制作演示文稿，要求条理清晰，证据有力，图文结合，突出荣宁两府的生活方式产生的恶果。

思想主题四：借理想世界与现实世界的冲突，及最终理想世界的毁灭，传达人文意识。

主任务：出版社要为新版的《红楼梦》配一组插图，你的朋友小王受到史学家余英时在《红楼梦的两个世界》中提出的"曹雪芹在《红楼梦》里创造了两个鲜明而对比的世界"，"这两个世界是贯穿全书的一条最主要的线索"这一观点的启发，试图在插图中呈现出《红楼梦》中的"理想世界"和"现实世界"。请帮助他完成选图工作。

子任务一：理解余英时的观点，拟定选图标准。

要求：

1. 阅读余英时《红楼梦的两个世界》，就论文内容形成思维导图，包括作者的主要观点、"两个世界"各自的特点，以及观点与材料之间的联系。
2. 确定插图的数目、两个世界所占的插图比例。
3. 拟定插图的甄选标准，设计评选量表。
4. 交流甄选标准和评选量表，并根据交流成果加以完善。

子任务二：挑选反映《红楼梦》"理想世界"的场景。

要求：

1. 按时间顺序梳理"大观园"大事记。
2. 依据对《红楼梦》中理想世界的特征之一"清"的理解，挑选备选插图，为所选场景和画面设计撰写说明。

3. 依据对《红楼梦》中理想世界的特征之二"情"的理解，挑选备选插图，为所选场景和画面设计撰写说明。

子任务三：挑选反映《红楼梦》"现实世界"的场景。

围绕《红楼梦》中现实世界的特征"浊"和"欲"，挑选备选插图，兼顾画面艺术效果和主题表达，为所选场景和画面设计撰写说明。

子任务四：反思"现实世界"与"理想世界"的关系。

1. 从刘姥姥、香菱、尤二姐三个人物入手，理解余英时所谓"曹雪芹虽然创造了一片理想中的净土，但他深刻地意识到这片净土其实并不能真正和肮脏的现实世界脱离关系，不但不能脱离关系，这两个世界并且是永远密切地纠缠在一起的"这一观点，考虑显示两者关联的场景是否需要选入插图，并加以说明。

2. 浏览高鹗续作，挑选出你认为符合余英时"现实世界的一切力量则不断地在摧残这个理想的世界，直到它完全毁灭为止"这一观点的情节和场景，考虑是否要选入插图；找到你认为不符合该推断的内容，以及其他在阅读感受上与前文龃龉不合处，记录下来。

子任务五：整合上述思考，撰写说明，向出版社介绍设计意图。

二、体验：青春年华的悲与欣[②]

与《红楼梦》相比，四大名著中的《三国演义》《西游记》《水浒传》，都缺少一样东西，那就是"青春之歌"。

《红楼梦》可以视为描写青少年的一本书。大观园中的人物，基本是15岁上下的青少年。在封建社会，通常人们是没有"青春"可言的，但是《红楼梦》里面的青春却非常迷人。曹雪芹对青春的描述，对青少年的爱恨纠缠，都写得很真实。本任务群围绕"青春之歌"这一主题，涉及通读、关键、统整三类任务。这一任务群分别对应通读、重点难点阅读、迁移拓展运用三个学习层次。

具体而言，包括"青春萌动——顽童闹学堂""青春正茂——群芳游乐会""青春幻灭——醒世《好了歌》""青春之歌——学长荐书会"四组学习活动。

---

② 本节由上海市黄浦区教院附属中山学校段乐春撰写。

【任务设计纲要】

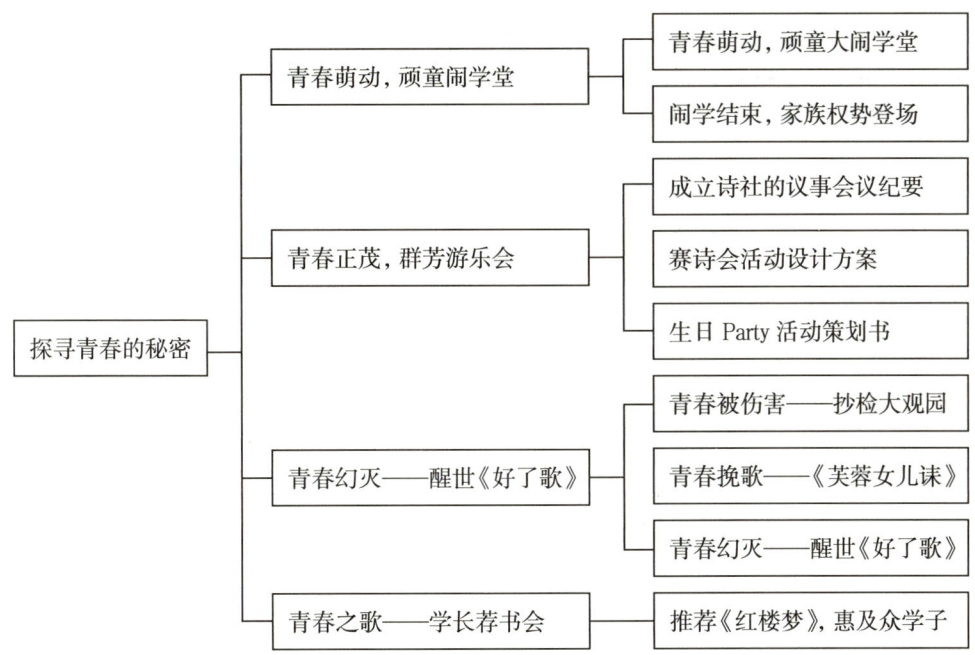

【学习活动细目】

主题一：青春萌动——顽童闹学堂

活动1：青春萌动，顽童大闹学堂。

不爱读书的宝玉，某天却邀请秦钟急不可耐地进入自家私塾读书。薛蟠也动了"龙阳之性"，也进了学堂。但因青少年的青春性萌动，引发小男孩之间的争风吃醋，最后上演了一出群架闹剧。假如你是班主任，得知此事后，你将如何处理闹剧？

```
                        闹学处理流程
① 大声喝止，镇住场面。
② _____（隔离闹得最凶的顽童，进一步控制局面。）
③ 指出责任人助教贾瑞的不是：
a. 不负责任，失职，由着众人闹；
b. 指出贾瑞管不住众人的原因：_____；
c. 指出贾瑞将承担后果，逼迫贾瑞出面协助了结矛盾。
④ 面对宝玉情绪，采用围城打援之法：_____。
⑤ 面对金荣情绪，抓住：_____。
结局：_____，风波平息。
```

活动2：闹学结束，家族权势登场。

顽童闹学，以金荣受委屈结束。顽童闹学背后，纠缠的是复杂的家族关系。请以金

荣为起点，顺藤摸瓜，画出"顽童闹学家族倾轧图"。

顽童闹学家族倾轧图

金荣受屈——金寡妇诉说——贾璜太太告状——

主题二：青春正茂——群芳游乐会

活动1：起诗社。

如果大观园也有网吧，那诗社就是少男少女们的游戏项目。他们在游戏中玩乐，在游戏中获得成长。假如你是诗社游戏项目的召集人，召集社员召开诗社成立议事会，以下是你的会议纪要。

诗社成立的议事会议纪要

时间：_____
地点：秋爽斋
参加人员：_____
会议主题：拟成立大观园诗社

会 议 记 录

一、成立缘由
召集人：_____
二、选出社长
李纨：我毛遂自荐当社长。
三、取雅（别）号
黛玉：大家都应该给自己取个雅（别）号，不能再用俗称"姐妹叔嫂"了。
李纨：稻香老农
探春：_____
黛玉：_____
宝钗：_____
宝玉：_____
迎春：_____
惜春：_____
四、组织架构与职责
社长：李纨
职责：_____。
副社长：_____、_____

职责：一位负责出题限韵，一位负责誊录监场。
五、开社日期
_____
六、诗社取名
_____
七、入社条件
和诗入社。和得好，批准入社；和不好，先罚做东，以观后效。

活动2：赛诗会。

秋风起，蟹脚痒，又是一年赏菊赛诗时。假如你是诗社社长，想在秋高气爽的季节组织一次赛诗会，你将如何设计赛诗会的方案？如果中秋节你想组织一次海棠诗社的社团活动，请写一份活动策划书。

海棠诗社赛诗会方案

指导思想：_____
_____
_____。

时间：_____
地点：_____
主题：菊花诗、螃蟹咏
参加人员：_____
赛诗要求：
限题不限韵。
1. 菊花诗：用限定好的12个题目写诗——忆菊、访菊、种菊、对菊、供菊、咏菊、画菊、问菊、簪菊、菊影、菊梦、残菊。
2. 螃蟹咏：用"食蟹"为题赛诗。
评分标准：
1. 题目新雅，诗句新雅，立意新雅。
2. 合议评价，最终由社长定夺冠亚军。
邀请嘉宾：贾母、_____、_____

活动3：生日趴。

宝玉生日，群芳开宴。正巧宝玉、宝琴、岫烟、平儿四人同一天生日，大观园拟为这四人举办生日Party。假如你是主持人，请你撰写一份生日Party策划方案。

生日Party活动策划书

一、活动目的

为了给宝二爷及宝琴、岫烟、平儿四人一块过生日，促进大家交流，增进大家情感，丰富大家日常生活，特策划此次活动。

二、活动时间

_____

三、活动主题

寿怡红群芳宴

四、活动地点

红香圃

五、邀请人员

_____

六、活动流程

1. 费用

为宝玉、宝琴、岫烟准备的酒席，由官家支付费用；为平儿准备的酒席，由大家私下凑份子，费用从探春处领取。

2. 场景布置

筵开玳瑁，褥设芙蓉

3. 游戏活动

① 射覆。

规则：在碗盆等器具里面覆盖一个东西来猜，这个猜就叫"射"，如果猜对了，就赢了。射覆由令官宣令，由第一个人开始起掷，挨个掷去，对了点的两个人射覆，一人覆，一人射。掷三次皆不中者罚一杯。譬如覆一个"老"字，可以射一个"圊"字。(孔子曾说，"吾不如老圊"。《论语》)

② 猜拳行令。

规则：_____。

③ 游园活动。

④ 占花名。

规则：_____。

七、注意事项

生日Party属大观园的青春私密事件，任何人不得外传，以免引发不必要的风险和口舌。特别是：

不能将生日Party之事，传到老爷贾政耳里；

不能将生日Party之事，让管家婆子知道。

主题三：青春幻灭——醒世《好了歌》

活动1：青春被伤害——抄检大观园。

抄检大观园预告了青春被伤害，青春王国的破灭。假如你对青春的无辜受伤很义愤，

想做一番明察暗访,以期尽可能揭露事实真相,呼吁更多的人奋起保卫青少年权益,请准备完成以下调查报告内容。

抄检大观园情况调查	
调查目的	
调查对象	
事件缘起	邢夫人小人眼馋肚饱 王夫人道德偏见
事件导火索	傻大姐捡到绣春囊
事件执行者	抄检大观园专案小组:①王善保家的;②_____; ③_____;……
幕后主使人	
相关结论	直接影响:①宝钗搬出大观园;②惜春、妙玉出家;③迎春、探春出嫁;④_____;…… 青春之殇:粉碎了大观园青春王国最美好的梦。①晴雯死亡;②_____;……
折射问题	《红楼梦》里的家族争斗: _____, _____。 参考:"我们这样的大家族,从外面杀是杀不死的,只有自相残杀,才会败落。"——探春(《红楼梦》第74回)

活动2:青春挽歌——《芙蓉女儿诔》。

有人说,《红楼梦》第78回《芙蓉女儿诔》"红绡帐里,公子多情;黄土垄中,女儿薄命"四句,不仅是对晴雯的哀悼,更是对所有青春生命的哀悼。联系《红楼梦》第5回判词内容,梳理青春悲剧图谱,思考曹雪芹写作《红楼梦》的缘由。

千红一窟　万艳同杯

姓名	判词	结局
元春	三春争及初春景,虎兕相逢大梦归	
迎春	金闺花柳质,一载赴黄粱	
探春	才自精明志自高,生于末世运偏消	

（续表）

姓名	判词	结局
惜春	可怜绣户侯门女，独卧青灯古佛旁	
黛玉	玉带林中挂	
宝钗	金簪雪里埋	
王熙凤	凡鸟偏从末世来，都知爱慕此生才	
巧姐	偶因济刘氏，巧得遇恩人	
李纨	桃李春风结子完，到头谁似一盆兰	
秦可卿	情天情海幻情深，情既相逢必主淫	
湘云	富贵又何为，襁褓之间父母违	
妙玉	欲洁何曾洁，云空未必空	
晴雯	心比天高，身为下贱	
袭人	枉自温柔和顺，空云似桂如兰	
香菱	自从两地生孤木，致使香魂返故乡	

《红楼梦》写作缘由：

参考：作者在第1回开头交代，自己又云："今风尘碌碌，一事无成，忽念及当日所有之女子，一一细考较去，觉其行止见识，皆出于我之上。何我堂堂须眉，诚不若彼裙钗……亦可使闺阁昭传。"

活动3：青春幻灭——醒世《好了歌》。

宝玉将走向何方？《红楼梦》第1回就写了跛足道人唱的《好了歌》，第5回宝玉在太虚幻境里看到的句子是"假作真时真亦假"。从前80回来看，一个怀抱着大观园青春挽歌梦想的宝玉，将走向哪里？这可能是《红楼梦》的真正结局。

好了歌

世人都晓神仙好，惟有功名忘不了！
古今将相在何方？荒冢一堆草没了。
世人都晓神仙好，只有金银忘不了！

终朝只恨聚无多，及到多时眼闭了。
世人都晓神仙好，只有姣妻忘不了！
君生日日说恩情，君死又随人去了。
世人都晓神仙好，只有儿孙忘不了！
痴心父母古来多，孝顺儿孙谁见了？

宝玉结局	
结局一	（程高本）剃了光头，穿着大红袈裟，跪在雪地上，向父亲磕头告别。
结局二	……
参考名家点评	
清代 脂砚斋	此等歌谣，原不宜太雅，恐其不能通俗，故只此便妙极。其说得痛切处，又非一味俗语可到。（朱一玄《红楼梦脂评校录》，齐鲁书社1986年版，第23页。）
清代 东观主人	醒世语，却以禅机出之，令人猛省。（曹立波《红楼梦东观阁本研究》，北京图书馆出版社2004年重版，第180页。）
当代作家 李岁虎	《好了歌》从个体生命角度，感慨人生匆匆，变幻无常，看破红尘，是对的。孔圣人的"子在川上曰：逝者如斯夫"，苏东坡的"明月几时有，把酒问青天"，这个古老命题，换成了《好了歌》的打油诗形式。（李岁虎《红楼心经》，光明日报出版社2013年版，第42页。）

主题四：青春之歌——学长荐书会

学长荐书，为《红楼梦》写一段推荐语。

《红楼梦》列入统编教材高中必修下册中。你即将顺利完成本学期学习任务，请你写一段推荐语，将自己阅读《红楼梦》的感受分享给新高一的学弟学妹，让越来越多的同学关注《红楼梦》，喜欢《红楼梦》。

学长荐《红楼梦》
推荐语：

三、创意:体会《红楼梦》叙事之妙[3]

《普通高中语文课程标准(2017年版)》规定了18个学习任务群。在实际教学中,如果将其中2—3个任务群结合起来开展"跨群"学习,往往可以发挥"1+1＞2"的效果。例如,可以将"《红楼梦》整本书阅读"与"跨媒介阅读与交流"两个任务群加以整合,设计出一组"跨群"学习方案。

"跨媒介阅读与交流"是指运用文字、声音、图画、表演等多种媒介手段和工具开展信息阅读和表达的一种学习方式。"新课标"对此做如下表述:"旨在引导学生学习跨媒介的信息获取、呈现与表达,观察和思考不同媒介语言文字运用的现象,梳理、探究其特点和规律,提高跨媒介分享与交流的能力……"当下《红楼梦》整本书阅读教学,需要借助跨媒介阅读与交流,用学生喜闻乐见的方式,通过另类媒介的映照,学生可以充分领略《红楼梦》的无穷魅力。

作为中国古典文学的巅峰之作,《红楼梦》"被反复讲述的次数之多、媒介之多样"等方面无与伦比。从《红楼梦》绣像走向连环画,几乎中国各种地方戏曲中都有"红楼戏",《红楼梦》电影、电视剧一次次在华人社会引发热潮。这些作品用多种手法、不同的媒介表达了对《红楼梦》的不同理解,"跨媒介"可成为《红楼梦》整本书阅读的重要路径。

多媒介学习与整本书阅读任务群之间的"跨群"合作可达成如下目标:

1. 深度理解:文本阅读与多媒介阅读形成合力,促进学生对《红楼梦》思想内容与艺术表达的深度理解。

2. 创意表达:选择合适媒介,创设应用场景或主题任务,运用相关知识和技能,富有创意地表达和传输文本阅读的成果。

3. 形成素养:利用媒介技术,组成学习共同体,拓宽学习途径,最终促进文学鉴赏、造创能力等多种素养的提升。

【任务设计纲要】

为促进整本书阅读而开展的"跨媒介阅读与交流",通常要指向学生的实际应用,要建构富有时代气息、符合学生兴趣的学习情境。为此,笔者设置了如下校园艺术节情境,希望借助"多媒介阅读表达"这一任务群形式,引导学生在体验、比较多媒介传达形式的过程中研读《红楼梦》原作,理解文字媒介与图像媒介的表达特征。

---

[3] 本节由上海市五爱高级中学方佳琦撰写。

又到了一年一度的校园艺术节。某班同学决定依据《红楼梦》中"抄检大观园"片段拍摄手机微电影,准备设置"编导组、媒介组、演出组、评论组"等四个小组开展这项活动。

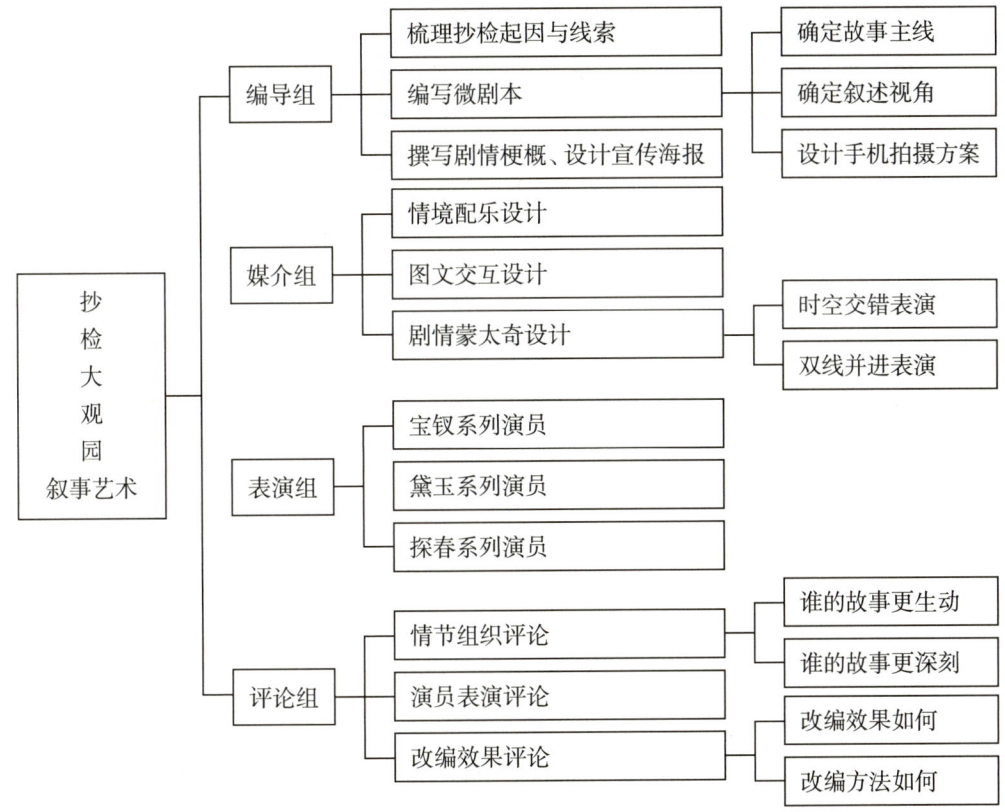

本任务群的目标是理解赏析《红楼梦》一书中高明的叙事艺术,具体到《抄检大观园》一回书,旨在帮助学生学习情节叙述中的"多线交织"艺术,以及影视媒介表达中的"时空交错"手法。

【学习活动细目】

在上述框架指导下,学生可以自主开展系列学习活动。现从"纸质文本"与"音像作品"两个维度为例,阐释"整本书阅读任务群"与"多媒介阅读与交流任务群"之间的"跨群学习"。

(一)编剧改编,促进对《红楼梦》原作的深度理解

"编写微剧本"任务下辖三大学习活动。

活动1:确定故事主线。

"抄检大观园"这一事件的发生是多种矛盾冲突汇合的结果:小雀报信,晴雯造势,探春推波助澜,邢夫人借机发难,王夫人怒火攻心,王善保家挟私泄愤。曹雪芹对整个事件进行了

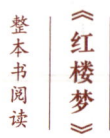

精心的构思，使得这一事件更加立体化、复杂化，完全突破了一般故事单线或双线发展的套路，使小说呈现出多侧面、多线索、多角度的特征，具有多维度的原生态生活特征。原著故事情节如此复杂，如果改编为一个独幕课本剧，就必须对上述错综复杂的情节加以删减。

在活动中，教师要引导学生梳理众多的情节线索，最终保留一根主线。通常，将"傻大姐捡拾绣春囊"这一导火索作为故事主线比较合理。

活动 2：确定叙述视角。

原著是从探春角度来叙述这一事件的，着重写了探春对此事的强烈反应，写探春内心强烈的悲愤以及她对事件本质的洞若观火的预见。而抄检潇湘馆则是一笔带过，一向敏感多心的黛玉对此事的态度作者却只字不提。王熙凤等人根本就不去"薛大姑娘屋里"，不难揣测黛玉得知后会有什么样的复杂心情。其余如李纨等均无多笔墨，叙述迎春、惜春等人虽然文字稍多，但无论如何也无法与对探春的叙述强度与深度相抗衡。

在编剧时，教师要引导学生思考：是否需要依照原文，从探春视角叙事呢？如果从黛玉视角叙事应该如何改编？又会产生怎样的效果呢？当然，还可以从司棋、晴雯等抄检大观园的直接受害者视角叙述故事，也可以从宝钗、黛玉这写客居贾府的"主人兼客人"的视角叙述故事，还可从王夫人、邢夫人等女主人视角叙述故事。

活动 3：设计手机拍摄方案。

本活动立足文本研读，通过具有视觉特征的微电影方式加以表达。"多媒介阅读与交流"在这一活动中应得到较为充分的体现。

（二）多媒介创意表达

为促进学生对"抄检大观园"的深度理解与赏析，教师通过"跨媒介"方法引导学生。

活动 1：观赏影视录像片段，学习多媒介表达方法。

【片段一】

2011 年北方昆曲剧院所编昆曲《红楼梦》，在表演"黛死钗嫁"时，采用了多层次（二道幕）的舞台设计，在不同舞台景深上同时上演"黛死""钗嫁"两个情节，一冷一热，极具视觉冲击力。

【片段二】

1992 年版黄梅戏《红楼梦》"舞台双时空"编剧：

宝玉一袭僧服，在茫茫风雪中，慢慢走向前台。舞台右侧，是出家后的宝玉陷入对往事的回忆；舞台左则，则是林黛玉入贾府。随着凤姐"宝玉，快来见你林妹妹！"的一声叫唤，宝玉说着"那时我才这般大",走向台左……于是青年宝玉穿越了时空,回到少年的光阴。

活动2:运用多媒介表达手法改编原著。

"抄检大观园"一节文字中,有许多精彩片段可供学生改编。教师以上述两个电影片段作为范例支架,引导学生做如下改编。

【剧情一】司棋、潘又安故事。

抄检大观园之后,司棋被驱逐,她思念爱人潘又安,最后含恨而死。

借助上述片段一中的二道幕舞台叙述"黛死钗嫁"故事的手法,教师可以引导学生设计司棋临死前对潘又安的思念场景,以此体现出二人心心相印、虽死无憾的情感。

另外,为进一步体现"多媒介"特征,还可以要求学生为这段故事配乐。例如,以《梁祝小提琴协奏曲》中大提琴与小提琴的交织协奏来体现司棋与潘又安殉情之前相互思念与倾诉衷曲。

【剧情二】宝玉、晴雯故事。

抄检大观园的另一个牺牲者是晴雯。晴雯之死,宝玉痛入骨髓,后来还专门为晴雯写了一篇祭文《芙蓉女儿诔》。如何在微电影中表达宝玉对晴雯的情感?

可以利用片段二"舞台双时空"手法作为学习支架,让学生设想宝玉在事后对晴雯的深情追忆。通过宝玉的记忆闪回,追忆昔日晴雯的美好、被驱逐之后的惨死以及死后宝玉的哀痛。

(三)表演环节相关学习活动

表演环节的学习活动,目的不在于检测学生的表演水准,而应该聚焦于考查学生所表演的对话是否合理,所设计的表现人物心理活动的旁白是否符合原作,人物的行为动作是否符合人物性格。

活动1:直接表演书中所描绘的情节。

例如,书中对于探春、晴雯在抄检大观园过程中的言行有较为详细的描写。在表演中,学生可以直接将自己对文本的理解通过表演加以展示,以此可以检测出学生对文本的理解是否细致准确。

活动2:增补书中所略写的人物故事。

例如,要求学生设想并表演林黛玉在抄检大观园之时、之后的行为举止及内心独白。这一活动旨在检测学生能否依据人物性格,体验人物在特定场景中的情感。

(四)评论环节相关学习活动

这一环节旨在通过评论课本剧,促进学生对《红楼梦》原著语言的深度解读。围绕这一核

心任务,可设计如下学习活动。

活动1:比较改编剧本与原著在情节上的差异。

为使故事更加丰满充实,曹雪芹围绕"抄检"这一焦点事件,至少编织了以下四条线索交织:线索1,司棋爱情故事;线索2,晴雯故事;线索3,邢、王二夫人故事;线索4,探春、迎春、惜春故事。在改编的剧本中,究竟要保留哪一条故事线索?要删除哪一条故事线索?这样的比较评论能够引导学生仔细梳理情节,并分析情节的组织特点。

活动2:下位"子活动"。

在这一环节中,还可以设计"一句话剧评"活动,引导学生分析、评论剧本人物与原著人物的差异,进一步深入理解人物性格。例如,晴雯在这次事件中孤注一掷做最后的抗争;司棋在这次抄检中是最大的牺牲者——付出了生命、爱情,但是她的从容镇静令人钦佩!而惜春的冷酷无情、迎春的懦弱胆怯、探春的刚烈与不凡的见识,都可以作为一句话剧评的对象。

综上所述,在跨媒介学习视域下,《红楼梦》整本书阅读任务群设计当以纸媒阅读为基础,同时综合利用音乐、影视等多种媒介,开展"跨群"学习。

在"跨群"学习过程中,各项子任务相辅相成:编导组侧重解读文本,在深入理解文本内容、把握故事情节的基础上,编写微剧本;媒介组聚焦多种媒介手段,侧重对剧本做艺术加工,强化特定的表达效果;表演组则通过演绎,促进学生深度理解《红楼梦》文本与其他媒介所传达出深层意蕴;评论组全程参与各小组学习活动,分别从文本、多媒介、表演等方面加以评价。

四、破译:草蛇灰线之谜[④]

脂砚斋对《红楼梦》全书的叙事技巧有一段经典评述:"事则实事,然亦叙得有间架,有曲折,有顺逆,有映带,有隐有见,有正有闰。以至草蛇灰线、空谷传声、一击两鸣、明修栈道、暗度陈仓、云龙雾雨、两山对峙、烘云托月、背面传粉、千皴万染,诸奇书中之秘法,亦不复少。"其中"草蛇灰线"手法对于我们理解《红楼梦》极为必要。

"草蛇灰线、伏脉千里"是《红楼梦》叙述故事的基本手法,可以此为抓手,设计阅读学习任务。"草蛇灰线法"是脂批《红楼梦》中出现频率很高的一句批语,这一术语用来比喻

[④] 本节由上海市求真中学苍郁撰写。

小说对后文情节发展所作的暗示、伏笔。这些暗示、伏笔如同蛇行草中,时隐时现;又如灰漏地上,点点相续。这些似断实连的故事内容,使得全书情节前呼后应,结构浑然一体。

由于"草蛇灰线"叙事手法的运用,《红楼梦》这部巨作就显得处处有谜团,却又合情合理。为此,我们可以通过研究"草蛇"之游动、"灰线"之痕迹,不断探求"红楼之谜",于是设计出"谜事、谜团、谜人、谜名、谜语、谜物"等六个子任务开展阅读学习活动。

【任务设计纲要】

- 红楼之"谜"
  - 红楼之谜"事"
    - 我是采访者
    - 绘制情节走向图
    - 写会议录
  - 红楼之谜"团"
    - 绘制红楼冲突图
    - 宝玉挨打情节思维导图
    - "厨房风波"编剧
  - 红楼之谜"人"
    - 人物档案表
    - 刘姥姥发朋友圈
    - 辩论赛
  - 红楼之谜"名"
    - 猜人名
    - 打擂台
    - 改人名
  - 红楼之谜"语"
    - 制作诗歌小报
    - 举办灯谜会
    - 撰写小论文
  - 红楼之谜"物"
    - 密室逃脱
    - 我是侦探
    - 编故事

【学习活动细目】

任务一：红楼之谜"事"。

《红楼梦》在组织小说情节时采用似断实连的叙事手法，使得故事更加扑朔迷离、丰富自然，同时在结构上也构成前后呼应之势。以"平安州事"为例作为任务，把握这种情节安排的特点。

活动1：我是采访者。

请你把《红楼梦》中"平安州事"这个关键事件作为新闻采访内容，完成采访记录表，发掘情节背后的故事。（参见本书第二章第五节"草蛇灰线，伏脉千里"段相关文字。）

采访记录表	
一、采访提纲	
1. 采访目的	
2. 内容选择	
3. 问题设置	
二、采访实录	
1. 采访对象	
2. 采访过程	
三、采访结果	

活动2：绘制"平安州事"情节走向图。在绘制过程中，能够了解转折点和矛盾冲突点，深入了解情节。

活动3：以贾琏的口吻写一篇有关"平安州事"的回忆录，记录他几次去平安州的事件。

任务一评价表

能准确概括关键事件，并理解作用。	☆ ☆ ☆
能找到关键事件，并准确概括。	☆ ☆
能梳理事件。	☆

任务二：红楼之谜"团"。

《红楼梦》中一个核心情节往往包含着众多人物、众多矛盾乃至众多的情节，这些不同的情节线索编织在一起，形成一个极具丰富内涵的立体化的"情节团"。

活动1：绘制红楼冲突图。

红楼冲突图			
冲突双方	章节	事情概要	当事人的态度

活动2：设计"宝玉挨打"情节思维导图。

研读"宝玉挨打"相关章节，绘制一张"情节关系"图。在这个情节中，深入展开了父子之间、嫡庶之间、婆媳之间、主奴之间等多重关系、多个侧面的情节线索，思考其作用。

活动3：编写独幕剧。

以"厨房风波"为基础，编写一部独幕剧，按照"开端—发展—高潮—结尾"的结构拟定剧本，并注明地点、时间、人物、场景。

任务二评价表

能够详细、准确地绘制情节冲突图，详细绘制思维导图，写出完整、有冲突的剧本。	☆ ☆ ☆
能够准确绘制情节冲突图，详细绘制思维导图，写出完整的剧本。	☆ ☆
能够绘制情节冲突图，绘制思维导图，写出剧本。	☆

任务三：红楼之谜"人"。

《红楼梦》中有些人物能够影响并推动情节发展，预示了贾府由盛而衰的不同阶段。

活动1：填写人物档案表。

挑选你觉得《红楼梦》中对情节发展影响较大的人物，完成人物档案表，了解人物成长经历。

姓名		身份	
主要经历			
关键事件			
性格品性			
结局			

活动2：刘姥姥微信朋友圈。

刘姥姥是曹雪芹在《红楼梦》中塑造的一个村妇形象，她与贾府内部的矛盾冲突似乎并无必然的联系，但她的每次出场都推动着故事情节的发展，预示了贾府由盛而衰的不同阶段。如果刘姥姥也有微信，请你以刘姥姥的口吻发朋友圈，记录她三次去大观园的所见所闻。

活动3：辩论赛：宝钗、黛玉高下论。

开展辩论赛，讨论薛宝钗和林黛玉二人，你更喜欢谁。

任务三评价表

能够完整、具体、准确地表达理由，发表看法。	☆ ☆ ☆
能够完成相关活动，准确表达理由。	☆ ☆
能够完成相关活动。	☆

任务四：红楼之谜"名"。

《红楼梦》中很多人物的名字，其谐音都有特殊的含义，或讽刺，或感叹，为《红楼梦》的艺术之一。如贾、薛、王、史四大姓谐音"假写往事"（又有人称"家亡血史"或"贾亡薛死"），作者巧妙地用人名谐音表达了自己的写作思想。

活动1：猜一猜谐音对应的人名。

姓名		谐音	真事隐
姓名		谐音	原应叹息
姓名		谐音	侥幸
姓名		谐音	假语存
姓名		谐音	

活动2：打擂台——思考谐音背后的含义。

1. 甄士隐、贾雨村，就是谐音，"将真事隐去，用假语存焉"，暗示小说中写的贾府故事是以曹雪芹家的"真事"为素材的。

2. 贾家的四姐妹元春、迎春、探春、惜春，脂批明确告诉我们"元迎探惜"谐音"原应叹息"，从命名上就暗示了她们的悲剧命运。

3. 甄家的丫鬟"娇杏"谐音"侥幸"，因为她偶然回头看落魄书生贾雨村，贾雨村误以为她有意于己，贾雨村做了知府后就娶了她。

活动3：改名字。

你能否试着改改《红楼梦》中一个人物的名字，并说明理由。

任务四评价表

能够准确写出名字，理解谐音的含义，并在此基础上能够改名，有自己的想法。	☆ ☆ ☆
能够准确写出名字，理解谐音的含义。	☆ ☆
能够写出有谐音的名字并知道其含义。	☆

任务五：红楼之谜"语"。

《红楼梦》的谶语自成体系，涉及文本的每个章节，遍布在小说的每个角落。"草蛇灰线，空谷传声"这八个字就是对《红楼梦》谶语运用的最形象、最精要的概述。

活动1：制作诗歌小报。

写出诗歌背后蕴含的故事情节和人物命运。如"二十年来辨是非，榴花开处照宫闱。三春争及初春景，虎兕相逢大梦归"，说的就是元春在"榴花开处"进宫为妃，二十年来生活在明争暗斗中，最后在"虎兕相逢"的两派政治势力斗争中死去。

活动2：举办灯谜会。

请你根据书中内容，写出有关谜语的谜面与谜底，以及由此体现出来的暗示意义。如贾母的灯谜是"猴子身轻站树梢"，谜底是"荔枝"，与"离枝"同音，此灯谜暗示了贾氏家族最后"树倒猢狲散"的结局。

活动3：撰写小论文。

请写一篇200字的小论文，主题为"日常话语中的意味深长"。如第7回惜春笑道：

"我明日也剃了头同他作姑子去呢,可巧又送了花儿来;若剃了头,可把这花儿戴在哪里呢?"这段话便成了惜春出家为尼的谶兆。

任务五评价表

能具体完成相关活动,并能够完整、具体地表达理由和看法。	☆ ☆ ☆
能具体完成相关活动,并能够表达理由。	☆ ☆
能够完成相关活动。	☆

任务六:红楼之谜"物"。

《红楼梦》在情节设置中常常可以见到很多物品的使用,作品中它们既是日常生活用品,又具有符号化的表征功能,体现出"草蛇灰线"的叙事技巧,对于人物形象的塑造起着至关重要的作用。

活动1:打造红楼密室。

学校开展游园活动,需要打造一个红楼梦剧场,其中有个游戏环节是"密室逃脱",请你根据《红楼梦》中的"大观园"布局,布置密室的素材和道具,并说明理由。

活动2:寻找通灵宝玉。

贾宝玉的通灵宝玉丢了,假设你是侦探,你将如何破案?你认为最有可能在哪儿找到?除了通灵宝玉,你觉得还有什么物件也是要注意保护的,写明理由。

活动3:请你以史湘云的"金麒麟"为内容,写一个故事交代"金麒麟"的来龙去脉。

任务六评价表

有清晰明确的思路,能具体、准确地表达。	☆ ☆ ☆
有清晰的思路并能具体表达。	☆ ☆
有一定的思路并能够表达。	☆

五、妙喻：群芳绮丽"十二钗"⑤

人物是小说要素之一。阅读小说时，首先要抓住故事中的人物，因为人物总是与故事情节、表现形式、环境营造、思想主题存在着全方位关联，全面理解人物就能较为深刻地理解小说。在《红楼梦》中，曹雪芹以花"喻"人，塑造出一系列栩栩如生的"群芳"形象。

将鲜花与香草比喻青春貌美的少女，自古有之。然而借助花枝的色彩、形态、内蕴与特质，系统地、形象地、惟妙惟肖地比拟群芳，且栩栩如生，曹雪芹可谓别具一格。一方面，用少女的芳名蕴含花木特质，构成人花相融的空间意象；另一方面，群芳吟咏花卉，抒写各自志趣。曹雪芹让群芳一而再、再而三地吟咏花卉，包括海棠、菊花、桃花、红梅等，可谓佳人有诗才，诗才衬佳人。大观园里用花的气质或自喻、或他喻，传播出群芳各自的理想人格；让花所营造的自然空间呈现出人物的情绪品格，既有娇嫩与柔美，也有悲壮与刚烈。

大观园中的妙人莫过于"金陵十二钗"。这群女性在封建社会的背景下，个性不仅"超前"而且"越界"：有的人才华横溢，有的人娇妍可爱，有的人嫉恨世俗，有的人狂放叛逆……"金陵十二钗"既个性斐然，同时又互相映衬。

为引导学生深度阅读文本，梳理这些"小姐们"的衣食住行各类细节，察言观色，洞察人心后概括出各个小姐的形象，特设计"花·游记——群芳游园记"学习任务群，以期深入全面地把握"金陵十二钗"人物形象。

【任务设计纲要】

"花·游记——群芳游园记"这一任务群的总体情境为一场大观园"游园会"，共分为如下四个主要活动：①花间·秀；②花魁·榜；③花市·街；④花品·宴。

这一学习任务群旨在达成如下学习目标：

通过四大活动设计，分别对"金陵十二钗"正册系列人物（元春、迎春、探春、惜春、宝钗、黛玉、妙玉、史湘云、王熙凤、秦可卿、李纨、巧姐）的"颜值、智商、财商、情商"进行分析和探究，学生可以全方位地了解人物的特点。各个活动呈现的皆是每个人物与众不同的特点和经历，有利于学生区分不同的人物形象。四大活动方式均为学生较熟悉

---

⑤ 本节由上海市光明中学龚翔撰写。

且喜闻乐见的"选秀节目""才艺展示""日常消费""聚会餐饮"等。

本任务群可以让学生全面、深入且充满情趣地了解原著中"金陵十二钗"丰富的人物形象。

```
花·游记              花间·秀      （一）"花语"——花蕴
——群芳游园记        （颜值）      （二）"花签"——花形
                                （三）"花饰"——花色
                                （四）"花囊"——花香

                    花魁·榜      （一）"飞花逐令"——诗词
                    （才艺智商）  （二）"别有弈趣"——棋
                                （三）"丹青画室"——画
                                （四）"十字绣坊"——女红

                    花市·街      （一）小姐们的"私房钱袋"
                    （财商）      （二）闺阁中的"理财表"
                                （三）余额宝"账单"

                    花品·宴      （一）花·设——场景布置
                    （情商）      （二）花·座——座位安排
                                （三）花·谱——菜单设计
                                （四）花·戏——文娱活动
```

【学习活动细目】

任务一：花间·秀——颜值

这是小姐们进园门时的"亮相"，主要让学生通过各个活动来关注每个人物的外貌特征。通过如下系列活动，可全方位了解"金陵十二钗"的外貌、气质特征。

活动1:"花语"——花蕴。

了解红楼出现的"花"意象的文化意义,为各位小姐选择一朵匹配她个性的花,并设计一句"花语"——自我介绍。

人物	花名	"花"的文化意蕴(意象)	花语

活动2:"花签"——花形。

在活动1的基础上,为各位小姐设计一个"花签",内容包括:人物小画、花图及签的材质。

人物	花(颜色、形状、名称)	材质(木、竹、玉……)	人物小画(选一个经典画面,侧影、背影或正面)

活动3:"花饰"——花色。

"女为悦己者容",红颜画眉、擦粉、点唇、戴饰等是大观园中小姐们每天的日常。本活动要求根据大观园小姐们平时打扮的个性喜好,在"游园会"这天为她们精选一样饰品来为其整体形象增色。

人物	饰品	材质、款式、用途等

活动4:"花囊"——花香。

所有的花都有其特殊的香味,"金陵十二钗"也有自己喜欢的香味。佩带香囊也是古代女子的习惯。本活动让学生为小姐们设计一款随身佩带的香囊,以凸显人物的气质。

人物	香囊(外:颜色、样式、图案)	香囊(内:干花草、药材及气味)

任务二：花魁·榜——才艺智商

这是"游园记"真正进入的第一个高潮部分，各路小姐大展才艺，通过她们在各类游园活动中的不同表现来突显她们各自的才艺特点。大观园的"才女们"是封建女子群中"另类"的代表，深入了解她们的才艺才能体味最终人物的悲剧意义。

活动1："飞花逐令"——诗词。

这是游园会第一个"游戏擂台赛"。"飞花令"的规则就是"诗词接龙"，首尾相接。本活动要求学生设计一个"飞花令"游戏场面，设计游戏规则以及"金陵十二钗"的表现（雅俗高低），最后选出头三名。

人物	接龙次数（正确和错误标清）	接龙诗句	游戏排名

活动2："别有弈趣"——棋。

棋类游戏体现小姐们的下棋水平，通过简单的棋局难易度分类及各位小姐的表现来分出高下。

人物	对棋局数（正确和错误标清）	对棋难易度（极难/难/较难/易）	游戏排名

活动3："丹青画室"——画。

"金陵十二钗"的画技如何呢？请她们走进丹青画室，绘一幅植物图吧！

人物	所绘植物	植物特点（大小、颜色、形态）	游戏排名

活动4："十字绣坊"——女红。

针黹女红一直是封建时代女子的必备"技能"。十二钗女子的刺绣功夫如何呢？通过十字绣坊的"群芳图"的技艺展示来一比高下。

人物	绣花种类	绣品特点（大小、位置、形态）	绣品等第（上、中、下等）	游戏排名

任务三：花市·街——财商

这是"游园记"的第二个高潮部分，"金陵十二钗"在才艺展示后继续到花市街上去"淘宝"，买买小玩意。通过活动可以看出小姐们的地位和财商高下。

活动1：小姐们的"私房钱袋"。

设计各位小姐"零花钱"的来源。这是各位小姐的财力体现，不仅反映其家庭的实力，同时也是决定其在大观园地位的重要因素。

人物	零用钱来源	家庭	贾府（月钱）	孝敬钱	别业（小营生）

活动2：闺阁中的"理财表"。

根据各位小姐零花钱的多少，设计各位小姐的理财计划。

人物	计划用度	胭脂水粉	衣饰	交际（送礼、赏钱……）	爱好（琴、棋、书、画……）

活动3：余额宝"账单"。

设计各位小姐在"花市街"活动中实际零花钱的用度。账单设计凸显各个人物的"财商"（合理用钱），以及她们迥异的业余爱好。从花钱的习惯和能力以及花钱的领域，可以探究这个人物的性格特点。

人物	零花钱实际用度	胭脂水粉	衣饰	交际（送礼、赏钱……）	爱好（琴、棋、书、画……）

任务四：花品·宴——情商

这是"游园记"的最后一个高潮部分，"金陵十二钗"齐聚一堂聚餐。本系列活动与前面活动不一样的是，前面都是单独"秀"而这里是"群像图"。群像的汇聚是让各个人物形象在互称中更显个性，同时呈现了"金陵十二钗"的全貌。

活动1：花·设——场景布置。

设计群芳聚会的宴会厅的硬件布置，烘托人物形象。

宴会厅堂色调	布局（主桌、座椅、休息室、戏台等）	配件（布景鲜花、彩带等）	其他杂项

活动2：花·座——座位安排。

设计各位小姐在宴会上的座次安排，并陈述这样安排的理由。

人物	座次尊卑（由尊到卑排列）	邻座的人物	陪侍的丫鬟

活动3：花·谱——菜单设计。

设计各位小姐在宴会上的饮食安排。各个人物由于体质和饮食特点不一样，配置的餐食也不同。

人物	餐前食（茶水、水果等）	主食（米、面等）	配菜（荤、素等）	餐后甜点	汤料

活动4：花·戏——文娱活动。

设计各位小姐在宴会上点的各类综艺表演。首先，要拟定一份综艺节目单，可选戏曲表演、特色民间杂耍（杂技、魔术等）。其次，为各个人物设计一项可选文娱活动，由她们在宴会上亲点。最后，反馈人物打赏艺人的情况。

人物	自点文娱节目	对节目的评价	打赏艺人（钱、物等）

六、穿越：绘红楼丫鬟众生相

《红楼梦》是一本奇书：人物形象众多，情节曲折复杂，叙述手法独特，结构思路严密，文体众备兼容……仅以小说人物来说，就令人常读常新。且不说小说主要人物，如宝玉、黛玉、宝钗、王熙凤、贾母等，即便是那些看似并不出彩的小人物，也有其不可掩盖的光芒在。比如，《红楼梦》中那一群可爱的丫鬟。

在曹雪芹如椽大笔之下，本应是扁平人物的《红楼梦》中的小丫头们，被塑造得栩栩如生，各呈其彩，各得其宜，各尽其妙，各抒其性，成为《红楼梦》这部奇书不可或缺的组成部分。

本次任务群学习需要学生通读《红楼梦》全书，在完成人物关系图、红楼大事记等基础性学习任务之后，还要围绕"最美丫头，至悲人生"的核心任务，完成《红楼梦》人物形象、精彩情境品析等系列子任务，读懂曹雪芹人物塑造的高妙艺术手法，并建构《红楼梦》艺术创作的基本"悲剧观"。

【任务设计纲要】

本任务群分为两大板块：第一是"最美丫头"；第二是"至悲人生"。两个板块分别由4—5个子任务构成。

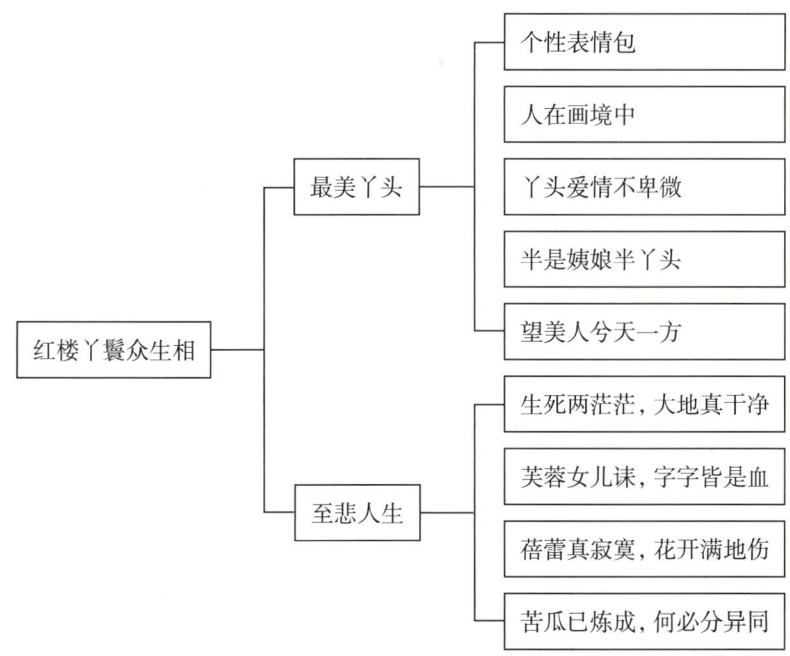

---

⑥ 本节由上海市光明中学刘吉朋撰写。

【学习活动细目】

一日，居住在京西黄叶村，酷爱《红楼梦》的女孩曹小溪同学伏案入梦，恍惚间穿过一道门，进入一个名为"红楼界"的奇妙所在。更令小溪惊异的是，自己竟随身携带着最近新出的超高像素、超强功能的魔幻手机，哈利特魔法师亲手加密的隐形衣，以及马良公司的超级魔幻画笔。同时，令她郁闷而又惊喜的是，她竟然还随身带着语文老师布置的红楼丫头系列探秘作业，第一页上写着：早日完成，晚点回家。她决定依照老师提供的线索，在"红楼界"完全自由行动，感受"红楼界"的畅享之旅。

第一板块：最美丫头

任务一：个性表情包

曹雪芹在刻画红楼丫头时，经常用一些非常独特的白描手法，简洁地勾勒出丫头们的个性肖像，例如晴雯的"冷笑"。请小溪同学选择5—8个红楼丫头，用马良牌画笔给她们绘制一个精彩的表情包，用3—5句话描述一下这个表情包，并给出这样绘制与描述的依据。这个依据必须注明《红楼梦》的相应回目、页码等基本信息。

任务二：人在画境中

活动1：填写"红楼丫头最美时刻"表。

编号	丫头名	主人	"最美时刻"概括	回目
1	香菱	薛宝钗	写诗疯魔、梦中得诗	第48回
2	晴雯	贾宝玉	病补雀金裘	第52回
……				

要求：

（1）丫头总人数不少于10个。

（2）"最美时刻"概括一栏中每行不得超过8个字。

活动2：制作情境要求卡。

老师要求班级同学以"红楼丫头最美时刻"为主题，发一个朋友圈。大家于是求助于曹小溪同学，请她拍摄一组"人在画境中"的美图。曹小溪耐不住同学们的反复央求，于是要同学们从上面"'最美时刻'概括"一栏中，制作文字卡，把他们最想拍的情境要求发给她。于是，8个小组开始准备此卡，请教老师后，他们的情境要求如下：

（1）丫头所在情境描述3—5句话，要求注明此情境描述的依据，即相应的回目和页码。

（2）该丫头的人物形象80字，包括语言、动作、肖像等，也可描述人物与情境的关联。

（3）为保证曹小溪同学正确理解各小组对"最美时刻"的要求，请写一段80字左右的赏析性文字，明确告知曹小溪同学"美"在何处，如何赏"美"。

任务三：丫头爱情不卑微

一天，曹小溪同学在怡红院里披着隐形衣悠闲地逛着，在宝玉卧室里端详完挂在墙壁上的西洋画，忽然收到同桌马晶晶的紧急短信，短信标题是："老师的新玩法，小溪救命啊……"小溪打开一看，要求如下：

《红楼梦》中宝黛钗爱情故事轰轰烈烈，曲折动人。不过，千万不可忽略了"红楼丫头们"的爱情故事，她们身份虽卑微，但她们的爱情却一点也不卑微。比如鸳鸯、平儿、香菱、袭人、晴雯、司棋、龄官……你觉得哪个丫头的爱情故事最耐读？

活动1：请选择3个丫头的爱情故事，概述一下主要事件。

活动2：你觉得哪个丫头的爱情故事最耐读？其耐读性主要表现在哪里？你这样判断的依据何在？围绕这三个问题，请写一篇短论。

活动3：请曹小溪同学帮忙拍摄丫头们的爱情定格照片，为方便小溪同学的"工作"，请选择某个丫头的"最美爱情瞬间"，并附上一段拍摄要求，可以包括拍摄背景、人物造型、动作神情等。

任务四：半是姨娘半丫头

这日，日上三竿，小溪同学懒洋洋地踱到王夫人窗外，听到她与凤姐在闲聊，其间又怨着赵姨娘的种种不是，而凤姐话里却是透着几句不明不暗的损招儿。小溪虽然一向不喜欢赵姨娘，但听着"凤刺子"的"劝解与进言"，不禁为赵姨娘悲摧起来。忽地她想起老师几天前发来的"狠辣加餐"，翻出手机来仔细端详。短信如下：

活动1：姨娘是主还是仆？

第46回，邢夫人亲自出马要鸳鸯嫁给自己的丈夫贾赦，并许给鸳鸯许多好处，甚至跟她说："你过来以后就是姨娘。如果你生个一男半女，就跟我比肩了。"第80回里，夏金桂打骂香菱不已，薛蟠也打骂。薛姨妈骂薛蟠说："他既不好，你也不许打……丫头做了姨娘，就是半个主子。"邢夫人和薛姨妈的话里反映了一种什么现象？你如何评价这种现象？请以尤二姐、香菱、平儿、秋桐和袭人为例来阐明你的观点。

活动2：为晴雯算命。

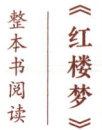

有人说,晴雯如果不死得那么早,最好的下场恐怕也就是成为另一个赵姨娘。你同意这种看法吗?依据是什么?

活动3:撰写《赵姨娘前传》。

参考活动1,发挥你的想象,以《赵姨娘前传》为题目,写一下赵姨娘年轻时的故事。

曹小溪看完,叹一口气:"看来,这几天我得'跟踪'一下我最不喜欢的人群了。老师,你够狠!"请帮助曹小溪同学完成上面三项小任务。

任务五:望美人兮天一方

"小溪,你在做什么?"老师的信息传来。

"闲逛呢,正在帮同学们拍他们需要的'爱情定格照片'呢。"

"哦,小溪同学,你觉得是照片中的人物美,还是曹雪芹笔下的人物美?"老师问。

"不妙,老师又挖坑呢,肯定要布置作业了。但是以他的智商,无论我怎么说都逃不过去呀。算了,算了。"小溪想着,说道:"老师,还是曹雪芹的文字描写得更美!"

"对,说得不错。那么,你总结过曹雪芹是怎样描写'美女丫头'的吗?"

"哦,老师,我得好好想想才能回答。"

"对,反正你在'红楼界'里闲着也是闲着,有空总结一下哈。要求嘛,我马上发给你。我最喜欢你这样聪明睿智耐心能干……的学生了……"

"这作业肯定挺复杂,老师这么狠命夸我准没好事儿。"小溪哭丧着脸想。

"嘀嘀……"

指令来了!

活动1:填写《红楼梦》丫头"美丽表现力"表。(不少于10项)

序号	回目数	丫头名	原句精华摘录	艺术手法赏析

活动2:填写中国古代诗文"美丽表现力"表。(建议不少于20项)

序号	作者	篇目名	原句精华摘录	艺术手法赏析

参考篇目:《关雎》《硕人》《静女》《陌上桑》《李延年歌》《洛神赋》《清平调》《长恨歌》《题都城南庄》《江城子(十年生死两茫茫)》《一剪梅(红藕香残玉簟秋)》等。

活动3:比较赏析曹雪芹红楼丫头与中国古代诗文"美丽表现力"的异同。

第二板块:至悲人生

任务六:生死两茫茫,大地真干净

一日,曹小溪同学路过潇湘馆,正欲到蘅芜苑去看看宝钗的动静,不料看见紫鹃匆匆出门,一时心下好奇,遂不访蘅芜君,尾随紫鹃而去。原来紫鹃外出看望病笃之晴雯。晴雯嘱紫鹃为自己代写一封绝命信给宝玉,紫鹃直跳脚,原来她虽随黛玉识得一些粗文淡墨,但修书一封实属不能。小溪读红楼,最喜晴雯,见晴雯憔悴模样,心内大痛,遂把哈利特魔法师亲手加密的隐形衣变成一套当时装束,装作走错的模样闯进二人所在陋室。致歉一番之后,表示愿意代晴雯拟绝命信(词)给宝玉。后来,曹小溪同学还代拟了其他一些绝命信(词),汇总如下:

活动1:以晴雯口吻代拟绝命信(词)给宝玉。

活动2:以金钏儿口吻代拟绝命信(词)给王夫人。

活动3:以香菱口吻代拟绝命信(词)给林黛玉。

活动4:以司棋口吻代拟绝命信(词)给司棋母亲。

活动5:以鸳鸯口吻代拟绝命信(词)给平儿。

……

这些信(词),小溪同学还发给老师修改。老师点评道:"结合丫头生命旅程,依据红楼情节线索,小溪同学,你的思路是很不错的,只是文字上需雅俗兼有,因为她们虽然在大观园里受诗文熏染,除香菱学于黛玉外,其他的毕竟只是耳闻目睹而已,恐翰墨不深。"并且,老师把小溪同学这些代拟的绝命信(词)发给其他同学,请所有同学择其一而代拟之。

任务七:芙蓉女儿诔,字字皆是血

"小溪同学,你现在天天在'红楼界'中熏染,想必对大观园宝玉题字有了很深的理解,对秋爽斋海棠诗社的吟哦有了很多的感悟。你的好同桌晶晶最近有这样一些好玩的实践,我觉得你也应该试一试,想必你现在的文字功夫应该超出她才对。哈哈……"

曹小溪眉头不展,仔细阅读起晶晶做过的"好玩"的事情:

活动1:细读《芙蓉女儿诔》,写一篇文学短评。

活动2：化用《芙蓉女儿诔》，以《咏晴雯》或《伤晴雯》为题，写一首七律。

活动3：从《忆江南》《如梦令》《浣溪沙》《江南春》等词牌名中选一个，查认基本的声律后，写一首小令。标题示例：《如梦令·伤晴雯》等。

任务八：蓓蕾真寂寞，花开满地伤

曹小溪美美地伸个懒腰，从大观园的大青石上翻下身，手机一阵接一阵地震动着，一看原来是班级群里又"吵"开了。文艺委员因为读到晴雯死了，很是悲伤，就在群里说，自己很想为晴雯拟一个墓志铭。结果，数学课代表小木说，不用拟，可以直接用"霁月难逢，彩云易散"；历史课代表小李不同意，说如果直接引用，不如用"芙蓉生在秋江上，不向东风怨未开"；也有人说，还是自己拟一个好。大家正说得不可开交，老师插话说，今天上课就玩墓志铭吧。要求如下：

活动1：晴雯的墓志铭，你觉得用"霁月难逢，彩云易散"好，还是"芙蓉生在秋江上，不向东风怨未开"好？请简单说明你的理由。如果你不同意以上意见，请自拟一条。

活动2：请从鸳鸯、平儿、香菱、袭人、晴雯、司棋、龄官等红楼丫头中，选择三个，给她们拟一条墓志铭，并简单说明理由。

任务九：苦瓜已炼成，何必分异同

从"红楼界"回归之后，曹小溪发现自己竟然在语文课堂里，每个同学手里都有一沓厚厚的资料。同学们都在认真地写写画画，老师正在认真地巡视着，眼看就到自己身边了，于是曹小溪俯下身子，假装认真阅读起桌面资料的要求来。小溪倒吸一口冷气，只见纸上写着：

话题：大部分读者认为，香菱是《红楼梦》中的"苦瓜1号"，但关于"苦瓜2号""苦瓜3号"……读者的观点并不一致，但很多读者根据"悲剧就是把美的东西撕碎给人看"的理论总结，认为《红楼梦》的小说作者就是"残忍地"把美丽的丫头们通过各种手段，如拉出去配小子、赶出园子去、各种虐杀等手段毁灭给读者看。但是，悲剧真的就只是"把美的东西撕碎给人看"吗？

活动1：完成下列表格（查找资料，表格填写不少于10项）。

序号	作家或评论家姓名	原文摘录	"悲剧观"要点	出处

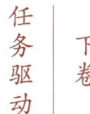

活动2：有人说，《红楼梦》所有的人物命运都是悲剧，特别是所有的红楼丫头更是如此。你同意吗？理由是什么？如果你不认同这个观点，认为《红楼梦》中还有一些人物的命运不是悲剧，比如袭人的结局似乎是相对"美好"的。那么，你是如何理解和评判作者的这种安排的呢？

活动3：请以红楼丫头的结局为依据，论述《红楼梦》创作者的悲剧观。

第七章　思考练习

一、高考真题集锦

出处	题目	答案
2008年高考江苏卷	《红楼梦》中写道:"都道是金玉良缘,俺只念木石前盟。"请说说"金玉良缘""木石前盟"的含义。	
2009年高考江苏卷	概括说说《红楼梦》"冷子兴演说荣国府"的主要内容。	
2011年高考江苏卷	《红楼梦》判词:"枉自温柔和顺,空云似桂如兰。堪羡优伶有福,谁知公子无缘。"它所指是谁?"优伶"和"公子"指小说中的哪两个人物?	
2012年高考江苏卷	"若问渠侬多少恨,数完庭榭堕飘花。一声你好香消散,别院笙箫月影斜。"这首诗末两句写了《红楼梦》中哪两件事?前一件事发生在大观园中的什么地方?	
2013年高考江苏卷	《红楼梦》中抄检大观园时,在入画的箱子里寻出一大包金银锞子、一副玉带板子和一包男人的靴袜等物;在司棋的箱子里发现一双男子的锦带袜、一双缎鞋和一个小包袱,包袱里有一个同心如意和她表弟潘又安写的大红双喜笺。入画和司棋分别是谁的丫鬟?在处置入画和赶走司棋时,她们的主子各是什么态度?	

216

(续表)

出处	题目	答案
2014年高考江苏卷	《红楼梦》不同的版本中，凹晶馆联诗一回，黛玉的名句，一为"冷月葬花魂"，一为"冷月葬诗魂"。请从小说情节和主题两个方面，分别说明"葬花魂"与"葬诗魂"的依据。	
2015年高考江苏卷	在《红楼梦》第40回"史太君两宴大观园　金鸳鸯三宣牙牌令"中，鸳鸯说："天天咱们说外头老爷们吃酒吃饭都有一个篾片相公，拿他取笑儿。咱们今儿也得了一个女篾片了。"鸳鸯她们要取笑的"女篾片"指谁？请结合本回情节，归纳她的性格特征。	
2016年高考江苏卷	《红楼梦》"大观园试才题对额　荣国府归省庆元宵"两回中，贾政称宝玉为"无知的孽障"；"手足耽耽小动唇舌，不肖种种大承笞挞"一回中，又称之为"不孝的孽障"。请结合相关情节，说明这两处的"孽障"分别表达了贾政对宝玉什么样的感情。	
2017年高考江苏卷	《红楼梦》第45回"金兰契互剖金兰语　风雨夕闷制风雨词"中，黛玉对宝钗说："我最是个多心的人，只当你心里藏奸……往日竟是我错了，实在误到如今。"请说明黛玉对宝钗的认识发生变化的原因。	
2017年高考北京卷	从《红楼梦》中的林黛玉、薛宝钗、史湘云、香菱之中选择一人，用一种花比喻她，并简要陈述这样比喻的理由。	
2018年高考北京卷	从《红楼梦》《呐喊》《平凡的世界》中选择一个既可悲又可叹的人物，简述这个人物形象。要求：符合原著故事情节；150—200字。	

（续表）

出处	题目	答案
2015年台湾高考题	阅读下文，关于宝钗的回答，最可能是希望王夫人（　　）。 王夫人：原是前儿他（金钏儿）把我一件东西弄坏了，我一时生气，打了他几下，撵了他下去。我只说气他两天，还叫他上来，谁知他这么气性大，就投井死了。岂不是我的罪过。 宝钗：姨娘是慈善人，固然这么想。据我看来，他并不是赌气投井。多半他下去住着，或是在井跟前憨顽，失了脚掉下去的。他在上头拘束惯了，这一出去，自然要到各处去顽顽逛逛，岂有这样大气的理！纵然有这样大气，也不过是个糊涂人，也不为可惜。 A. 追查金钏儿真正的死因 B. 勇于认错以免良心不安 C. 不要将金钏儿的死放在心上 D. 不必为金钏儿的意外而生气	

二、积累与梳理

1. 甄士隐听了跛足道人唱的_____后和道人一起离开家。
2. "葫芦僧乱判葫芦案"中"葫芦"的意思：_____。
3. 贾雨村在落魄之时，得到_____三次回顾，遂认为是风尘中的知己。
4. 请写出金陵十二钗（正册）中的人物。
5. 宝玉的那块玉正面写的是"_____"四个字。
6. 甄英莲的名字谐音_____，冯渊的名字谐音_____。
7. 林黛玉进贾府的时候，作者写王熙凤出场用了什么手法？
8. 贾雨村被革职，后来在谁的帮助下又官复原职了？
9. 贾家的四姐妹元春、迎春、探春、惜春，"元迎探惜"谐音_____，从命名上就暗示了她们的_____。

10. "甄士隐梦幻识通灵"对应的是哪件事？

11. 刘姥姥因为女儿女婿生活艰难，前往贾府求告，仰仗王夫人陪房_____之帮助，见到了管家奶奶_____，得到了二十两银子，欢喜而归。

12. 《红楼梦》几位小姐的丫鬟名字很有诗意。其中，司棋是_____的丫鬟，侍书是_____的丫鬟，入画是_____的丫鬟。

13. _____是《红楼梦》中一个老仆人，因为责骂贾府子孙，被捆起来塞了一嘴马粪。

14. 《红楼梦》中那位风流灵巧、心志高洁，如同黛玉的丫鬟是_____。

15. 王熙凤设局害死_____，这个故事与《红楼梦》别名_____有关。

16. 《红楼梦》在交代了主要人物之后，浓墨重彩地叙述了_____死后的丧仪，写出了贾府的豪门气派。

17. 宝玉陪同父亲贾政游大观园，才思敏捷、对答如流，为许多房舍命名题额。其中，后来黛玉居处命名为_____，宝钗居处命名为_____。

18. 大观园是为了迎接_____而建造的。

19. 《红楼梦》第19回的回目"情切切良宵花解语，意绵绵静日玉生香"分别写了宝玉与_____和_____二人之间的温馨故事。

20. 《红楼梦》中说话咬舌，喊宝玉"二哥哥"为"爱哥哥"而被嘲笑的姑娘是_____。

21. 《红楼梦》中，有一回宝玉去黛玉房里，看见黛玉和湘云同榻相卧，他为_____（填人名）轻轻盖上被子。等她俩起来梳洗后，宝玉央求_____（填人名）为自己梳头。

22. 在_____（填人名）的生日宴上，因凤姐和湘云戏言一个小旦长得像林黛玉，最后惹得宝玉到处调解，里外不是人。

23. 《红楼梦》中，有一回贾母高兴在屋里设围屏灯让大家各出灯谜取乐，待大家猜谜之后，有一个人_____（填人名）却感闷闷不乐，大有悲伤之意，回到房中辗转难眠。

24. 书中有一回黛玉荷锄葬花，巧遇宝玉在读一本书。宝玉本想瞒着黛玉，但是到底被发现了，他俩就坐在一起读这本《_____》。

25. 宝玉有个庶出的弟弟_____(填人名)因嫉妒宝玉得众人欢喜,在一次相离很近的机会中,拿一盏油汪汪的蜡灯向宝玉脸上泼过去,烫伤了宝玉。

26. 书中有一回宝玉和凤姐突然间就发作"失心疯",闹得贾府上下鸡犬不宁,吓坏了众人。最后来了书中重要的两个人物_____和_____,才平息了这场风波。

27. 第27回,"滴翠亭杨妃戏彩蝶　埋香冢飞燕泣残红"回目名中,"杨妃"是指_____,"飞燕"是指_____。

28. 有一次,宝玉看见宝钗手上戴了一串_____很感兴趣。当宝钗取下这样饰品时,宝玉第一次细细地打量了宝钗的外貌。

29. 有一回,宝玉把自己的扇子递给自己的一个丫鬟_____去肆意撕坏,二人非常开心。

30. 贾政因为_____、_____(填写两个事件)这两件事而怒打宝玉。

31. 刘姥姥二进大观园时,贾母请她到东禅堂喝茶。妙玉应付了一下之后,就拖着_____和_____去耳房内,后来_____跟着来一起品茶。

32. 陪宝玉一起到水仙庵的人是_____,他们两人此行是祭奠_____。这一日恰好是_____和_____的生日。

33. 黛玉所写《秋窗风雨夕》一词拟的是《_____》之格。

34. 鸳鸯道:"这个娼妇专管是个'九国贩骆驼的'……"这句话里,鸳鸯骂的是_____,原因是_____。

35. 赖大家请客时,邀请的世家子弟_____因不满呆霸王薛蟠的骚扰而将薛蟠狠揍了一顿。

36. 黛玉推荐香菱阅读的古诗有明确的倾向性,黛玉建议读_____的五言律诗一百首,_____的七言律诗一百二十首,_____的七言绝句一二百首,再把陶、应、刘、谢、阮、庾、鲍等人的一看。

37. "芦雪庵争联即景诗"提到,"三人共战史湘云","三人"是指_____、_____、_____。

38. "肝脑涂地,兆姓赖保育之恩;功名贯天,百代仰蒸尝之盛",这是_____

（填建筑名）的对联。

39. 元宵过后，凤姐生病，最后委托＿＿＿＿＿、＿＿＿＿＿、＿＿＿＿＿暂时管理大观园。

40. 紫鹃骗宝玉说黛玉半年后返回江南，宝玉魂魄失守，他在＿＿＿＿＿＿（填建筑名）的桃花树底下哭。

41. 第61回的回目是"投鼠忌器宝玉瞒赃　判冤决狱平儿行权"，说的是王夫人房里少了玫瑰露，其实到了赵姨娘屋里，但最后宝玉把这事应下来了。这里的"鼠"指的是＿＿＿＿＿＿，"器"指的是＿＿＿＿＿＿。

42. 宝玉、宝琴、岫烟、平儿四个人是同一天生日，这四人中最被人忽视的是＿＿＿＿。

43. 宝玉生日时，吃醉了图凉快，枕着一包芍药花瓣，在山子后头一块青板石凳上睡着的是＿＿＿＿＿＿。

44. 宝玉生日怡红院夜宴中，黛玉抽到了芙蓉花签，签上的那句旧诗是"＿＿＿＿＿＿＿"。

45. 贾琏的心腹小厮兴儿向尤氏姐妹介绍贾府女子时，"二木头"说的是＿＿＿＿＿＿＿，"玫瑰花"是给＿＿＿＿＿＿起的诨名。

46. 第69回的回目是"弄小巧用借剑杀人　觉大限吞生金自逝"，前一句的主语是＿＿＿＿＿＿，后一句的主语是＿＿＿＿＿＿。

47. 第70回中，众人春日里放风筝，宝玉放的是一个＿＿＿＿＿＿（图案）风筝。

48. "海棠社"改名为"桃花社"是因为林黛玉写了一首＿＿＿＿＿＿＿。

49. "桃花社"填柳絮词时，写翻案文章得到一致认同的《临江仙》是＿＿＿＿＿＿写的。

50. 黛玉借古史中有才色的女子遭际之悲以寄感慨，写了五首诗，吟咏的是＿＿＿＿＿＿、＿＿＿＿＿＿、＿＿＿＿＿＿、＿＿＿＿＿＿、＿＿＿＿＿＿。

51. 因天冷，袭人等拿了雀金裘给宝玉穿。这件衣服勾起了他对＿＿＿＿＿的思念，一整天闷闷不乐，终于焚香祭奠了一回，才算心安。

52. 袭人听说这件事后，生怕一件喜事会伤害三个人。后来＿＿＿＿＿＿＿想出"调包计"来解决这个棘手问题。而黛玉在去给贾母请安的路上，无意中从傻大姐那儿知道了宝玉和宝钗成亲的消息。这对黛玉来说，不啻晴天霹雳。

53. "势败休云贵，家亡莫论亲；偶因济村妇，巧得遇恩人。"这是巧姐的判词。"偶因济村妇"是指王熙凤曾接济过_____。凤姐死后，其胞兄王仁与贾环要将巧姐卖给一个外藩王爷家为奴婢，巧姐幸亏被_____带走，才逃出虎口。

54. 贾母去世后，_____已哭得晕了过去。待她醒来，想到老太太死后自己或做妾或配人的结局，倒不如死了干净，于是走回老太太屋里，取出一条汗巾，上吊自尽。

55. 贾家终于答应了海疆周老爷家行聘_____。贾母自然十分不舍，但想到_____嫁得虽近却备受孙家摧残，只得作罢。赵姨娘听见此事，心中反而欢喜，并暗暗诅咒她也像_____一样受苦才好。

56. 宝玉发现新娘是_____而不是黛玉，更加糊涂了，哭闹着要去找林黛玉，对袭人说："你们把我抬去和林妹妹在一起就行了，反正我是要死的，林妹妹也是要死的……"

57. _____因为犯了罪，后来遇到大赦，削籍为民，返回家中，在渡口草棚碰到了甄士隐，才知钗黛分离之日，此玉（通灵宝玉）早已离世，一为避祸，二为撮合。从此风缘一了，形质归一。（横线处填写人名）

58. 金陵甄应嘉与贾府有旧，复职还京，因贾母新丧，前来拜奠。其次子_____小贾宝玉一岁，如同孪生。及至见面，欲引为知音，谁知言谈令贾宝玉大失所望，竟有些冰炭不投。贾宝玉回来对宝钗说，此人也是个禄蠹。

59. 贾政回家，贾府设酒宴请诸位亲友。忽然，锦衣府堂官赵老爷带领司官进来，又有西平郡王带来圣旨，贾政才知道因为贾赦交通外官等罪过，贾府要被查抄。赵堂官因为一向与贾府没有来往，所以毫不留情，查出许多禁用之物。幸亏_____及时赶到，查抄才暂时结束。

60. 临考之日，宝玉、_____辞了家人去赴考场，后来二人双双考中。宝玉出家，复兴贾府的重任就落在了他的肩上，所以后40回有一个"兰桂齐芳"的亮色结局，这个结局可能与第5回的判词有所出入："桃李春风结子完，到头谁似一盆兰。如冰水好空相妒，枉与他人作笑谈。"

61.《红楼梦》又称《_____》《_____》《_____》《_____》。

62.《红楼梦》以_____、_____、_____三人的爱情婚姻悲剧为核心，以_____、_____、_____、_____四大家族的兴衰史为轴线，浓缩了整个封建社会的时代内容。

63. 贾府的"四春"分别是：孤独的＿＿＿＿＿＿、懦弱的＿＿＿＿＿＿、精明的＿＿＿＿＿＿、孤僻的＿＿＿＿＿＿，取"＿＿＿＿＿＿"之意。

64.《红楼梦》中最热闹的情节是＿＿＿＿＿＿，最有趣的情节是＿＿＿＿＿＿，最凄惨的情节是＿＿＿＿＿＿。

65.《红楼梦》中有许多人物都有小佩件，其中，贾宝玉佩戴的叫＿＿＿＿＿＿，薛宝钗佩戴的是＿＿＿＿＿＿，史湘云佩戴的是＿＿＿＿＿＿。

66.《红楼梦》中，有一个女子，她模样标致，语言爽利，心机极深细，但"机关算尽太聪明，反误了卿卿性命"，这个人是＿＿＿＿＿＿；还有一个女子，寄人篱下，渴望真挚的爱情，但在森严冷漠的封建大家族中，只能凄婉唱出"一年三百六十日，风刀霜剑严相逼"，她是＿＿＿＿＿＿。《红楼梦》中最具叛逆性格的丫鬟是＿＿＿＿＿＿，涉及她的情节有＿＿＿＿＿＿等。

三、探究与赏析

1. 黛玉进贾府时"步步留心，时时在意，不肯轻易多说一句话，多行一步路，惟恐被人耻笑了他去"。由此看出黛玉是个怎样的人？

2. 谶语，迷信的人指事后应验的话。曹雪芹非常巧妙地把谶语运用到了小说情节的暗示之中，请以诗歌为例说明。

3. 第5回中"册子"上，画面有"两人放风筝，一片大海，一只大船，船中有一女子掩面泣涕之状"，隐喻贾探春什么命运？

4. 宝玉和黛玉第一次见面的时候，宝玉为什么要摔玉？

5. 第4回"葫芦僧乱判葫芦案"写贾府的社会关系，请简述小说中四大家族之间的关系。

6. 阅读第5回中的红楼梦曲词及人物判词，根据曲词和判词内容，选择感兴趣的一个人物，结合后文所读，写出这个人物的小传（小传内容包括人物姓名、性别、身世、主要生平经历等，字数不少于300字）。

7. 中国古典小说一般用全知全能的叙事视角，而《红楼梦》常用独特的人物视角叙述事件。由于人物身份、地位、修养的差异，他所看到的事物或事件便呈现出不同的样

貌。阅读第 3 回与第 6 回，比较林黛玉眼中的贾府与刘姥姥眼中的贾府之不同，请具体阐述为什么会产生这些不同。

8. 阅读第 17 回，写出贾宝玉在大观园中的游踪，并绘出大观园布局示意图（可插入图片）。

9. 参照宝玉题额大观园中的相关诗词及对联，选择大观园中某一处特色景点，写一段 200 字左右的文段加以简介。

10. 第 23 回中，你认为"宝黛共读西厢"这个画面美在哪里？这个情节在宝黛爱情故事发展中起了一个什么作用？

11. 第 27 回中，宝钗无意听到两个丫鬟的私房话被发现，她推说刚刚看到林姑娘在这附近，使了"金蝉脱壳"之法。你认为宝钗是个有心计的人吗？

12. 第 27 回中，"黛玉葬花"这个情节中刻画出怎样的黛玉形象？

13. 第 31 回中，宝玉发表了一通"爱物论"后马上就和丫鬟晴雯一起"撕扇"，这是否是"过于嚣张，暴殄天物"？

14. 阅读第 33 回，宝玉挨打的原因复杂，宝玉挨打后众人的反应也各异。请分析挨打原因，以及贾母、王夫人、凤姐、宝钗和黛玉等人对此时的不同反应。

15. 有人说，晴雯如果不死得那么早，最好的下场恐怕也就是成为另一个赵姨娘。你同意这种看法吗？依据是什么？

16. 《红楼梦》是从哪些角度来介绍荣宁二府的？请赏析这样介绍的独特魅力。

17. 请赏析黛玉与宝钗的诗词创作的异同。

18. 请赏析小红回禀王熙凤一段情节。

19. 比较与赏析贾母与刘姥姥两个人物角色的异同。

20. 《红楼心解》中说，古典小说章回目录有三点要求：一是文字简短，二是上下两句相对，三是与正文有密切的关系。研究《红楼梦》目录，感受曹雪芹在目录编订中对人物倾注的情感和用笔直曲、虚实之妙。《红楼梦》目录中作者借"用典"和"炼字"精简地表达对人物的评价。圈画出目录中作者对人物品性的形容，如香菱之"薄命"，王熙凤之"毒"；根据对相关正文的阅读感受，反思这些评定是否与人物塑造完全相符，如袭人之"贤"，薛姨妈之"慈"。

21. 目录上下句相对，须用骈偶的文字，于是有了"对比"与"相因"的写法，如"割腥啖膻"与"白雪红梅"为对比，以"假凤虚凰"明"真情痴理"是相因，再找出几处"对

比"或"相因"的例子；某些对比会形成疑点，如第69回"弄小巧用借剑杀人，觉大限吞生金自逝"，阅读正文，了解尤二姐之死究竟为自杀还是被杀，感受作者的笔法。

22. 目录本应是正文内容的概括，但正文的详略未必与目录对仗句式呈现的笔墨均等一致，比如"贾夫人仙逝扬州城"略写，"冷子兴演说荣国府"详写。以第48回"滥情人情误思游艺，慕雅女雅集苦吟诗"为例，感受目录内容在整体结构上穿针引线之妙。

23. 理解曹雪芹刻画的人物，我们不仅仅关注他直接的描写，更要关注他笔下他人眼中的这一形象，以完整对人物及人物关系的理解，比如丫鬟小红在贾芸眼中"十分精细干净"，而在宝玉眼中则是"十分俏丽干净"，不仅从不同角度刻画人物，也让读者感知贾芸与宝玉看人关注点的不同。俞平伯提醒我们，衡量黛玉和宝钗高下时，不仅要读直接出于作者笔下的文字，更要关注间接地通过宝玉的心中、眼中出现的两人形象。请在《红楼梦》中找到几处宝玉眼中薛林的不同，进一步理解俞平伯"一个是封建家庭的孤臣孽子，一个是它的肖子宠儿"的评价。

24. 护花主人、大某山民、太平闲人三家评本《红楼梦》是评点派的代表作，30余万字的夹评和回评反映了清代《红楼梦》研究者的时代心理及观点体会。例如，护花主人王雪香在第4回后这样写：

> 宝玉、黛玉、宝钗是一部之主。宝、黛已经会合，第4回必当叙及宝钗。但一住应天，一住都中，如何合并一处？因借人命一案，牵合相聚，即将英莲带出，以为引线，后来许多事情俱于此回埋根。且将贾王史薛四家亲戚均即带叙，省却后文许多补笔。真是匠心独苦，亦是天衣无缝。

王雪香关注到了曹雪芹在结构上的用心。请你在书中再找到一两处自然推动故事发展的情节设计，并模仿护花主人的写法为之点评。

25. 简述凤姐托孤的故事。

26. ①"贾太君祷天消祸患"，贾母眼见家族落难，含泪向神佛祷告，将子孙的不肖、合家的罪孽都归到自己身上，恳求宽免儿孙之罪。此事体现贾母什么个性特征？②"散余资贾母明大义"，贾母将一生积攒的积蓄拿出来，当着众晚辈的面，将大小事宜交代安排妥帖。此事又体现贾母什么个性特征？

27. 第82回"病潇湘痴魂惊恶梦"，黛玉这场梦是《红楼梦》后40回中写得最惊心动

魄的场景之一。请从语言表现力的角度分析此场景的妙处。

在梦中，贾府长辈们要把黛玉嫁出去当续弦，黛玉四处求告无门，只得去抱住贾母的腿哭求，但见贾母"呆着脸儿笑道：'这不干我的事。'"黛玉撞在贾母怀里还要求救，贾母吩咐鸳鸯："你来送姑娘出去歇歇。我倒被他闹乏了。"一瞬间黛玉了悟到："外祖母与舅母姊妹们，平时何等待的好，可见都是假的。"最后黛玉去见宝玉，宝玉为表真心，当着黛玉，"就拿着一把小刀子往胸口上一划，只见鲜血直流"。黛玉吓得魂飞魄散，宝玉"还把手在划开的地方儿乱抓"，然后大叫："不好了，我的心没有了，活不得了。"说着，眼睛往上一翻，咕咚就倒了。黛玉惊醒后，开始呕血："痰中一缕紫血，簌簌乱跳。"

28. 1957年，林语堂发表《平心论高鹗》的长文。他认为，后40回对于前80回的伏线"都有极精细出奇的接应，而此草蛇灰线重见于千里之外的写作，正是《红楼梦》最令人折服的地方"。黛玉之死是《红楼梦》一大悲剧高峰，作者从头到尾明示暗示，许多关键环节，一场接一场，一浪翻一浪，都指向黛玉最后悲惨的结局。至少写出三处。

29.《红楼梦》结尾：宝玉光头赤足，身披大红斗篷，在雪地里向父亲贾政辞别，合十四拜，然后随着一僧一道飘然而去，一声禅唱，归彼大荒，"落了片白茫茫大地真干净"。这个画龙点睛式的结尾，其意境之高，其意象之美，是中国抒情文学的极品。这雪地里的一点红，就是全书的玄机所在。分析这个"红"的妙处，至少写出三点。

参考答案

一、高考真题集锦

出处	题目	答案
2008年高考江苏卷	《红楼梦》中写道："都道是金玉良缘，俺只念木石前盟。"请说说"金玉良缘""木石前盟"的含义。	"金玉良缘"指薛宝钗有金锁、贾宝玉有宝玉，两人应结成姻缘。"木石前盟"指林黛玉前生为绛珠仙草，贾宝玉前生为神瑛侍者，两者有恩有义，今世应结成姻缘。
2009年高考江苏卷	概括说说《红楼梦》"冷子兴演说荣国府"的主要内容。	① 介绍贾府的历史与人物；② 点出贾府存在的危机；③ 介绍主要人物贾宝玉的特点。
2011年高考江苏卷	《红楼梦》判词："枉自温柔和顺，空云似桂如兰。堪羡优伶有福，谁知公子无缘。"它所指是谁？"优伶"和"公子"指小说中的哪两个人物？	袭人（花袭人）；蒋玉菡、宝玉（贾宝玉）。
2012年高考江苏卷	"若问渠侬多少恨，数完庭榭堕飘花。一声你好香消散，别院笙箫月影斜。"这首诗末两句写了《红楼梦》中哪两件事？前一件事发生在大观园中的什么地方？	黛玉辞世；宝玉、宝钗成亲。潇湘馆。
2013年高考江苏卷	《红楼梦》中抄检大观园时，在入画的箱子里寻出一大包金银锞子、一副玉带板子和一包男人的靴袜等物；在司棋的箱子里发现一双男子的锦带袜、一双缎鞋和一个小包袱，包袱里有一个同心如意和她表弟潘又安写的大红双喜笺。入画和司棋分别是谁的丫鬟？在处置入画和赶走司棋时，她们的主子各是什么态度？	惜春、迎春。惜春的态度是"立逼凤姐带了去"，"或打或杀或卖"，"一概不管"；迎春的态度是"含泪"劝司棋离开。

(续表)

出处	题目	答案
2014年高考江苏卷	《红楼梦》不同的版本中,凹晶馆联诗一回,黛玉的名句,一为"冷月葬花魂",一为"冷月葬诗魂"。请从小说情节和主题两个方面,分别说明"葬花魂"与"葬诗魂"的依据。	"葬花魂"的依据:小说中有黛玉葬花的重要情节;表达女性精神在一个时代的毁灭。"葬诗魂"的依据:小说中多有黛玉吟诗的情节;表达对诗意消亡的哀悼。
2015年高考江苏卷	在《红楼梦》第40回"史太君两宴大观园 金鸳鸯三宣牙牌令"中,鸳鸯说:"天天咱们说外头老爷们吃酒吃饭都有一个篾片相公,拿他取笑儿。咱们今儿也得了一个女篾片了。"鸳鸯她们要取笑的"女篾片"指谁?请结合本回情节,归纳她的性格特征。	刘姥姥。朴实善良,善解人意;老于世故,精明狡黠;幽默风趣,性格诙谐;顺从讨好,偶有反抗。
2016年高考江苏卷	《红楼梦》"大观园试才题对额 荣国府归省庆元宵"两回中,贾政称宝玉为"无知的孽障";"手足耽耽小动唇舌,不肖种种大承笞挞"一回中,又称之为"不孝的孽障"。请结合相关情节,说明这两处的"孽障"分别表达了贾政对宝玉什么样的感情。	"元妃省亲"前,贾政带着宝玉给各个景点题匾额、对联,宝玉文思泉涌,贾政称其为"孽障",表面上是责怪,实际上是欣赏。"宝玉挨打"中,贾政认为宝玉在外引逗优伶,在家淫辱母婢、荒疏学业,斥之为"孽障",表达了强烈的痛惜之情。
2017年高考江苏卷	《红楼梦》第45回"金兰契互剖金兰语 风雨夕闷制风雨词"中,黛玉对宝钗说:"我最是个多心的人,只当你心里藏奸……往日竟是我错了,实在误到如今。"请说明黛玉对宝钗的认识发生变化的原因。	黛玉在行酒令时"失于检点",宝钗私下提醒;宝钗教导黛玉要做女性"分内的事","看杂书不好";宝钗关心黛玉的身体健康。
2017年高考北京卷	从《红楼梦》中的林黛玉、薛宝钗、史湘云、香菱之中选择一人,用一种花比喻她,并简要陈述这样比喻的理由。	略。
2018年高考北京卷	从《红楼梦》《呐喊》《平凡的世界》中选择一个既可悲又可叹的人物,简述这个人物形象。要求:符合原著故事情节;150—200字。	略。

(续表)

出处	题目	答案
2015年台湾高考题	阅读下文，关于宝钗的回答，最可能是希望王夫人（　　）。 王夫人：原是前儿他（金钏儿）把我一件东西弄坏了，我一时生气，打了他几下，撵了他下去。我只说气他两天，还叫他上来，谁知他这么气性大，就投井死了。岂不是我的罪过。 宝钗：姨娘是慈善人，固然这么想。据我看来，他并不是赌气投井。多半他下去住着，或是在井跟前憨顽，失了脚掉下去的。他在上头拘束惯了，这一出去，自然要到各处去顽顽逛逛，岂有这样大气的理！纵然有这样大气，也不过是个糊涂人，也不为可惜。 A. 追查金钏儿真正的死因 B. 勇于认错以免良心不安 C. 不要将金钏儿的死放在心上 D. 不必为金钏儿的意外而生气	C

二、积累与梳理

1.《好了歌》　2.糊涂　3.娇杏　4.林黛玉、薛宝钗、王熙凤、史湘云、妙玉、秦可卿、贾元春、贾迎春、贾探春、贾惜春、巧姐、李纨。　5.通灵宝玉　6.真应怜　逢冤　7.未见其人，先闻其声。　8.贾雨村在林府做家庭教师，林如海写了一封推荐信，通过贾政的帮助官复原职。　9.原应叹息　悲剧命运　10.甄士隐在睡梦中遇到一僧一道，并与石头的化身"通灵宝玉"有了一面之缘。　11.周瑞家的　王熙凤　12.迎春　探春　惜春　13.焦大　14.晴雯　15.贾瑞《风月宝鉴》　16.秦可卿　17.有凤来仪　蘅芜苑　18.元妃省亲　19.袭人　黛玉　20.湘云　21.湘云　湘云　22.宝钗　23.贾政　24.会真记　25.贾环　26.癞头和尚　跛足道人　27.薛宝钗　林黛玉　28.红麝串　29.晴雯　30.宝玉与琪官交往甚密　贾环状告宝玉害死金钏儿　31.宝钗　黛玉　宝玉　32.茗烟　金钏

儿　凤姐　金钏儿　33.春江花月夜　34.自己的嫂子　她嫂子受邢夫人之托来劝鸳鸯嫁给贾赦做姨娘，但鸳鸯坚决不从　35.柳湘莲　36.王维　杜甫　李白　37.宝琴　宝钗　黛玉　38.贾氏宗祠　39.李纨　探春　宝钗　40.沁芳亭　41.贾环（彩云）　探春　42.岫烟　43.湘云　44.莫怨东风当自嗟　45.迎春　探春　46.王熙凤　尤二姐　47.美人　48.《桃花行》　49.宝钗　50.西施　虞姬　明妃　绿珠　红拂　51.晴雯　52.王熙凤　53.刘姥姥　刘姥姥　54.鸳鸯　55.探春　迎春　迎春　56.宝钗　57.贾雨村　58.甄宝玉　59.北静王　60.贾兰　61.石头记　金陵十二钗　情僧录　风月宝鉴　62.贾宝玉　林黛玉　薛宝钗　贾　王　史　薛　63.元春　迎春　探春　惜春　原应叹息　64.元妃省亲　刘姥姥进大观园　黛玉焚稿　65.通灵宝玉　金锁　金麒麟　66.王熙凤　林黛玉　晴雯　撕扇子作千金一笑

三、探究与赏析

1. 她是个小心谨慎、敏感多疑、寄人篱下的人，有着自卑和孤傲的性格。

解答提示：本题考查的是人物描写。人物的性格品质根据人物的言行、心理、神态等可以判断出来，解答这类题可以关注肖像描写、动作描写、心理描写、语言描写，从而把握人物的性格品质。

2. 诗谶，贾宝玉梦游太虚幻境看到了薄命司之正册、副册、又副册，每册中的诗画都隐喻了这些女子们未来的结局。比如，第一幅画的是两株枯木上悬着一围玉带；又有一堆雪，雪下一股金簪，旁边四句词："可叹停机德，堪怜咏絮才。玉带林中挂，金簪雪里埋。"这里的诗画隐喻了林黛玉和薛宝钗未来的结局。

解答提示：本题考查的是表现手法。谶语暗示了情节发展、人物命运。解答这类题的时候要找到情节之间的内在联系，并能够提炼出来进行分析。除了诗词，对话和戏曲也有暗示情节的作用。

3. 隐喻贾探春要远嫁海外。

解答提示：本题考查的是表现手法。解答此题要找到情节之间的关联。画的内容再加上画后题诗和后面的《分骨肉》曲子，都暗示探春要远嫁海外。在第22回，探春做了一首风筝谜，谜面是："阶下儿童仰面时，清明妆点最堪宜。游丝一断浑无力，莫向东风怨别离。"联系她的"册子"上的谶语诗中有"清明啼送江边望"，探春将来远嫁的日

子是清明节,时间背景是贾家被抄家之前。这一切都暗示探春将来要像断线风筝一样远嫁海外。

4. 宝玉听说林黛玉没有玉后摔玉。

解答提示:本题考查的是原因探究。解答此题要关注结果的前后语句,根据宝玉说的那番话分析出原因。

5.《红楼梦》中贾、史、王、薛四大家族形成了"连络有亲、荣损与俱"的关系,其关系复杂,盘根错节,姻亲相连。四大家族关系当以贾府为主线,其他三族与贾家具有姻亲关系。史家姑娘嫁入贾家,即贾母,为贾代善之妻。史湘云为贾母亲侄孙女。王家两代姑娘嫁入贾家,即:贾政之妻,贾珠、宝玉之母王夫人;其亲侄女王熙凤是贾琏之妻。薛家宝钗嫁入贾家为宝玉之妻。王夫人亲妹嫁入薛家,为薛蟠、薛宝钗之母。薛蝌、薛宝琴和薛蟠、薛宝钗为叔伯兄弟姐妹。贾宝玉和林黛玉是姑表兄妹,和薛宝钗是姨表姐弟。由此看出四大家族的姻亲相连,亲上又套亲的错综复杂的关系。

6. 示例:贾探春——才自清明志自高,生于末世运偏消。清明涕泣江边望,千里东风一梦遥!

探春是贾府的三小姐,贾政之妾奴婢出生的赵姨娘之女。而赵姨娘有一个儿子,因此探春并不受重视,但因贾母十分宠爱孙女,她与各位姐妹也一直跟在贾母身边,与元春、惜春并无太大差异。"才自精明志自高"指的是她的志向高远,精明能干,清醒精敏,不被富贵蒙昏了头。而她的才智与精明使凤姐和王夫人都要忌惮她几分。"生于末世运偏消"写她生于封建家族衰亡的末世,又是庶出的不幸,"才""志"不能得到充分发挥的可惜。"清明涕泣江边望,千里东风一梦遥"暗示探春将远嫁边疆,如断了线的风筝般一去不返,出嫁时乘船而去。句中的"清明"点出她将在清明时分远嫁他乡,如那画里的女子一样在船上对着江边"掩面泣涕",挥别父母家人,往后只能在睡梦中与家人团聚。从后文看,贾探春虽然是庶出,但其实也是结局最好的一个姐妹。

7. 示例:刘姥姥因家道艰难,遂一进荣国府。"才入堂屋,只闻一阵阵香扑了脸来,竟不辨是何气味,身子如在云端里一般。满屋中之物都耀眼争光的,使人头晕目眩。"这一段详细描绘出了来自乡野的刘姥姥面对此时此景,唯有"点头咂嘴念佛而已"。身处乡野的她从没见过此般珠光宝气的情形,只觉得贾府这样的大户人家在那一刻给她带来的是压抑和紧张感,这时的她根本没心思去注意贾府的陈设,和黛玉显得大相径庭。黛玉只是想着不让他人察觉她的没见过世面,所以显得束手束脚,拘束得很。产生这些不

同是由两者身份、学识和目的的差异导致的。

8. 宝玉大观园游览行踪：入园见翠嶂，走小路到了沁芳亭、有凤来仪堂（凤仪堂），后至稻香村，过了荼蘼架，再入木香棚，越牡丹亭，度芍药圃，入蔷薇院，出芭蕉坞，来到了蓼汀花溆，随山道而上见入天玲珑石，经"蘅芷清芬""蓬莱仙境""红香绿玉"，最后出园。

9. 示例：沁芳亭。进入大观园的第一座桥，是沁芳亭桥，它在大观园中轴线上，白石为栏，环抱池沿，石桥三拱，兽面衔吐，四周均有美人靠，波光倒影，宛若琼阁。沁芳池里鱼儿悠游，游玩的孩子专门带着鱼食来喂鱼儿，争食的鱼儿搅得水中涟漪片片，惹得许多游人驻足观看。"绕堤柳借三篙翠，隔岸花分一脉香"，这就是沁芳亭中贾宝玉所题写的对联。

10. 它预告了宝黛青梅竹马的生活已告结束，充满着憧憬的爱情生活正式降临。两人共读《西厢记》时的感受与对话，表现了宝黛二人之间共同的志趣与相互爱慕之情。在沁芳闸旁，桃花树下，落英缤纷，美丽的景物、人物与美丽的戏剧故事交相辉映，真是一幅动人的场景。

11. 宝钗因赏春扑蝶走到滴翠亭边，无意中听到小红、坠儿的谈话，为了不被别人发现，于是使了个"金蝉脱壳"的法子。由此可见，宝钗是个心机很深、思维敏捷的人；同时，为摆脱嫌疑，情急之下嫁祸黛玉也可以看出宝钗下意识对黛玉的敌意。

12. 提示：从宝黛爱情的发展以及黛玉的心性、性格和她在贾府中的地位去分析。黛玉葬花，渲染了感伤气氛，体现了黛玉的多愁善感的性格与气质；黛玉吟诗，抒发了她内心的孤独与感伤。宝玉的陪衬，更加突出了黛玉的悲伤。

13. 提示：从宝玉和丫鬟的身份以及性格方面去分析。宝玉把撕扇子作为取乐来讨好晴雯，这乍看有点出格。但是，这一方面表现了宝玉贵族公子的身份，一切事物在他眼中均不值一钱；另一方面也折射出宝玉性格上更加看重情感的特征，宝玉认为，万物都是为了让人开心，只是不能生气时拿它出气即可。晴雯撕扇，则体现了她的任性娇嗔、率性而为的性格特点。

14. 依据回目可知，"手足"指兄弟，这里特指贾环。"耽耽"的意思是贪婪地注视，所谓虎视眈眈，这里指不怀好意地盯着。"唇舌"即口舌，毁谤、挑拨的言辞。贾政因宝玉在外与优伶蒋玉菡交往非常生气，贾环趁机在老爷跟前给宝玉下蛆，说"宝玉哥哥前日在太太屋里，拉着太太的丫头金钏儿强奸不遂，打了一顿，那金钏儿便赌气投井死了"，气得贾政"面如金纸"。贾环"小动唇舌"的诬陷,引发了宝玉"大承笞挞"的挨打,贾政喝令"堵起嘴来,着实打死",上演了震惊阖府的宝玉挨打事件。妙在明明没有明确指出事件的缘由,却将这件事情的经过全包含在了这句话内。不同人物的反应应根据不同的人物性格和身份去分析。贾母对贾政的责备有分寸,对孙子的疼爱溢于言表;王夫人则是慈母心肠;王熙凤虚应故事;薛宝钗落落大方,很会做人;林黛玉则是一片深情……

15. 提示:这个问题是开放性的,同意和不同意均可,关键点是答题的依据。可以先介绍一下两个人物的故事情节,然后比较两个人物的性格特点,这样就可以根据情节和性格两个方面进行合理的推理。

16. 主要有两种:第一是直接描述;第二是通过不同的人物视角来介绍,例如通过黛玉、宝玉、刘姥姥、薛宝琴等人物的观察视角和行为路线来介绍。直接描述环境有明显的优点,可以不受限制地全面详细地介绍贾府环境,容易让读者形成全面完整的印象;缺点则是容易导致小说沉闷,情节发展缓慢。通过人物视角介绍环境的优点在于,作者通过人物对环境的观察、感受,丰富了小说内涵,此时的环境描写,也是人物描写,通过对环境的描述,可以折射出人物的身份、心理、情绪等内容。例如,同样是煊赫的荣宁二府大门,刘姥姥与林黛玉眼中所见、心中体验就完全不一样。同时,介绍环境又与故事情节的发展交织在一起,增强了小说的可读性。例如,第17回中通过贾政、贾宝玉及一帮门客题联作诗的方式来描述大观园,其效果就远胜说明书式的介绍大观园布局的方式。

17. 提示:选择赏析的诗词,最好是二人在同一情境下的作品,或者是同一类别的作品。在赏析与比较时,要特别注意二人性格与生平经历的不同,这是决定二人诗词风格差别的主要因素。

18. 提示:可以从王熙凤在滴翠亭上招手后,小红的反应与众丫头的区别,小红回禀王熙凤的精彩语言,尤其是语言中五个奶奶的指称的智慧等角度来赏析。

19. 提示:可从两位老人的肖像描写、人物智慧、对两家的作用,以及对《红楼梦》全书故事情节的推动作用等角度来赏析。

20. 曹雪芹写人物,少用直接的评论,多用间接的暗示,从含蓄微露,到叙而不议,以至于变化而似乎颠倒。例如,写袭人表面上虽是褒,骨子里净是贬,真正的褒甚少。如第3回称为"心地纯良,恪尽职任",看起来也是对的。第5回称为"温柔和顺,似桂如兰",这八个字也是褒义的;可是这上面却各加上两个字"枉自""空云",立刻化褒为贬了。袭人的故事,在本书里特别多。她引诱、包围、挟制宝玉,排挤、陷害同伴,附和、讨

好家庭的统治者王夫人。她的性格最突出的一点是得新忘旧,甚而至于负心薄幸,这一线索作者丝毫不曾放过。

21. 尤二姐之死并非完全由于受秋桐的气、被她所害,主要是由于胎被打下了,而打胎又是因为药误。但细细推敲,恐怕不难得出:请胡君荣的小厮乃凤姐授意的,而胡医坚决用打胎的药殆出于凤姐的贿嘱。凤姐害人的行为书多明叙,这儿忽改用暗场。回目用直笔者,断凤姐之毒辣;正文用曲笔者,状凤姐之虚伪。言非一端,各有所当,实为互明,并无两歧。

22. 这回说两件事:①薛蟠出门游历;②香菱入园学诗。内容见于回目,可谓没有什么问题。两事之中,上一事系陪衬之笔,只为下一事作因。庚辰本有一段长评,说得最明白:"细想香菱之为人也,根基不让迎探,容貌不让凤秦,端雅不让纨钗,风流不让湘黛,贤惠不让袭平,所惜者青年罹祸,命运乖蹇,是为侧室。且虽曾读书,不能与林湘辈并驰于海棠之社耳。然此一人岂可不入园哉。故欲令入园,终无可入之隙。筹划再四,欲令入园,必呆兄远行后可。然阿呆兄又如何方可远行?曰名不可,利不可,正事不可,必得万人想不到自己忽一发机之事方可,因此思及情之一字及呆素所误者,故借'情误'二字生出一事,使阿呆游艺之志已坚,则菱卿入园之隙方妥。回思因欲香菱入园,是写阿呆情误,因欲阿呆情误,先写一赖尚华,实委婉严密之甚也。"(脂砚斋评)

23. 在宝玉眼中,钗黛无论是外在形象还是内在情感,都是完全不同的。在外形上,宝玉眼中的黛玉是这样的:"两弯似蹙非蹙笼烟眉,一双似喜非喜含情目。"(第3回)宝钗则是那样的:"唇不点而红,眉不画而翠,脸若银盆,眼如水杏。"(第8回)从内在思想看,第32回宝玉也对黛玉与宝钗做了一番比较:"林妹妹从来说过这些混账话不曾?若他也说这些混账话,我早和他生分了。"一句话写出了宝玉心中黛玉与宝钗的不同评判。

24. 第5回"这日不知为何"轻描淡写,曲曲传来,虚笼数语,宝黛情景全在其中,后文叙述便不紧不慢。第17回大观园工程告竣,若只请贾政一看,毫无意味。今以联扁为题,则此一看,为最要紧之事。不徒为游玩起见而各处亭台楼榭、殿阁山水即可挨次细叙,不觉琐烦。宝玉试才,为下回做诗引线。

25. 贾府被抄后,贾母去世,刘姥姥三进贾府吊丧,没想到贾府已败落不堪,内忧外患。凤姐病重,含泪将女儿巧姐托付给刘姥姥,并从手上褪下来一只金镯子交给她,刘姥姥却拒收了,但她爽快地答应了日后照顾巧姐。

26. ①体现出一位老祖宗对晚辈的关心和疼爱,以及对家族兴衰的担当和觉悟。

②体现出这个贵族老太太在大难之中临危不乱的心理素质,以及过硬的理家才干。

27. 这场梦魇完全合乎弗洛伊德潜意识的运作,现代心理学的阐释。黛玉在潜意识里,剖开了她的心病,看清楚贾母对待她的真面孔;她一直要宝玉的真心,宝玉果然划开胸膛,把血淋淋的心掏出来给她。宝玉虽是真心,但贾府拥有权势的人物基本没人站在她这一边。她孤单无助,孤立无援,但心性又敏感自尊,所以自此后黛玉的病体日愈虚弱恶化,终于泪尽人亡。

28. 提示:草蛇灰线可从前后情节、人物结局、主题的一贯性等角度考虑。

①第 97 回林黛玉焚稿断痴情。题诗的手帕,宝玉曾经用过,是宝玉送给黛玉的定情物,因是宝玉的旧物,也是宝玉身体的一部分,上面黛玉题诗写下她心中最隐秘的情思,滴满了绛珠仙子的情泪,也是黛玉身体的一部分,染泪手帕象征了宝、黛二人最亲密的结合,黛玉断然将题诗手帕焚毁,也就是烧掉了宝、黛两人缠绵不休的一段痴情。染泪手帕首次出现在第 34 回,隔了 63 回后在此处发挥了巨大的力量,这是作者曹雪芹草蛇灰线、伏脉千里的妙笔。

②黛玉是诗的化身,是"诗魂",第 76 回中秋夜黛玉与湘云在凹晶馆联诗,黛玉咏了一句谶诗:"冷月葬诗魂。"黛玉焚稿,也就是自焚。烧掉染泪手帕,是焚毁身体信物;烧掉诗稿,是焚毁灵魂、诗魂。

③宝玉和黛玉的性格行为都不符合儒家传统宗法社会的道德规范,可以说两人都是儒家社会的"叛徒",注定只能以悲剧收场,一个出家,一个为情而亡,应了第 5 回太虚幻境里对他们情缘的一曲判词《枉凝眉》:"一个是阆苑仙葩,一个是美玉无瑕。若说没奇缘,今生偏又遇着他;若说有奇缘,如何心事终虚化?一个枉自嗟呀,一个空劳牵挂。一个是水中月,一个是镜中花。想眼中能有多少泪珠儿,怎经得秋流到冬尽,春流到夏!"

29. ①"红"是《红楼梦》一书的主要象征,其含义丰富复杂,"红"的首层意义当然指的是"红尘","红楼"可实指贾府,亦可泛指我们这个尘世。

②"红"的另一面则蕴涵了"情"的象征,贾宝玉身上最特殊的征象就是一个"红"字,因为他本人即是"情"的化身。宝玉前身为赤霞宫的神瑛侍者,与灵河畔的绛珠仙草缘定三生。"赤""绛"都是"红"的衍化,这本书的男女主角贾宝玉与林黛玉之间的一段生死缠绵的"情"即启发于"红"的色彩之中。宝玉周岁抓阄,专选脂粉,长大了喜欢吃女孩儿唇上的胭脂,宝玉生来就有爱红的癖好,因为他天生就是个情种,所以他住在怡红院,号称"怡红公子",院里满栽海棠,他唱的曲是"滴不尽相思血泪抛红豆"。"红"是他

的情根。

③最后,情僧贾宝玉披着大红猩猩毡的斗篷担负起世上所有的"情殇",在一片禅唱声中飘然而去,回归到青埂峰下,情根所在处。《红楼梦》收尾这一幕,宇宙苍茫,超越悲喜,达到一种宗教式的庄严肃穆。(参考:王国维在《人间词话》中论李后主词"真所谓以血书者也","俨有释迦、基督担荷人类罪恶之意"。此处王国维意指后主亡国后之词,感慨遂深,以一己之痛,道出世人之悲,故譬之为释迦、基督。)